TIMOTHY HILL

DIE 7 LÜGEN DES LEBENS

UND DIE HARTE WAHRHEIT

TIMOTHY HILL

DIE 7 *LÜGEN DES LEBENS* UND DIE HARTE WAHRHEIT

NXTLVL

Bibliografische Information der Deutschen Nationalbibliothek
Die Deutsche Nationalbibliothek verzeichnet diese Publikation in der Deutschen Nationalbibliografie; detaillierte bibliografische Daten sind im Internet über dnb.dnb.de abrufbar.

Wir freuen uns auf eure Anregungen und Fragen
info@nextlevelverlag.de

Wichtiger Hinweis
Die im Buch veröffentlichten Empfehlungen wurden von Verfasser und Verlag erarbeitet und geprüft. Der Inhalt dieses Buches beruht ausschließlich auf den persönlichen Erfahrungen des Autors und erhebt keinen wissenschaftlichen Anspruch. Die benutzten Begrifflichkeiten sind wertfrei. Eine Garantie kann dennoch nicht übernommen werden. Ebenso ist die Haftung des Verfassers bzw. des Verlages und seiner Beauftragten für Personen-, Sach- und Vermögensschäden ausgeschlossen.

Originalausgabe
1. Auflage 2025

NXT LVL GmbH, An der Dornwiese 2, 82166 Gräfelfing
www.next-level-verlag.de

Auch wenn eine gendergerechte Sprache wünschenswert ist, gibt es aus Sicht des Verlages bisher keine befriedigende, gut lesbare Lösung. Der leichten Lesbarkeit zuliebe haben wir des Öfteren von der Doppelung männlicher und weiblicher Formen Abstand genommen. Selbstverständlich liegt es uns fern, dadurch einen Teil der Bevölkerung zu diskriminieren.

Redaktion: Ruth Kalmund
Redaktionelle Mitarbeit: Can Luca Pallante Oral
Satz: Daniel Förster
Cover- und Umschlaggestaltung: www.b3k-design.de, Andrea Schneider & diceindustries
Druck: Florjancic Tisk d.o.o., Slowenien
Printed in the EU

ISBN Print: 978-3-68936-034-4
ISBN E-Book (PDF): 978-3-68936-035-1
ISBN E-Book (EPUB, Mobi): 978-3-68936-036-8

INHALT

DER TIEFPUNKT

Oktober 2020

»Passwort vergessen?«, fragte mich die Facebook-Login-Seite. Hatte ich das tatsächlich? Ich zweifelte an meinem Gedächtnis. Ein zweiter und dann ein dritter Versuch bestätigen den Zweifel. Zu meiner Erleichterung schien es vielen anderen Facebook-Usern so wie mir zu gehen, denn der Weg zurück ins eigene Profil war deutlich einfacher, als ich es erwartet hatte.

Und trotzdem: Unter normalen Umständen hätten mich bereits diese maximal einfachen Schritte zurück zum Passwort aufgeben lassen. Aber gerade war nichts normal: Meine Familie und meine Freundin hatten mich vor wenigen Tagen angegriffen, mich in Grund und Boden geredet. Eigentlich hatten wir uns nur zu einem netten Abendessen bei meiner Mama treffen wollen, und geendet hatte es in einer regelrechten Anklage gegen mich. Nur weil ich nach dem Essen noch ein geschäftliches Telefongespräch führen musste. Sie hatten mir die Hölle heiß gemacht, meine Freundin war in Tränen aufgelöst – und sie waren sich einig, dass sie nichts mehr mit mir zu tun haben wollten, wenn ich nicht das Handy weglegen und mich auf sie konzentrieren würde.

Ich war stinksauer gewesen. Meine Arbeit war mir nun mal extrem wichtig, und den Termin hatte ich nicht verschieben können. Jeder hatte von Anfang an gewusst, dass ich nach dem Essen kurz mal telefonieren musste. Und jetzt waren alle beleidigt? Ich verstand die Welt nicht mehr.

Und doch nagte etwas in mir. Ich ahnte, dass meine Mama, mein Bruder und meine Freundin recht hatten. Anscheinend war es ihnen wirklich ernst: Sie meinten, ich würde jeden wichtigen Menschen in meinem Leben verlieren, wenn ich es nicht schaffte, eine Balance in mein Arbeits- und Privatleben zu bringen. »Am Ende wirst du alleine sein, mit deinen tollen Geschäftspartnern.«

Ich war wie vor den Kopf gestoßen. Stimmte das? Hatten sie etwa recht? Ich musste es herausfinden, und dazu musste ich einen Blick auf mein altes Leben werfen. Mein altes Leben, das durch die Augen meines jetzigen Ichs wie verschwendet wirkte und vor dem ich davongelaufen war – sodass keine Ähnlichkeit mehr zwischen diesen beiden Leben existierte. Seit meinem 16. Lebensjahr kämpfte ich mich allein durchs Leben. Um dieses Leben nun endlich zum Positiven zu verändern, arbeitete ich jeden Tag extra hart. Mein oberflächliches, orientierungsloses, erfolgloses altes Leben würde von nun an vorbei sein, das hatte ich mir fest vorgenommen. Ich schüttelte den Kopf, als ich über die Ratschläge meiner Familie nachdachte: Wieso sollte mir jemand raten, mein erfolgreiches Leben gegen ein mühsames und belangloses zu tauschen? Was konnte falsch daran sein, beruflich Gas zu geben, in der Karriere vorwärtszukommen und sich dadurch abzusichern? Wieso war meine Mutter nicht stolz auf mich?

Und dann, während ich darauf wartete, dass mein Facebook-Profil vor mir erscheinen würde, lief mir eine Träne über die Wange und platschte auf dem »M« der Tastatur auf. Meine Emotionen waren weiter als der Verstand. Sie spielten verrückt. Warum weinte ich? Warum hatte mich die Kritik meiner Familie so getroffen, obwohl ich doch genau das erreicht hatte, was mir immer so wichtig gewesen war: Sicherheit und Freiheit durch Geld und Erfolg?

Ich musste einfach herausfinden, was hinter all dem steckte. Diese blöde Intervention beim gemeinsamen Abendessen war völlig übertrieben gewesen, sagte mein Kopf. Ich arbeitete überhaupt nicht zu viel und genoss das Leben sehr wohl! Wie konnten diese blinden Leute nicht sehen, wie hart ich für meine Freiheit schuftete und wie glücklich es mich machte, so viel für mich erreicht zu haben? Mein Bauch antwortete, indem er sich zusammenzog, und die Tränen flossen munter weiter. In den letzten drei Tagen hatte ich mehr Tränen vergossen als in den letzten sieben Jahren. Wie konnte das sein?

Glücklich war ich noch immer nicht, das musste ich mir eingestehen – obwohl ich von außen betrachtet ziemlich erfolgreich war. Und da ich schon immer schlecht darin war, mich selbst zu belügen, wollte ich den Dingen jetzt auf den Grund gehen. Ich wollte mein altes Ich ausforschen, um zu ergründen, ob meine Familie recht hatte. Wann war ich wirklich zufrieden gewesen im Leben?

Endlich war die Seite fertig geladen, und ich hatte es schwarz auf weiß vor mir, mein altes Leben. Da war ich nun, auf meinem Facebook-Profil, auf dem seit vier Jahren nichts mehr passiert war. Das alles war ich, und es fühlte sich doch so fremd an. Ins Auge stach mir sofort die Glocke in der rechten oberen Ecke des Bildschirms, die mit einer roten 20+ förmlich glühte. Als ich draufklickte, erschienen all die Veranstaltungen und Kommentare, die ich in den letzten vier Jahren verpasst hatte.

Ich scrollte nach unten und bekam einen Stich ins Herz. Da zog eine unglaubliche Menge an Geburtstagsglückwünschen an mir vorbei, die ich nun, Jahre später, erst zur Kenntnis nahm und unbeantwortet gelassen hatte. Damals, 2015, hatte ich mich noch um meine Kontakte gekümmert. Dann hatte ich sie vernachlässigt, und über die Jahre hinweg waren es immer weniger Glückwünsche geworden. Beschämt rechnete ich zusammen, wie viele Nachrichten mich dieses Jahr zu meinem Geburtstag erreicht hatten. Die Summe, die ich an zwei Händen abzählen konnte, ließ mein Herz schneller klopfen. Es beschämte mich.

Diese Erkenntnis brachte mich zum Nachdenken. Wieso hatte ich es als unwichtig empfunden, all diesen tollen Leuten, die stets an mich dachten, zurückzuschreiben? Aber es war noch schlimmer: Nicht nur Glückwünsche auf der Pinnwand waren auf der Strecke geblieben, sondern auch direkt an mich gerichtete Nachrichten, freundliche Worte, liebevolle Gesten und aufmerksame Einladungen. Ich hatte nicht reagiert. Vier Jahre lang.

Was war wichtiger geworden als all diese Freundschaften?

Mein Bauchgefühl hatte mich also nicht betrogen – und meine Familie hatte recht gehabt: Ich hatte mich verändert in den letzten Jahren. Mit dieser Erkenntnis erwachte der Detektiv in mir. Wer war ich gewesen und wer war ich jetzt? Was war passiert? Mit kritischem Blick durchforstete ich die Indizien, um das Motiv des Täters aufzudecken.

Wer war diese 2010-bis-2016-Version von mir? Was hatte sie umgetrieben, so persönliche Dinge online zu stellen und mit ihren Facebook-Freunden zu teilen? Wieso war es dieser Person über lange Jahre hinweg offensichtlich wichtig gewesen, soziale Kontakte über Facebook aufrechtzuerhalten, und was passierte 2017?

Ich klickte mich durch alte Chats, versuchte, mein altes Ich zu verstehen:

Timothy Hill, 2. Oktober 2011: gestern zelten, heute zelten. Hamma

3 2 Kommentare, wobei einer davon von mir selbst war.

Mein Freund P. N. schrieb: voller Begeisterung

Wir beide waren während der Schulzeit wirklich tolle Freunde gewesen, jetzt herrschte Funkstille. Bei dem Gedanken, wie mein plötzliches Verschwinden bei meinen ehemaligen Freunden ankam, wurde mir schlecht.

Ich scrollte weiter und stieß auf eine Menge öffentlicher Gute-Nacht-Grüße, die stets von Freunden, ehemaligen Klassenkameraden und Fußballkollegen gelikt wurden.

Timothy 2010 verwendete das Wort »Peace« anstatt »Tschüss« und teilte der Welt in regelmäßigen Abständen seine Lieblingssongs mit.

Timothy Hill, 13. März 2015: Heute mal ausprobieren, wie lange ich lachen kann ;D

Ich war wie in Trance, nahm nichts mehr um mich herum wahr. Das Geschehen rund um diesen Jungen zog mich in seinen Bann. Wie ein Fan wollte ich alles herausfinden, was es über diese Person, die ja einst ich gewesen war, zu entdecken gab. Ich forschte alles über mich aus, genauso, wie man es damals immer machte, wenn man jemanden gerade kennengelernt hatte – man versuchte, jede Kleinigkeit im Internet zu erhaschen. So saß ich da und »stalkte« mein 16-jähriges Ich. Die Tränen waren inzwischen getrocknet, und ein breites Lächeln zeigte sich auf meinem Gesicht. Fassungslos stellte ich fest, dass ich mich in mich in mich selbst verliebte. Nicht auf eine kuriose romantische Art und Weise, sondern in mir breitete sich das Gefühl aus, dieser Person nahe sein zu wollen, hier und jetzt. Womöglich war dies auch der Grund, weshalb ich nicht ans Ende meiner Facebook-Seite kommen wollte, denn dann wäre ich wieder allein in meiner traurigen, einsamen Realität gewesen.

Facebook war der Beweis: Je mehr ich mich beruflich entwickelt hatte, desto mehr hatte ich meine persönlichen Kontakte schleifen lassen. Wie zwei Regler, die nur gegeneinander funktionierten: Drehte ich den einen auf, wurde der andere abgewürgt. Wie als wäre ich in einem Gespräch mit diesem Jungen, begann ich nach Argumenten zu suchen, die mein Verhalten begründeten, rechtfertigten. Ich spürte die Enttäuschung meines jüngeren Ichs ganz deutlich in mir. Gefühle der Schuld, des Versagens, der Reue und der Wut breiteten sich unter all der Trauer in mir aus.

Timothy Hill, 11.12.2015: *Jooioooossshhhhy*

3 0 Kommentare

Dies war an meinen ehemals engsten Freund gerichtet. Unsere gemeinsamen Interessen begleiteten uns bereits unser gesamtes Leben, und in diesem Jahr hatten wir Football für uns entdeckt: Wir schauten alle NFL-Spiele an und gingen zusammen in den Park, um selbst Football zu spielen. Ich stieß auf ein Bild von mir, das mein Freund damals von mir gemacht hatte, auf dem ich versuchte, einen Footballspieler so professionell wie nur möglich nachzuahmen.

Timothy Hill, 20.12.2015: *Jeden verdammten Sonntag*

8 0 Kommentare

Damals waren wir wie besessen gewesen: Über Stunden hinweg spielten wir uns den eierförmigen Football zu, choreografierten ausgedachte Spielzüge und schmissen uns bei jedem einzelnen Wurf jedes Mal aufs Neue dramatisch in den Dreck, um den Ball aufzufangen.

Es war eine wunderschöne Zeit gewesen, und so fragte mich der 2015er Timothy: Wieso macht ihr das heute nicht mehr?

Keine Zeit, Wichtigeres zu tun, viel Verantwortung, die mich körperlich als auch geistig bindet, verfasste ich gedanklich eine Rechtfertigung.

Es folgten Bilder meiner ersten und zweiten Geschäftsreise nach Los Angeles, die große Veränderungen in mein Leben brachte, ein Haufen Videos eines ehemaligen Zauberer-Freundes, die legendäre Silvesterfeier 2017 und …

Funkstille.

Oben am aktuellsten Punkt angekommen, fand ich die letzten Beiträge, die auf meiner Seite für mich hinterlassen worden waren – als ob sie nur für diesen Moment gedacht gewesen wären. Damit ich sie entdecke und merke, wie ich aus der Zeit gefallen bin. Denn obwohl ich seit Jahren nicht geantwortet hatte, machten sich einige wenige jedes Jahr aufs Neue die Mühe, an mich und meinen Geburtstag zu denken. Kaum vorstellbar. War ich etwa einst so wichtig für diese Leute gewesen, dass sie mich bis heute nicht vergessen hatten? Und wieso hatte ich sie dann vergessen?

Ich grübelte. Tick tack, tick tack. Nichts als das Ticken des Sekundenzeigers an meiner Armbanduhr bewegte sich in diesem von Stille erfüllten Raum. Etliche Sekunden saß ich nun schon da und starrte unfokussiert auf den Bildschirm. Obwohl ich ans Ende gelangt war und nichts mehr nachzuschauen hatte, fiel es mir schwer, den Laptop einzuklappen. »Auf dieser besonderen Seite war ›Ich‹ noch dagewesen«, sagte ich zu mir selbst in Gedanken.

Langsam dämmerte mir eine Erkenntnis, aber sie tauchte aus den Tiefen meiner Gedanken noch nicht ganz an die Oberfläche. Der Widerstand in mir war zu groß, ich war noch nicht bereit, das zu sehen, was sich zwischen den Zeilen meiner Facebook-Historie befand: mein Leben.

Mein ursprüngliches Vorhaben, die inneren Stimmen, nein fast schon Schreie, vom Gegenteil zu überzeugen, nämlich dass ich wirklich und wahrhaftig glücklich war, ging nach hinten los. Dieser Nachmittag veränderte mein Bewusstsein und mein Leben wie kein anderer. Obwohl ich nur dasaß und alte Chats las. Aber genau das war der Auslöser, hier machte es endlich »Klick«.

Meine Familie hatte recht gehabt: Ich hatte mich verloren. Das konnte ich mir nun endlich eingestehen. Nicht gemessen an anderen oder an der gesellschaftlichen Norm, denn diese hatte ich stets im Fokus und war ihr näher denn je. Aber in all der Zeit, in der ich auf Teufel komm raus versucht hatte, nach objektiven Maßstäben erfolgreich zu sein, hatte ich mich selbst verloren. Langsam, unbemerkt und schleichend. Jeden Tag, den ich falschen Zielen nachgejagt war, hatte ich ein Stück mehr von mir aufgegeben – von meinen Träumen, meinen Werten, meinen eigenen Zielen. Ich hatte all das achtlos weggeworfen, was mich ausmachte: mein Lachen, mein Weinen, meine Begeisterung in kleinen Dingen, meine Orientierung, mein Bewusstsein, meine Liebe, meinen Sinn.

Verrückt.

Langsam und vorsichtig, als würde er Gefahr laufen, dabei zu zerbrechen, klappte ich, vollkommen in Gedanken versunken, den Laptop zu. Nicht etwa, weil ich es für möglich hielt, denn mir war das sonst so heilige Gerät in diesem Moment völlig egal. Jedoch merkte ich, wie sich das Gefühl in meinen Fingerspitzen veränderte. Die farbenfrohe Stuttgarter Wohnung erblühte vor mir, denn ich nahm jede Farbe und Kontur plötzlich anders wahr. Das Dachfenster über meinem Sofa stand offen und der Straßenlärm verwandelte sich in Vogelgezwitscher. Durch die Nase nahm ich einen tiefen Atemzug und füllte meine Lunge mit frischer, herbstlich süß duftender Luft. Warme Sonnenstrahlen kitzelten meine Haut und hinterließen einen leichten Schweißfilm. All diese wundervollen Dinge waren bereits vorher dagewesen, nur nahm ich sie erst jetzt wirklich wahr.

Ohne großartig nachzudenken, zog ich die Schuhe an und lief Richtung Wald, der nur fünf Minuten von meiner Wohnung entfernt lag. Das erste Mal seit langem lief ich ohne ein klar definiertes Ziel. Die Füße, geleitet von meinem Willen, entführten mich tief in den Wald hinein. Ständig begegnete mir etwas Neues, das meine Aufmerksamkeit auf sich zog. Mit allen Sinnen auf Empfang lief ich durch den farbenfrohen Herbstwald, und es gab keinen Gedanken, der mich ausbremste, keine Verpflichtung, die mich zurückhielt. Ich war zum ersten Mal seit langer Zeit voll im Moment und erlebte einfach nur. Als ich am frühen Abend zu Hause ankam, fühlte ich mich erfüllt und glücklich. Vielleicht, weil ich gerade über mehrere Stunden hinweg gelächelt hatte, oder vielleicht auch einfach nur, weil ich mich wiedergefunden hatte. Anders als sonst fühlte ich mich erfüllt, bereit, den Tag abzuschließen. Und so ging ich direkt nach dem selbstgekochten Abendessen friedlich schlafen.

1

DIE LÜGEN DES LEBENS

Einst war ich ein wundervoller Junge gewesen, verspielt und verliebt in das Leben. Als ich erwachsen wurde, änderte sich das. Plötzlich verwirrte mich die Welt mit all ihren klar gesetzten Regeln und Definitionen. Immer mehr versuchte ich, mich an all dem auszurichten, was ich glaubte, was von mir erwartet würde. Und so vergaß ich mich allmählich selbst.

Heute ist dieser wilde Junge zu einem Mann herangewachsen und genießt das Leben in vollen Zügen. Obwohl ich viele Irrwege einschlug, bin ich heute dankbar dafür. Jede einzelne Erfahrung ist wichtig, denn sie macht mich zu dem, der ich heute bin. Langsam, aber stetig, wuchs ein Bewusstsein in mir heran. Gerade als junger Mensch probiert man sehr viel aus, hat Vorbilder, Ziele, Träume. Nicht alle Pfade führen einen dahin, wo man hinmöchte. Aber wenn man sie aufmerksam betrachtet, weisen einem auch Irr- und Umwege einen Weg. Ich nenne sie auch die »Lügen des Lebens«. Sie hinderten mich lange daran, ein klares Bewusstsein zu erlangen und ein erfülltes, glückliches Leben zu leben. Es braucht Zeit, diese Lügen ausfindig zu machen, sie zu definieren, sie aufzulösen und sie durch Wahrheiten zu ersetzen, die einen wirklich weiterbringen.

Ich fing an, alles in meinem Leben zu überprüfen. Je mehr ich nachdachte, desto mehr merkte ich, dass es den meisten anderen auch nicht anders erging. Sie alle saßen irgendwelchen Lügen auf, die sie daran hinderten, sich selbst zu finden. Und so entwickelte ich langsam, aber sicher einen Plan: Ich entrümpelte mein Leben. Dadurch, dass ich das Bewusstsein für mein Leben allmählich zurückgewann, fiel es mir auf Anhieb leichter, meine Bedürfnisse zu spüren. Mehr und mehr setzte ich klare Grenzen im Geschäftsleben und richtete mir deutlich mehr Freiraum für das aufregende und spontane Leben ein. Die freie Art, die mich ursprünglich so erfolgreich gemacht hatte, wurde nun zur Methode, jeden Tag in sich glücklich zu gestalten.

Zu meinem Bedauern musste ich feststellen, dass ich jedoch längst nicht am Ziel war. Denn das Problem lag tiefer und ließ sich nicht mit ein bisschen Terminkalenderkosmetik beheben. Noch immer übte ich denselben Beruf in der extrem schnelllebigen Social-Media-Branche aus. Auch wenn ich es nicht wollte, meine Position als Manager von Künstlern stellte gewisse Ansprüche an meine Verfügbarkeit, die sich durch die Verantwortung meiner Rolle ergaben. Ein persönlicher, privater Wandel reichte nicht. Mein ganzes Berufsleben war auf einer Lebenslüge gegründet, das wurde mir immer klarer. Also begann ich, mich auch jobtechnisch weiterzuentwickeln. Und so machte ich einen klaren Schnitt. Von einem Tag auf den anderen legte ich meine Arbeit nieder und beschäftigte mich mit dem Leben. Einfach so. Wow.

Zum Glück hatte ich in den letzten Jahren sehr gut verdient und auch Geld auf die hohe Kante gelegt. So konnte ich mir ganze 15 Monate Zeit nehmen, um zu mir zu finden. Es tat mir extrem gut, ich habe geforscht, gelesen, meditiert. Und weil mir bewusst war, dass nicht jeder mal eben 15 Monate aus dem Job aussteigen kann, um zu sich selbst zu finden, habe ich ein Konzept erarbeitet, das es anderen auf einfache Art und Weise ermöglicht, ihre Lebenslügen zu hinterfragen und über Bord zu werfen.

Das Ganze machte mir so viel Spaß, dass ich mich weiterbildete und eine Life-Coaching-Beratung ins Leben rief. Et voilà: Mein neues Leben war geboren! Ich hatte einen Job, der mir Freude bereitete und in dem ich selbst entscheiden konnte, wann und wie viel ich arbeitete. Plötzlich hatte ich wieder Zeit für Freunde und Familie, für spontane Treffen und Spaziergänge in der Natur. Das Hamsterrad stand still.

Seitdem helfe ich Menschen dabei, ihr eigenes Potenzial voll zu entfalten. Als Manager von Marken, Projekten und Künstlern war es schon immer meine Aufgabe gewesen, verborgenes Potenzial zu erkennen und durch effektives Training auf individuelle Weise zu maximieren. Dieser Bereich ähnelt meiner Arbeit als Life-Coach sehr.

Die Vergangenheit ist nicht wichtig, um das Jetzt zu verändern. Darum helfe ich meinen Klienten, ein starkes Motiv zu erschaffen, um das Jetzt anzupacken. Angst vor dem Ungewissen hält die wirklich wichtigen Gedanken oft klein, darum stehe ich meinen Klienten ich mit all meiner Expertise und Lebenserfahrung zur Seite und zeige ihnen, weshalb sie keine Angst mehr haben müssen, und wie sie diese neu geschöpfte Energie investieren können, um erfüllt zu leben.

Ja, meine Familie hatte recht gehabt, und ich bin ihr heute überaus dankbar, dass sie mich wachgerüttelt hat. Dieser schreckliche Abend, an dem sie mir alles, was ihnen nicht passte, an den Kopf geworfen hatten – er war genau das gewesen, was ich brauchte, sonst säße ich heute noch in meinem erfolgreichen, aber unglücklichen Leben fest.

Denn die Lebenslügen, auf die ich in den letzten Jahren gestoßen bin, verursachten Schmerz, Wut, Angst, Trauer und Verwirrung in mir. Und das, obwohl ich dachte, dass sie zentral für mein Leben seien. Nun aber habe ich Klarheit, ich habe diese Lügen entlarvt und sie in etwas Positives gedreht. Der Untertitel dieses Buches hätte dementsprechend genauso gut

»Die *Wahrheiten* des Lebens« lauten können. Im direkten Vergleich zu den *Lügen* des Lebens hätte das vermutlich deutlich positiver geklungen. Beim Anblick dieses Untertitels könnte schließlich manch einer meinen, das Buch eines Pessimisten in der Hand zu halten. Dabei ist das genaue Gegenteil der Fall. Ich würde mich selbst definitiv als Optimisten bezeichnen. Allerdings ist dieses Buch in weiten Teilen auf der Basis von Enttäuschungen entstanden, weswegen ich die Lüge der Wahrheit im Titel vorziehe. Die Enttäuschungen, von denen ich spreche, haben verschiedene Quellen. Ich war enttäuscht von meinen Mitmenschen, enttäuscht von meinem Leben und enttäuscht von mir selbst. Als ich mit dem Schreiben begann, hatte ich das Gefühl, von diesen Enttäuschungen in die Knie gezwungen zu werden. Unbändiger Ärger und Wut bauten sich in mir auf – Emotionen, die mich schon allzu oft dazu angetrieben hatten, ein besseres Verständnis meiner Lebenssituationen zu erlangen. Sie hatten mich dazu angetrieben, Antworten auf die so entscheidenden Fragen des Lebens zu finden:

- Was möchte ich aus meinem Leben machen?
- Wofür möchte ich stehen?
- Was möchte ich in meinem Leben erreichen?
- Was ist mir wichtig?
- Bin ich zu etwas bestimmt?
- Gibt es den einen »richtigen Weg« für mich?

Fragen wie diese hatte ich mir zuvor schon einige Male gestellt. Man könnte gar meinen, dass sie mich im Laufe meines Lebens verfolgten. Jedoch neigte ich viel zu häufig dazu, diese mich verfolgenden Fragen in die Tiefen meines Gedankenspeichers zu verschieben, um mich ihnen zu einem späteren Zeitpunkt zu widmen. *Irgendwann wird es schon den geeigneten Zeitpunkt geben, um mich mit diesen Fragen auseinanderzusetzen,* sagte ich mir dann. Doch dieses Mal nicht! Dieses Mal wollte ich mich nicht damit zufriedengeben, die so wichtige Suche nach Antworten weiter vor mir herzuschieben. Dieses Mal wollte ich es endlich wagen, mich mit ihnen auseinanderzusetzen. Doch wo sollte ich am besten anfangen? Ich beschloss, bei meiner Suche nach Antworten bei der Wurzel aller Dinge anzusetzen: dem Menschen. Was ist der Mensch? Was ist seine Bestimmung? Und was bedeutet es für mich und die Gesellschaft, in die ich hineingeboren wurde, zu »leben«? Auf meiner Suche nach Erkenntnis stach ich in See, um endlich Antworten auf all die Fragen zu finden, die mich all die Jahre begleitet hatten. Angetrieben wurde ich dabei nur von meiner eigenen Neugier, die sich wie ein starker Wind in meine Segel legte und mich mit erstaunlicher Kraft vorantrieb. Von jetzt an gab es nur noch mich und meine Abenteuerlust, und nichts Irdisches konnte mich mehr bremsen. Auf meiner Reise begab ich mich in die verschiedensten Bereiche der Erkenntnislehre und setzte mich mit allerlei Themen auseinander, von denen ich zuvor nicht einmal gehört hatte. Ich begann bei mir und meinem Leben, erkundete allerlei wissenschaftliche Erkenntnisse und durchforstete final die Geschichte der Menschheit. Dabei setzte ich mich sogar mit den Mythologien unterschiedlicher Völker und der Astrologie auseinander, die mir wichtige Hinweise und Erkenntnisse über den Menschen und das Leben an sich lieferte. Mit jedem Stück, jedem Knoten, mit dem ich auf meiner Reise in Berührung kam, näherte ich mich meinen Antworten, die ich so herbeisehnte. So merkte ich schnell, dass ich dabei war, auf etwas Großes zu stoßen. Innerhalb kürzester Zeit kam ich mit faszinierenden, erschaudernden und zugleich aufschlussreichen Antworten in Berührung, die einige dunkle und unbekannte Teile meines Lebens mit Licht durchfluteten und auf diese Art und Weise klar und deutlich sichtbar machten. Umso erschreckender war für mich die Erkenntnis, dass der überwiegende Teil unserer Gesellschaft nur einen kleinen Prozentsatz des eigenen Lebens versteht und somit auch nur einen geringfügigen Teil des eigenen Potenzials ausschöpft. Für viele Leser mag diese Erkenntnis schockierend wirken. Möglicherweise weißt du mit dem Begriff *Potenzial* gar nichts anzufangen. Möglicherweise fragst du dich auch deshalb, ob du es richtig verstehst, dass der Mensch nur einen kleinen Prozentsatz dieses *Potenzials* ausschöpfen soll. Dazu kann ich dir nur eins sagen: Ja, lieber Leser. Genauso ist es. Das Potenzial, über das jeder einzelne Mensch verfügt, wird vom Großteil der Menschen nur geringfügig ausgeschöpft! Auch darum soll es in diesem Buch gehen. Dabei kann es vorkommen, dass du im weiteren Verlauf des Buches auf Dinge stößt, die du nicht auf Anhieb verstehst. Das soll aber kein Problem darstellen. Wie für mich selbst ist dieses Buch auch für dich als Leser eine Reise. Auf dieser Reise ist es nicht wichtig, alles sofort in seiner ganzen Komplexität zu verstehen. In erster Linie ist es wichtig, der Reise offen entgegenzutreten – sowohl physisch als auch geistig. Denn du kannst gewiss sein: Alles, was du in diesem Buch lesen wirst, hat einen tief verwurzelten Zusammenhang. Wenn du es schaffst, bis zum Ende Teil dieses Abenteuers zu bleiben, kann ich dir, lieber Leser, garantieren, dass du diesen Zusammenhang auch verstehen wirst. Wichtig ist mir dabei klarzustellen, dass dieses Buch kein stumpfer Ratgeber zum Nachahmen ist. Ich verfolge nicht den Anspruch, Wissen nach außen zu tragen, das unverändert weitergetragen werden soll. Ich möchte dazu anregen, selbstständig kritisch zu denken und deinen forschenden Geist zu erwecken. *Die sieben Lebenslügen und die nackte Wahrheit* soll dich dazu anregen, selbst Antworten und deine eigenen Wahrheiten zu finden, die zu deinen Zielen und Vorstellungen eines glücklichen Lebens passen. Es soll dich ermutigen, dich selbst kennen, vertrauen und lieben zu lernen. Und es wird dir dabei helfen, durch das erlangte Bewusstsein die Motivation zu bekommen, diesen schweren Weg zu gehen. Mit diesem Buch möchte ich zeigen, dass es für jeden ein Licht am Ende des Tunnels gibt. Ich und meine Geschichte sind der lebende Beweis dafür. Egal, wie man nun in diesen Tunnel geraten ist, ob auf eigenen Beinen oder in die Irre geführt durch das Werk anderer, es gibt einen Weg raus aus der Dunkelheit. Ich kann dir nicht versprechen, dass er leicht zu begehen sein wird, aber ich weiß, dass es ihn für jeden gibt. Es ist möglich, unser Leben im Licht zu verbringen, jeden Tag glücklich zu sein, mit unseren Liebsten zu sein und erfüllt zu leben. Steig also gerne an Bord, werde Teil meiner Gedankenwelt und lass mich dir in acht spannenden Kapiteln zeigen, welche Lügen mich mein Leben lang begleiteten. Lass mich dir zeigen, welche Rätsel und Geheimnisse ich erfolgreich löste. Lass mich dir zeigen, welche Wahrheiten wir entsprechend gemeinsam daraus ziehen können.

2

DIE ERSTE LEBENSLÜGE: DER MENSCH

2.1 Zwischen Philosophie und Religion

Die erste Lüge, auf die ich im Rahmen meiner Überlegungen stieß, ist zugleich die Lüge mit der wahrscheinlich größten Auswirkung auf mein Leben: Der Mensch. Diese Aussage wird vermutlich nicht wenige Leser verwundern. Vermutlich wirst du dich fragen, wie denn der Mensch eine Lüge sein kann – wo wir doch alle Menschen sind, die auf diesem Planeten geboren und aufgewachsen sind. Als solche kommen wir jedoch nicht darum herum, uns zwangsläufig mit diesem faszinierenden Planeten und den Lebewesen, die ihn bevölkern, auseinanderzusetzen. Wir streben danach, mehr über unsere Umwelt zu erfahren und setzen dabei naturgemäß bei dem an, was uns alle eint: unserem Dasein als *Menschen*. In der Philosophie bezeichnet man das Fachgebiet, das sich exklusiv mit dem Wesen des Menschen auseinandersetzt, als Anthropologie. Diese soll Aufschluss darüber geben, was den Menschen als Lebewesen ausmacht und in welcher Relation er zu anderen Lebewesen und seiner Umwelt, der Natur, steht. Wie wichtig diese Fragestellungen sind, zeigt allein die Tatsache, dass die Anthropologie zu den ältesten und meistdiskutierten philosophischen Fachgebieten überhaupt gehört. Von Vertretern der Antike wie Platon oder Aristoteles bis hin zu vergleichsweise modernen Philosophen wie Freud oder Kant existieren von beinahe allen renommierten Vertretern der Zunft anthropologische Überlieferungen. Einige davon stützen sich weitestgehend auf Werke ihrer Vorredner, wieder andere enthalten eigene Konzepte und Theorien. Auch ich habe mir im Laufe meines Lebens unzählige Fragen gestellt, die dem anthropologischen Fachgebiet zuzuschreiben sind.

- Was sind wir, also »der Mensch«, eigentlich?
- Was ist unsere Funktion und die daraus resultierende Aufgabe in diesem Zyklus, der sich »das Leben« nennt?
- Und in welcher Verbindung stehen wir zur Natur?

Fragen wie diese sind es, mit denen sich die Anthropologie schon seit Jahrtausenden beschäftigt. Auch mich beschäftigten die Fragen nach dem Sinn des Lebens und dem darin enthaltenen Ziel, seit ich denken kann. Während ich lange Zeit keine Antworten auf diese Fragen vorweisen konnte, gab es eine Grundannahme, von der ich schon immer fest überzeugt war: Wir Menschen – und mit uns alle Tiere, Pflanzen und Endressourcen – existieren nicht grundlos auf diesem Planeten. Aus dieser Prämisse ergab sich für mich eine wichtige Frage, die man gar als wichtigste Frage in Bezug auf den Sinn des Lebens bezeichnen könnte: *Wofür sind wir Menschen da?* Obwohl wir Menschen uns diese Frage schon seit Jahrtausenden stellen, vermag bis heute kein lebender Mensch eine plausible und zugleich belegbare Antwort darauf zu geben. Dieser Missstand zieht sich von der Moderne bis in die alten Schriften unserer Vorfahren. Egal auf welche Quelle wir uns berufen – es lässt sich nur schwer eine einheitliche Antwort auf diese so entscheidende Frage finden. Setzen wir beispielsweise bei den alten Ägyptern an, so erfahren wir, dass sie den Sinn des Lebens in der eigenen Familie und daraus resultierend in der eigenen Fortpflanzung sahen. Es heißt sogar, dass sie daran glaubten, nach dem Tod als eines der eigenen Kinder wiedergeboren zu werden. Einen noch spirituelleren Ansatz verfolgten derweil die alten Wikinger. Diese glaubten – ähnlich wie schon die antiken Ägypter, Griechen und Römer – an viele verschiedene Gottheiten, die Seite an Seite mit ihnen lebten. Diese Gottheiten entstammten allesamt der Natur. Den Sinn des Lebens sahen die Wikinger darin, ein aufrichtiges Leben zu führen, um im Anschluss in die *Heiligen Hallen Walhallas* aufgenommen zu werden. Dort, im Zuhause der Götter, würde man dann gemeinsam mit seinen Liebsten und den Göttern bis zum Ende der Welt leben können. Auf mich hatten Geschichten wie diese schon immer eine faszinierende Wirkung. Allerdings halfen sie mir nicht wirklich bei meiner Suche nach Erkenntnis. Was sollte ich mit so vielen verschiedenen Geschichten anfangen, wo ich doch eigentlich auf der Suche nach *Wahrheit* war?

* * *

Auch die Erkenntnisse der westlichen Welt, in der ich aufwuchs, konnten mir keine Antworten auf die Fragen liefern, die ich mir schon von klein auf stellte. Ganz egal, ob ich nun innerhalb meiner Familie oder in der Schule nach Antworten auf die Frage nach unserer Bestimmung suchte – niemand konnte sie mir liefern. Dabei scheute ich keine Mühen, um endlich hinter das scheinbar unlösbare Rätsel des Menschen zu kommen. Da ich in einem äußerst christlichen Haushalt aufwuchs, war meine erste Anlaufstelle dabei recht naheliegend: die Bibel. Die Bibel war die Quelle, aus der auch meine Mutter und ihre Mutter zuvor all ihr Wissen über das Leben gezogen hatten. Ich begann, mich intensiv mit den Inhalten der Bibel auseinanderzusetzen, und gelangte letztendlich zu einer ziemlich endgültigen Auflösung meiner Nachforschungen: *Gott zu dienen und zu lieben.* Das ging für mich vor allem aus jenen Bibelversen hervor, die sich auf das Verhältnis von Gott und Menschen beziehen. So heißt es in der Lutherbibel von 1912 beispielsweise in Römer 8:28: »Wir wissen aber, daß denen, die Gott lieben, alle Dinge zum Besten dienen, denen, die nach dem Vorsatz berufen sind.« Für mich, der nach dem tiefsten Grund und Sinn seines Lebens suchte, war das sicher keine zufriedenstellende Antwort. Ich hatte mich schon immer als Person verstanden, die den Dingen kritisch gegenüberstand, hinterfragte und den tieferen Sinn suchen wollte. Schließlich würde nur das mir dabei helfen, besser zu werden und mein eigenes Potenzial vollständig auszuschöpfen. Entsprechend schwer tat ich mich damit, zu akzeptieren, dass meine Bestimmung darin liegen sollte, jemandem zu dienen, den ich allein durch Erzählungen anderer kannte. Zumal ich den Gott der Bibel nicht einmal als liebevollen Gott verstand. Auf mich wirkte er eher wie eine egoistische und willkürlich handelnde Figur, die sich selbst nicht so recht verstand. Und diese Figur sollte ich nun mein Leben lang lieben, nur um die Hoffnung haben zu können, nach meinem Tod im Himmel zu landen? Damit konnte ich mich nicht zufriedengeben. Für mich stand fest, dass ich einen Gott, wie er in der Bibel beschrieben wird, niemals lieben lernen würde. Meine Frustration im Zusammenhang mit diesem Gott ging so weit, dass sich schon in der Auseinandersetzung mit der Bibel Wut in mir breitmachte. Diese Wut resultierte vor allem aus dem Umstand, dass ich die Antworten, die mir die Bibel vermeintlich lieferte, nicht wahrhaben wollte. Wenngleich mir das meistverkaufte Buch der Menschheitsgeschichte also nicht die von mir erhofften Wahrheiten liefern konnte, befand ich zumindest seine ersten Seiten als ziemlich aufsehenerregend. Auf diesen Seiten wird die Geschichte von Adam und Eva erzählt, die auch als die Geschichte der Erschaffung der Welt bekannt ist. Ich gehe zwar stark davon aus, dass jeder Leser diese Geschichte schon mindestens einmal gehört hat, möchte aber dennoch die Punkte noch einmal umreißen, die für mich im Rahmen dieses Kapitels entscheidend sind. Auf diese Weise möchte ich sicherstellen, dass auch jene Leser, die die Geschichte nicht kennen oder nicht mehr mit den Details vertraut sind, meinen weiteren Überlegungen folgen können. Gemäß der Bibel sollen Adam und Eva im Paradies frei von allem gelebt haben, das man anstrengend, schlecht oder gar böse nennt. In *Genesis 2, 8-17* heißt es hierzu:

> »der Herr, in Eden, im Osten, einen Garten an und setzte dorthin den Menschen, den er geformt hatte. Gott der Herr ließ aus dem Ackerboden allerlei Bäume wachsen, verlockend anzusehen und mit köstlichen Früchten, in der Mitte des Gartens aber den Baum des Lebens und den Baum der Erkenntnis von Gut und Böse. (...) Dann gebot Gott, der Herr, dem Menschen: Von allen Bäumen des Gartens darfst du essen, doch vom Baum der Erkenntnis von Gut und Böse darfst du nicht essen; denn sobald du davon isst, wirst du sterben.«

Wenn wir davon ausgehen, dass diese Worte aus der Perspektive des größten, mächtigsten und weisesten aller Wesen formuliert worden sein sollen, gibt es vieles, das ich schon an dieser Stelle für fragwürdig halte. Da ich jedoch versprochen habe, mich auf die für das Kapitel relevanten Punkte zu beschränken, werde ich das an dieser Stelle nicht weiter vertiefen und mich stattdessen weiterhin an der Rahmenhandlung der Überlieferung orientieren. Demnach habe sich Eva von der Schlange, die sich hinterher als der Teufel (also das Böse) herausstellte, dazu verführen lassen, die verbotene Frucht zu essen. Selbiges soll auf Anraten Evas dann auch Adam getan haben, was schließlich für beide die Verbannung aus dem Paradies bedeutet haben soll. Hierzu heißt es in Genesis 3, 16-19: »Zur Frau sprach er: Viel Mühsal bereite ich dir, so oft du schwanger wirst. Unter Schmerzen gebierst du Kinder. Du hast Verlangen nach deinem Mann, er aber wird über dich herrschen. Zu Adam sprach er, weil du auf deine Frau gehört und von dem Baum gegessen, von dem zu essen ich dir verboten habe: So ist verflucht der Ackerboden, deinetwegen. Unter Mühsal wirst du von ihm essen, alle Tage deines Lebens. Dornen und Disteln lässt er dir wachsen, und die Pflanzen des Feldes musst du essen. Im Schweiße deines Angesichts sollst du dein Brot essen, bis du zurückkehrst zum Ackerboden. Von ihm bist du ja gekommen, denn Staub bist du, zum Staub musst du zurück.« Die daraus resultierenden Folgen waren Ende und Anfang zugleich. Denn Adam und Eva sollten nun so leben, wie wir heute leben: mit Leid, Schmerz und all den anderen bösen Dingen in ihrem Alltag. Ihr Leben sollte nun schwer sein, sie sollten von Arbeit verfolgt werden und ständiges Leid verspüren müssen. Wobei mit *sie* in diesem Fall eigentlich *wir* gemeint sein müssen. Schließlich sollen *wir* ja die Nachkommen von Adam und Eva sein, die bis heute unter den von ihnen herbeigeführten Umständen leben sollen. Obwohl dies auf den ersten Blick wie ein riesiges Verlustgeschäft wirken mag, bin ich der Meinung, dass die *verbotene Frucht* aus dem Paradies Adam und Eva gemäß der Überlieferung eigentlich etwas Unvergleichbares gewährte: die Gabe, zu erkennen. Geht man davon aus, dass wir unsere Lebensumstände tatsächlich von Adam und Eva »geerbt« haben, würde das bedeuten, dass auch wir die Fähigkeit, zu erkennen, der Sünde Adams zu verdanken haben. Wie du im weiteren Verlauf des Buches noch erfahren wirst, ist wortgetreu das Erkennen der verschiedensten Situationen epochal.

* * *

Tatsächlich ähnelt das Leben, zu dem Gott, der Herr, Adam und Eva sowie deren Nachkommen verbannt haben soll, auf erschreckende Weise dem Leben, das wir heute führen. Dennoch fiel es mir schon bei meiner ersten Auseinandersetzung mit der Bibel schwer, die Ansicht, unser Leben sei bloß eine verfluchte Version des vollkommenen Lebens, für wahr anzuerkennen – vor allem, wenn man bedenkt, dass diese verfluchte Version nun schon seit Tausenden von Jahren über uns walten soll. Ich fühlte mich in dieser Hinsicht wie Eva, die – getrieben von einem Gedanken – nach Erkenntnis suchte. Nach einer Erkenntnis, die uns anscheinend verborgen bleiben sollte – es sei denn, wir wären bereit, den Zugang zum ewigen Leben im Paradies aufzugeben. Mit zusammengekniffenen Augen und geballten Fäusten kämpfte ich gegen meinen Verstand an. Mein gesamter Körper stand unter Spannung, während ich gegen alles anrannte, was ich über all die Jahre zu glauben gelernt hatte. Ich versuchte, die mir entgegengebrachten *Wahrheiten* aus der Bibel zu verwerfen und einen komplett neuen Pfad des Denkens einzuschlagen, der mir dabei helfen sollte, die Antworten zu finden, die ich so sehr herbeisehnte. Bis zu diesem Moment war mir nie bewusst gewesen, wie wichtig freies, unbegrenztes Denken ist. Vor allem aber war mir nie bewusst gewesen, wie schwer es war, dieses zu erlangen. Nicht einmal unmittelbar nach unserer Geburt sind wir dazu ermächtigt, frei und selbstbestimmt zu denken. Wir werden in ein bestehendes Umfeld hineingeboren, in dem es bereits gefestigte Sichtweisen und Überzeugungen gibt. Von den Menschen, die diese Überzeugungen innehaben, wird uns fortan erzählt und gelehrt, was wir sind und was wir tun sollen. *Tue dies. Tue das nicht.* Sätze wie diese kennt jeder aus seiner Kindheit. Gleichzeitig wird uns jedoch nie erklärt, aus welchem Grund wir *dies* tun sollen und *jenes* nicht. Wenn ich in diesem Kontext von Gründen spreche, meine ich damit keine oberflächlichen Kausalitäten, die die Strukturen unseres Alltags bestimmen. Wenn mir erklärt wird, dass ich zur Schule gehen muss, um anschließend einen Beruf erlernen und gutes Geld verdienen zu können, ist das nicht die Art von *Begründung,* die ich erfahren möchte, nein. Wenn ich von Gründen spreche, meine ich damit die Wurzel der Kausalität an sich: den *Sinn des Lebens.*

2.2 Die Mathematik – faszinierender, als sie uns präsentiert wird

Während ich die Theologie – insbesondere die biblische – als Quelle für die Antworten, die ich suchte, praktisch ausschließen konnte, faszinierte mich eine andere Wissenschaft umso mehr: die Mathematik. Zumindest ist unser Umgang mit der Mathematik eines der besten Beispiele für die Oberflächlichkeit unseres Denkens. Dieser Umgang ist nämlich weitestgehend zweckorientiert. Als Schüler lernen wir beispielsweise die Grundlagen der Mathematik, da diese heutzutage in jedem Beruf vorausgesetzt werden. Einen Beruf benötigen wir wiederum, um unser Leben zu finanzieren. Dass die Mathematik die simplifizierte, logische Darstellung unseres Lebens ist, wird uns in diesem Kontext leider nicht erklärt. Wir lernen sie lediglich als eine Formalwissenschaft kennen, die sich rund um Geometrie und numerische Berechnungen dreht. Betrachten wir jedoch ihren Ursprung in der griechischen Antike, erkennen wir zwangsläufig, dass sie deutlich mehr ist als ein Zusammenspiel von Zahlen und Formeln. Erste Anzeichen dafür erkennen wir bereits in der Lehre Platons. Platon war ein Schüler des Sokrates und gilt bis heute als einer der einflussreichsten Philosophen der Geschichte. Als solcher betrachtete er die Mathematik als geeignetes Mittel zur Schulung des Geistes für die Philosophie. Analog zu seinem berüchtigten Höhlengleichnis, das das Philosophieren als notwendigen Teil des menschlichen Befreiungsprozesses darstellt, sei auch die Mathematik ein geeignetes Instrument, um sich der Welt der Ideen – und somit der philosophischen Erkenntnis – zu nähern. Platon verstand mathematische Gegenstände also nicht als reine Konstruktionen unseres Verstandes, sondern als geistige Phänomene, deren Erforschung dem Menschen obliegt. Platons Bezug zur Mathematik wird vor allem in seinem Werk *Phaidon* deutlich. Ähnlich wie viele andere seiner Werke ist es in Dialogform verfasst und macht auf beeindruckende Art und Weise deutlich, dass Platon in der Mathematik viel mehr sah als eine reine Technik. Platon betrachtete die Mathematik gar als Vorstufe der Philosophie und trug damit einen gehörigen Teil dazu bei, sie von einer reinen Technik zu einer Wissenschaft zu erheben. Auch der Vorsokratiker Pythagoras, den einige von euch aufgrund des auf ihn zurückgehenden *Satzes des Pythagoras* kennen werden, hatte einen ähnlichen Blick auf die Dinge. Von ihm stammt der Grundsatz »Alles ist Zahl«, der auf beeindruckende Weise unterstreicht, welche Weitsicht die antiken Griechen im Hinblick auf den Zusammenhang von Mathematik und Leben hatten. Diese Weitsicht unterschied sie entscheidend von allen Völkern vor ihnen – und traurigerweise auch von den Völkern nach ihnen.

* * *

Als ich zur Schule ging, wurde mir leider nie vermittelt, welche faszinierenden Zusammenhänge es zwischen unserem Leben und der mathematischen Wissenschaft gibt. Ich tat mich immer schwer damit, all die scheinbar zusammenhanglosen Formeln und deren Verwendungen auswendig zu lernen. Heute bin ich mir sicher, dass dies nicht der Fall gewesen wäre, wenn ich mir der Tragweite des Faches schon zu Schulzeiten bewusst gewesen wäre. Doch leider hatte man mir nie einen Anreiz geliefert, um mich mit dieser Tragweite auseinanderzusetzen. Erst, als ich mich Jahre später mit den Werken Arthur Schopenhauers beschäftigte, reifte in mir die Erkenntnis, dass ein elementarer Zusammenhang zwischen der Mathematik, der Philosophie und unserem Leben im Allgemeinen bestand. Schopenhauer ist heute vor allem als Mitbegründer der Mitleidsethik bekannt, lieferte darüber hinaus aber auch wichtige Erkenntnisse in Bezug auf unser modernes Weltbild. Durch seine Versuche, mathematische Phänomene philosophisch zu erklären, konnte er auch mir glaubhaft vermitteln, dass die Mathematik mehr war als das, was man mir in der Schule über sie beigebracht hatte. Phänomene wie die Errechnung eines moralischen Wertes oder das Gesetz von Ursache und Wirkung konnte ich erst jetzt vollständig greifen. Insbesondere Letzteres faszinierte mich sehr. Es besagt wortgetreu, dass jede Wirkung eine entsprechende Ursache voraussetzt. Daraus ergibt sich wiederum, dass sich beinahe jedes Teil bis ins kleinste Detail rekonstruieren lässt. Was eigentlich ein recht simpler Gedanke ist, stellte für mich die wahrscheinlich größte Erkenntnis meines Lebens dar. Betrachtet man nämlich das große Ganze, sagt das Gesetz von Ursache und Wirkung nichts anderes aus, als dass *nur durch Veränderung* eine weitere Veränderung entstehen kann. Und diese weitreichende Erkenntnis habe ich letztendlich einzig der Mathematik zu verdanken.

2.3 Mathematik, Mensch und Natur

Ich habe zu Beginn des Kapitels die Frage in den Raum geworfen, an welchem Punkt ich bei der Suche nach Antworten am besten ansetzen sollte. Das Komplexe an der Suche nach dem Sinn des Lebens ist es ja, dass es keinen klar definierten Startpunkt gibt. Wir können beim Menschen selbst ansetzen, bei der Religion, bei Wissenschaften wie der Mathematik. Was ich jedoch schon immer am mitreißendsten fand, war die Tier- und Pflanzenwelt, oft *Natur* genannt. Mich beeindruckte vor allem die Symbiose aus Komplexität und Simplizität, die wir in der Natur bestaunen können. Obwohl ihre einzelnen Bestandteile einzigartig sind, hängen sie doch alle irgendwo zusammen. In der Natur schien alles so klar definiert zu sein, dass sich darin einfach Antworten befinden *mussten*. Schon als Kind liebte ich es, die Natur zu erforschen und die Komplexität hinter den einzelnen Vorgängen in der Tier- und Pflanzenwelt zu begreifen. Ich wollte wissen, was wir Menschen, die sich offensichtlich von Tier und Pflanze unterscheiden wollen, tun können, um dennoch von der Natur zu lernen. Oftmals fragte ich dabei meine Mutter um Rat.

»Mama, was machen die Bienen eigentlich auf den Blumen?«

»Weißt du, wenn die Bienen von Blüte zu Blüte fliegen, sammeln sie Pollen und Nektar. Daraus bauen sie wiederum ihr Haus, ernähren ihre Familie und machen leckeren Honig.«

»Also sind Bienen liebe Tiere.«

»Ja, sehr liebe Tiere sogar. Ohne sie hätten wir kaum Obst oder Gemüse. Durch ihre tüchtige Arbeit bestäuben sie nämlich die Pflanzen und Bäume, was unheimlich wichtig ist, damit diese Früchte, Beeren und Gemüse tragen können.«

»Wow, Bienen sind toll! Wofür sind denn wir Menschen da?«

Wie du siehst, war mir schon als Kind daran gelegen, die Komplexität der Natur zu begreifen und zu verstehen, welche Rolle wir Menschen innerhalb dieses Konstrukts einnehmen sollten. Tatsächlich gelang es mir – unter anderem dank der Erkenntnisse, die ich der philosophischen Auseinandersetzung mit der Mathematik zu verdanken hatte – am Ende auch ausgerechnet in der Tierwelt, den von mir herbeigesehnten Antworten ein Stück näher zu kommen.

* * *

Zur vereinfachten Anschauung der von mir gewonnenen Erkenntnisse möchte ich an dieser Stelle ein Beispiel aufführen, das sich analog auf vergleichbare Phänomene übertragen lässt. Lass uns hierzu einmal auf das Leben einer Spinne blicken. Aus einem Spinnenwurf, der aus hunderten kleinen Eiern besteht, schlüpfen naturgemäß viele kleine Spinnenbabys, auch Prälarven genannt. Diese Prälarven entwickeln sich binnen weniger Tage zu Larven. Die charakteristischen acht Beine sind bereits ausgewachsen und können schon in diesem Stadium selbstständig benutzt werden. Es dauert nicht lange, bis die einzelne Larve den Bau der Mutter verlässt und beginnt, ihr eigenes Leben zu führen. Die Larven leben dann unabhängig und wachsen zu kleinen Spinnen heran. Was wäre jedoch, wenn eine dieser kleinen Spinnen schon als Prälarve aus dem Bau fällt und somit gar nicht wüsste, was sie überhaupt *ist?* Würde dieses Unwissen das Leben der kleinen Spinne beeinflussen? Um diese Frage zu beantworten, müssen wir davon ausgehen, dass eine Spinne, die auf diese Weise aus dem Bau ihrer Mutter fällt, tatsächlich nichts über die eigene Spezies und die mit ihr verknüpften Lebensumstände wüsste. In Bezug auf die Spinne in unserem Beispiel würde dies bedeuten, dass sie nicht wüsste, was es bedeutet, eine *Spinne* zu sein. Sie wüsste nicht, dass sie als Spinne ein Lebewesen ist, das durch seine außergewöhnlichen Fähigkeiten zum Gleichgewicht unseres Ökosystems beiträgt. Ebenso wenig wüsste sie, wie sie sich verhalten sollte, um als Spinne die besten Überlebenschancen zu haben. Die einzige Option, die ihr übrigbliebe, wäre es, mit ihren acht Beinen loszukrabbeln, um das Rätsel ihrer eigenen Identität zu lösen. Dabei würde unsere kleine Spinne jedoch schon früh in Schwierigkeiten geraten. Schließlich wüsste sie gar nicht, dass sie dank der verzweigten Härchen an ihren Beinen auch die steilsten Wände hochklettern kann. Anstatt diesen Vorteil also zu nutzen, würde sie sich nur auf dem Erdboden fortbewegen. Noch schwerer wiegt der ihr auferlegte Schleier des Nichtwissens, wenn es um das eigene Überleben geht. Spinnen besitzen die Fähigkeit, Netze aus feinen Klebefäden zu spinnen. Diese Netze dienen vor allem als Rückzugsort, der die Spinne vor Witterungen und Fressfeinden schützen soll. Zudem ist er der Spinne bei der Nahrungsbeschaffung dienlich, da potenzielle Beutetiere an ihm kleben bleiben und nicht mehr flüchten können. Von alldem wüsste unsere Spinne jedoch nichts. Ich denke, dass ab spätestens diesem Punkt klar sein sollte, worauf ich mit diesem Gedankenexperiment hinauswill. Da ich dich nicht länger als nötig auf die Folter spannen möchte, fasse ich mich im Hinblick auf das tragische Schicksal der unwissenden Spinne kurz: Gemessen an ihren Umständen hätte sie – um es vorsichtig auszudrücken – nur äußerst geringe Überlebenschancen.

* * *

Natürlich habe ich das Gedankenexperiment rund um unsere kleine Spinne nicht aufgeführt, weil es mir gefällt, mich mit dem Tod eines unschuldigen Lebewesens auseinanderzusetzen. Mir geht es darum, aufzuzeigen, wie stark Wettbewerbsvorteile in der Natur mit dem Bewusstsein über die eigene Identität zusammenhängen. Diesen Umstand zeigt der Fall unserer kleinen Spinne auf beeindruckende Art und Weise auf. Denn nur eine Spinne, die auch weiß, dass sie eine Spinne ist, ist dazu in der Lage, dieses Wissen zum Sichern des eigenen Überlebens zu nutzen. Schließlich weiß nur eine Spinne, die weiß, dass sie eine Spinne ist, welche Veranlagungen und Fähigkeiten mit ihrem Dasein als Spinne einhergehen. Sie weiß also, worin ihr Lebenssinn liegt, welche Prioritäten sie setzen sollte und was sie tun muss, um ein erfülltes Leben zu führen. Und das trifft nicht nur auf die Spinne zu. Dieses Prinzip ist für alle Lebewesen auf diesem Planeten zutreffend. Ich gehe sogar so weit, dieses Prinzip als eines der Naturgesetze zu bezeichnen, denen auch wir Menschen nicht entfliehen können – ganz egal, wie sehr wir es auch andauernd versuchen mögen. Ohnehin macht es keinen Sinn, dass ausgerechnet wir Menschen uns Naturgesetzen wie diesem entziehen können sollen. Schließlich fungieren sie im Hinblick auf unsere Existenz wie die Anleitung zu einem Video- oder Gesellschaftsspiel. Stelle dir hierzu nur einmal vor, wie eine typische Anleitung aussieht, die man im Lieferumfang eines beliebigen Brettspiels vorfindet. Das Intro liefert in der Regel das nötige Hintergrundwissen. Im Anschluss wird meistens darüber informiert, wie das Spiel aussieht und welche Teile darin enthalten sind. Schon im dritten Punkt wird dann in den allermeisten Fällen auf das *Ziel des Spiels* verwiesen. Dieses wäre im Kontext unseres Lebens analog der *Sinn des Lebens*. Beim Spielen eines Brettspiels gibt es in Bezug auf das *Ziel des Spiels* in der Regel zwei mögliche Spielausgänge. Läuft alles so, wie der Spielende es sich vorstellt, erfüllt er das Ziel, was wiederum mit dem Erringen des Sieges gleichzusetzen ist. Ist das nicht der Fall, steht er am Ende als Verlierer da und ist beim Erreichen der Zielsetzung gescheitert. Im Gesamtkontext zeigen uns die Spielregeln also eigentlich nicht nur die zu befolgenden Grundregeln auf. Sie helfen uns darüber hinaus dabei, das Ziel des Spiels zu erfüllen. Es liegt also in unserer Natur, uns die Frage nach dem *Sinn des Lebens* zu stellen. Das zeigen nicht nur Brettspiele und analoge Prozesse in unserem alltäglichen Leben, sondern vor allem der Blick in die Pflanzen- und Tierwelt. Der imaginäre Fall unserer kleinen Spinne ist dabei nur ein Beispiel von vielen. Natürlich könnte man nun meinen, dass es etwas Negatives sein müsse, noch keine klare Antwort auf die Frage nach dem Sinn des Lebens vorweisen zu können. Vielleicht hast auch du noch keine Antwort auf diese Frage, was möglicherweise ein Gefühl von Traurigkeit in dir aufkommen lässt. Doch das ist gar nicht nötig. Denn auch ich – so viel kann ich an dieser Stelle vorwegnehmen – konnte die Frage nach dem Sinn des Lebens bislang noch nicht final beantworten. Nimm du dein Unwissen also ebenfalls gerne als Anreiz, mehr über dich und dein Leben herauszufinden. Auf diese Weise ist es auch mir gelungen, den Antworten, die ich suchte, durch meine intensive Auseinandersetzung mit mir selbst extrem nahezukommen. Doch dazu später mehr. Dranbleiben lohnt sich.

2.4 Der Mensch als Lüge

Nach all den Erkenntnissen und Überzeugungen, die ich im Rahmen dieses Kapitels geäußert habe, wird sich mancher Leser zu Recht fragen, was all das mit meiner Behauptung zu tun hat, der Mensch solle eine der größten Lebenslügen sein. Wie kommt es, dass ich den Menschen für eine Lüge halte? Wie kommt es, dass ich vom Sinn des Lebens als wahrscheinlich größten Irrtum schreibe? Ich denke, dass sich meine Kernthese am besten anhand des bereits aufgeführten Beispiels der Spinne veranschaulichen lässt. Die Spinne wird von ihrem natürlichen, tief in ihr verankerten Lebenstrieb dazu angetrieben, sich so schnell und effektiv wie nur möglich all die Fähigkeiten anzueignen, die sie zum Erfüllen ihres Lebenszwecks benötigt. Ich spreche in diesem Kontext bewusst nicht vom Überleben, da ein solches allein nicht mit einem erfüllten und bedeutsamen Leben gleichzusetzen wäre. Nicht umsonst existieren wissenschaftliche Erkenntnisse, die belegen, dass ein Lebewesen naturgemäß immer einem bestimmten Ziel nachgehen wird. Umgangssprachlich benennen wir Menschen dieses Phänomen dann als tierisches Instinktverhalten. Durch die Wahl dieser Bezeichnung suggerieren wir, dass ein solches Instinktverhalten bei uns nicht vorhanden ist, und schaffen so eine klare Abgrenzung zwischen Mensch und Tier. Wir suggerieren, dass wir Menschen keinen Instinkt haben, der uns dazu treibt, gewisse Fähigkeiten zu erlernen, uns Wissen anzueignen und Aufgaben nachzugehen. Und genau in diesem Punkt beginne ich, den Menschen als Lüge zu bezeichnen. Damit meine ich natürlich nicht den Menschen an sich, sondern das Menschenbild, das der Großteil der modernen Gesellschaft in sich trägt. Denn die strikte Trennung von Mensch und Tier ist in meinen Augen nicht nur falsch, sondern auch sehr gefährlich. Nur diese Trennung hindert uns daran, zu erkennen, was nicht nur wortwörtlich gesprochen vor uns liegt, sondern darüber hinaus buchstäblich in uns verankert ist: Wir sind den Tieren näher, als wir uns eingestehen wollen. Ich weiß, dass eine Abkehr vom anthropozentrischen Weltbild, das den Menschen als übergeordnete Instanz innerhalb der Natur präsentiert, bei einigen Lesern auf Ablehnung stoßen wird. Ich würde dich jedoch bitten, dir von mir zeigen zu lassen, wieso ein solches Weltbild nichts anderes ist als die Lüge, als die ich es bezeichnet habe.

* * *

Ich stellte mir schon als Kind eine Reihe an Fragen, die mit den menschlichen Verhaltensweisen zusammenhängen, die ich heute als menschliche Instinkte verstehe.

- Wieso empfinden wir Blut als unangenehm oder fürchten uns gar davor?
- Warum kitzeln uns leichte Berührungen?
- Warum fürchten wir uns in der Dunkelheit?
- Warum bevorzugen wir süße Aromen, während wir bittere und saure Geschmäcker schon seit dem Kindesalter als unangenehm empfinden?
- Und warum lassen wir uns von unserer Umwelt einreden, dass wir uns im Rahmen des Erwachsenwerdens von diesen Verhaltensmustern lösen und uns mit den als unangenehm empfundenen Gegebenheiten arrangieren müssen, obwohl sie in unserem Inneren ablehnende Gefühle erzeugen?

In meinen Augen weisen die in diesem Fragenkatalog dargestellten Verhaltensweisen und Phänomene erstaunliche Parallelen zu dem auf, was wir fälschlicherweise als *tierisches Instinktverhalten* bezeichnen. Genauso, wie bestimmte Tiere von leuchtenden Farben und süßen Gerüchen angelockt werden, gibt es auch bei uns Menschen Dinge, die uns von Geburt an guttun und sich tief in unserem Inneren gut anfühlen. Diese Dinge existieren gewiss nicht ohne Grund. Es gibt Gründe dafür, die es lediglich herauszufinden gilt. Für genau diese Gründe machen wir uns jedoch blind, wenn wir uns als etwas Höheres betrachten und uns in unseren Eigenschaften von der Tier- und Pflanzenwelt abspalten wollen. Wir ignorieren das Offensichtliche und reden eine Differenzierung herbei, die es so eigentlich nicht gibt. Eine solche Differenzierung zwischen Mensch und Tier führt letztlich also lediglich zu Blindheit, wenn es um die Frage nach dem Sinn unseres Lebens geht. Sie führt dazu, dass wir uns der Realität verweigern und unsere Stellung innerhalb der Natur infrage stellen. Wir Menschen sind unverkennbar Bewohner dieser Erde. Das beinhaltet, dass wir – wie alle anderen Erdbewohner auch – vom Zyklus und den Gesetzen der Natur beeinflusst werden. Wir stehen nicht über den Tieren, sondern gehören dem gleichen Zyklus an, dem auch sie angehören. Ich möchte an dieser Stelle sogar noch weiter gehen. In meinen Augen werden wir nicht nur vom Zyklus der Natur *beeinflusst*. Wir sind ein essenzieller Bestandteil dieses Zyklus. Somit ist es in meinen Augen auch sehr gut möglich, dass auch unsere übergeordnete Bestimmung in genau diesem Zyklus zu finden ist.

* * *

Hat man einmal damit begonnen, sich von der Vorstellung zu lösen, dass der Mensch eine der Natur übergeordnete Instanz ist, fällt es erstaunlich leichter, verschiedene Phänomene unseres Lebens vollumfänglich zu verstehen. Wir blicken nun aus einer völlig neuen Perspektive auf unser Leben und es fällt uns leichter, Ähnlichkeiten zu vermeintlich tierischen Verhaltensweisen zu erkennen. Hierzu möchte ich noch ein letztes Beispiel anführen, das auf beeindruckende Art und Weise aufzeigt, wie Natur und Mensch Seite an Seite gehen und welche Folgen Kenntnislosigkeit haben kann. Das Beispiel, um das es mir geht, betrifft jeden Menschen gleichermaßen. Es geht mir um die anatomische Reaktion unseres Körpers auf Zucker. Jeder kennt das Gefühl, zu Beginn der warmen Jahreszeit urplötzlich Lust auf etwas Süßes zu haben. Die immer wärmer werdenden Tage und unsere Aktivitäten im Freien laden uns quasi dazu ein, energiereiche Nahrung zu uns zu nehmen. Was könnte da schon besser sein als eine ordentliche Menge natürlicher Zucker? Wie es der Zufall so will, stellt die Natur uns zu genau diesem Zeitpunkt eine Reihe an Lebensmitteln zur Verfügung, die dieses Verlangen stillen können. Sie bietet uns genau jetzt eine unglaubliche Vielfalt an süßsauren Früchten, zuckerhaltigen Beeren sowie eine große Auswahl an knackigem Gemüse. Bedienen wir uns nun an diesen Ressourcen, beginnt es in meinen Augen, spannend zu werden. Denn unser Körper hat eine einprogrammierte Überlebensfunktion, die sich anhand der nun folgenden Prozesse beobachten lässt. Wie viele Leser wissen werden, hat jeder Mensch einen individuellen Tagesbedarf an Energie, auch Kalorienbedarf genannt. Dieser richtet sich nach unserem Gewicht und unserer täglichen Bewegung. Wenn die Energie, also die Kalorien, die wir zu uns nehmen, diesen Kalorienbedarf überschreitet, beginnt unser Körper, die restliche Energie zu speichern – und zwar in Form von Fett. Geht man vom Menschen in seinem Naturzustand aus, haben diese Fette auch einen übergeordneten Zweck. Obwohl es der Mensch selbst noch gar nicht weiß, möchte der Körper ihn durch die Speicherung überschüssiger Energie auf Phasen vorbereiten, in denen ihm weniger Nahrungsressourcen zur Verfügung stehen werden. Das wäre im Naturzustand vor allem rund um den Wintereinbruch der Fall, wenn die natürlichen Ressourcen in Form von Obst und Gemüse aufgrund der niedrigen Temperaturen nicht mehr zur freien Verfügung stehen. Unserem Körper ist bewusst, dass es mit dem Einbruch der Winterzeit weniger zu essen geben wird, weswegen er beginnt, die Vorräte zu verwerten, die er in den goldenen Tagen angelegt hat. Ist es nicht faszinierend, dass der menschliche Körper über einen solchen Mechanismus verfügt, den wir in dieser Form sonst nur in der Tierwelt beobachten können? Könnte es einen besseren Beweis dafür geben, dass Mensch und Tier sich in ihrer Beschaffenheit stärker ähneln, als die meisten Menschen sich eingestehen würden? Doch trotz all dieser Beweise sträubt sich der Mensch beinahe zwanghaft dagegen, sich mit den Tieren auf die gleiche Stufe zu stellen. Ein Grund dafür könnte der in uns liegende Drang nach Fortschritt und Entwicklung sein. Es scheint, als würde der Mensch permanent versuchen, sich selbst von seinen tierischen Verwandten zu lösen und Fähigkeiten zu entwickeln, die über den naturgegebenen Rahmen hinausgehen. Dass wir uns dabei seit Jahrtausenden von den Tieren abgrenzen wollen, zeigt schon die Art und Weise, wie wir auf die Erde blicken. Während die meisten Tiere sich am Magnetfeld der Erde orientieren, schaut der Mensch schon seit jeher gen Himmel. Anstatt sich auf das Magnetfeld der Erde zu verlassen, suchen wir unsere Antworten am Horizont und orientieren uns anhand von Sonne, Mond und Sternen. Erste Belege für diese Weltsicht lassen sich schon in der Antike finden. Die Namen nahezu aller antiken Götter lassen sich heute in der Benennung von Planeten und Sternen wiederfinden. Naheliegend also, dass der Mensch das fortlaufende Ziel verfolgt, dem Himmel und dem Weltall näher zu kommen. Interessant finde ich, dass der Mensch sich auch bei all seinen fortschrittlichen Entwicklungsversuchen nicht von seinem ursprünglich vorgesehenen Lebensraum, der Erde, lösen kann. Ganz egal, welche weitreichenden Innovationen wir in den letzten Jahrtausenden realisieren konnten – die Rohstoffe, die wir dafür verwendeten, stammten immer aus der Natur. Das gilt auch für die noch immer andauernden Versuche, dem Weltraum näher zu kommen. Ob wir nun ein Teleskop anfertigen, ein Flugzeug konstruieren oder Raketen für die Raumfahrt entwickeln wollen – die Rohstoffe, die wir dafür benötigen, werden allesamt von der Erde zur Verfügung gestellt. Diese Erkenntnis lädt natürlich zum Fantasieren ein. Manch einer wird davon ausgehen, dass die Erde uns auf etwas Großes vorbereitet, möglicherweise auf die Erkundung des Weltalls. Auf Überlegungen wie diesen basieren bekanntlich einige sehr erfolgreiche Filme, Serien und Bücher. Während wir nicht sicher wissen können, welche Möglichkeiten unser Planet im Hinblick auf die Erkundung des Universums noch für uns bereithält, scheint eine Sache sicher zu sein: Er wird uns als Teil seiner Natur weiterhin mit Ressourcen versorgen, die wir nutzen könne, um unser Leben und das Leben aller Lebewesen nachhaltig zu verbessern.

* * *

Wenn ich davon spreche, unser Leben zu verbessern, meine ich damit auch, uns als Menschen besser kennenzulernen. Sich als Menschen besser kennenzulernen, wird uns in allen Bereichen des Lebens weiterhelfen. Vor allem aber hilft es uns dabei, ein Selbstverständnis und so etwas wie eine *Moral* zu entwickeln. Auch Tiere sind in meinen Augen dazu in der Lage, moralisch zu handeln. Wir Menschen sind es jedoch, die dabei in Gefahr laufen, Irrtümern zum Opfer zu fallen. Einer der gefährlichsten Irrtümer ist gleichzeitig eine der ältesten menschlichen Überzeugungen. Der Mensch neigt schon immer dazu, die Welt in einfache dualistische Entitäten zu unterteilen. In den Geschichten, die Menschen schreiben, gibt es fast immer *gut* und *böse*. Es gibt fast immer *richtig* und *falsch*. Es ist furchtbar, zu sehen, wie negativ uns diese Art des Schwarz-Weiß-Denkens beeinflusst. Eine Unterteilung der Welt in zwei gegensätzliche Extreme kann bei Individuen zu kognitiven Dissonanzen führen. Schließlich will ja niemand zu dem Teil der Welt gehören, den man als *böse* oder *falsch* kategorisieren würde. Auch ich hatte immer den Anspruch, *gut* und *richtig* zu sein. Dennoch musste ich irgendwann mit Erschrecken feststellen, dass auch ich dunkle und böse Gedanken in mir trage. Wenn man die Welt in Schwarz und Weiß unterteilt, kann diese Erkenntnis zu einer echten Sinnkrise führen. Gehörte ich vielleicht doch nicht zu den *Guten*? War ich eventuell wie Anakin Skywalker, der sich immer für gut hielt, aber eigentlich von Anfang an für den Weg des Bösen bestimmt war? Ich merkte, dass ich mich allmählich in einer Art *Grauphase* befand, in der eine strikte Unterteilung in Schwarz und Weiß nicht mehr möglich war. In dieser Grauphase wurde jede meiner moralischen Entscheidungen auf die Probe gestellt. Daraus ergaben sich moralische Dilemmata wie dieses:

> Tue ich das Richtige, wenn ich dem Mann die 10 Euro, die er gerade verloren hat, zurückgebe? Sollte ich sie nicht lieber für mich behalten? Ein schlichtes »Danke« bringt mir doch eh nichts, oder?

Eigentlich hatte ich in solchen Situationen stets versucht, das zu tun, was von der Gesellschaft als moralisch richtig empfunden wird. Nichtsdestotrotz musste ich weiterhin unfassbare schmerzhafte Erfahrungen machen, die sich mit meinem Anspruch, zu den *Guten* zu gehören, zu beißen schienen. Warum sollte ich mich also weiterhin anstrengen, um den *richtigen*

Weg zu gehen, wenn ich doch stattdessen den leichten wählen könnte? Wieso altruistisch und weitsichtig handeln, wenn es doch viel leichter schien, egoistisch und kurzfristig zu denken? Dieser aus meiner eigenen Verzweiflung entstandene Gedanke änderte mein gesamtes Gedankenkonstrukt schlagartig. Ich begriff, dass man die Welt nicht einfach in *gut* und *böse* oder *richtig* und *falsch* unterteilen durfte. Dank dieser Erkenntnis betrachtete ich die Menschen um mich herum nun mit anderen Augen. Ich sah nun mehr als *gut* und *böse*. Ich sah die Schwierigkeit und Komplexität, die Entscheidungen mit sich brachten. Auch sah ich das Leid der Menschen, die durch ihre Entscheidungen auf den vermeintlich falschen Weg geraten waren. Was mussten diese Menschen erlebt haben, um auf diesen Weg zu geraten? Ich hörte mit einem Schlag auf, unwissend zu urteilen. Dafür fing ich an zu erkennen. Ich erkannte die Komplexität unseres Seins und fühlte nun mehr denn je eine Verbundenheit zu allem um mich herum, aber auch eine Verbundenheit zu mir selbst.

* * *

Die Erkenntnis von Komplexität und dem damit einhergehenden Schluss, dass jede Aktion und jede Reaktion einen entsprechend starken Ursprung haben müssen und nichts spurlos an uns vorbeigeht, fühlte sich für mich an wie ein Systemupdate. Ein Systemupdate, das mir dabei zu helfen schien, in dieser immer komplexer werdenden Welt stets den Überblick zu behalten. Übergeordnet blieb dabei die Erkenntnis, dass wir als Menschen nun mal ein Teil dieser lebendigen Erde sind. Daran lässt sich wohl auch nichts ändern. Was sich jedoch ändern lässt, ist die Art und Weise, wie wir diesen Umstand betrachten. Wir können und sollten uns von dem Irrtum lösen, dass wir uns von der Natur unterscheiden und ihr möglicherweise sogar übergestellt sind. Es ist in allererster Linie wichtig, sich als Teil der Natur anzuerkennen und sich einzugestehen, dass Naturgesetze und Bestimmungen auch auf uns wirken und auch für uns die Grundlagen der Erkenntnis sind. Sobald wir das tun, sind wir auch dazu in der Lage, zu erkennen, dass die Antworten auf viele Fragen bereits in der Natur liegen und lediglich beobachtet werden müssen. Ein gutes Beispiel hierfür ist das von Isaac Newton aufgestellte Gravitationsgesetz. Die Gravitation an sich gab es schon immer. Entdeckt und verstanden haben wir sie jedoch erst durch das Beobachten ihrer Wirkung in der Natur. Und so ist es mit vielen anderen Phänomenen auch. Darüber hinaus resultiert aus der Einsicht, dass wir ein Teil der Natur sind, außerdem eine ziemlich bittere Wahrheit. Das Konzept, nach dem wir Menschen aktuell leben, ist kein Konzept, das die *Natur* zerstört. Es ist eigentlich ein Konzept, das unseren Lebensraum und damit uns selbst zerstört. Wenn wir so weitermachen, zerstören wir lediglich uns selbst. Die Natur hingegen wird auch ohne uns weiterleben. Um das zu verhindern, ist es wichtig, zu begreifen, was der Mensch und der Planet brauchen. Damit meine ich nicht nur den Umweltaspekt. Ich halte es für wichtig, dass wir uns von den Irrtümern, nach denen wir noch immer leben, lösen und beginnen, die Wahrheiten zu erkennen und zu nutzen. Die Menschheit hat so viele wichtige Erkenntnisse vorzuweisen, die uns entscheidend weitergebracht haben. Doch leider nutzen wir diese nicht, binden sie nicht in unseren Alltag ein. Somit leben wir eigentlich nichts anderes als ein dummes Leben. Und das sollte definitiv nicht unser Anspruch sein. Einen ersten Schritt, um von diesem dummen Leben abzukehren, stellt das Auflösen der Lüge Mensch dar. Lass uns damit aufhören, ein falsches Menschenbild zu vertreten! Lass uns den Menschen als Teil der Natur anerkennen und uns somit für all die Antworten öffnen, die aus dieser *Wahrheit* resultieren können.

3

DIE ZWEITE LEBENSLÜGE: DU BIST, WIE DU BIST!

3.1 Das Ich zwischen Vergangenheit, Gegenwart und Zukunft

Im letzten Kapitel habe ich mich intensiv mit der Lebenslüge *Mensch* befasst – also einer Lebenslüge, die unsere Zugehörigkeit zur Spezies Mensch und somit uns alle betrifft. Die zweite Lebenslüge, mit der ich mich in diesem zweiten Kapitel befassen werde, betrifft einzig das Individuum. Es geht mir um unser *Ich*. Unser *Ich* definiert uns als Einzelperson und legt fest, wer wir *sind*. Es enthält Charaktereigenschaften, Eigenarten und Präferenzen und macht uns auf diese Weise zu einem Unikat. Vielleicht wünschst auch du dir hin und wieder, du könntest einfach neu starten. Einfach den Reset-Button drücken, eines Morgens aufwachen und dazu in der Lage sein, Dinge anders anzugehen, unangenehme Angewohnheiten sein zu lassen oder gar dein gesamtes Leben rückwirkend zu verändern. Vielleicht fühlst du dich angesprochen, wenn du diese Zeilen liest. Vielleicht denkst du sogar an Filme wie *Täglich grüßt das Murmeltier, Edge of Tomorrow* oder *Naked.* Filme wie diese veranschaulichen ein Phänomen, mit dem sich große Teile unserer modernen Gesellschaft konfrontiert sehen: gefangen in einer Endlosschleife erlebt man wieder und wieder dasselbe. Zuerst verabscheut man die Eintönigkeit, mit der Zeit arrangiert man sich allmählich mit ihr und irgendwann beginnt man sogar, sich darin wohlzufühlen. In diesem Zustand verharrt man so lange, bis irgendwann der eigene Verstand einsetzt und erkennt, dass die vermeintliche Endlosschleife einem eigentlich täglich aufs Neue die Chance liefert, neu zu beginnen, bis einem das Ergebnis gefällt. Ist diese Erkenntnis erst einmal gereift, dauert es meist nicht lange, bis der Bann bricht und sich sowohl die Lebensumstände als auch die Persönlichkeit des Protagonisten zum Positiven wandeln. Dass Filme, die einen solchen Plot verfolgen, oft unglaublich erfolgreich sind, liegt in meinen Augen vor allem daran, dass sehr viele Menschen sich mit dem darin enthaltenen Szenario identifizieren können. Diese Menschen können den Wunsch nachvollziehen, einmal aus der Endlosschleife auszubrechen und einen Neustart zu wagen, bei dem sie ihrem eigenen Willen nachgehen können, ohne langfristig mit den Konsequenzen leben zu müssen. Dass sie letztlich ins Kino gehen, um ein solches Szenario zu erleben, liegt daran, dass sie der zweiten Lebenslüge Wahrheit schenken. Sie gehen davon aus, dass es im echten Leben nicht möglich sei, morgens aufzuwachen und Schritte zu unternehmen, die dem eigenen Leben und damit auch dem eigenen *Ich* einen Neustart ermöglichen. Wie denn auch? Wie soll man, wenn man doch diese *eine* Person ist, eines Tages aufwachen und einfach eine andere sein? Um uns der Antwort auf diese Frage zu nähern, müssen wir dazu bereit sein, das Leben aus einer anderen Perspektive zu betrachten.

* * *

Wie ich eingangs bereits erwähnte, wird unser *Ich* primär von Charaktereigenschaften, Angewohnheiten und Präferenzen geformt. Dabei habe ich bewusst offengelassen, inwiefern diese Komponenten als Variablen zu verstehen sind. Mit dieser Frage möchte ich mich jetzt beschäftigen. Dabei geht die Beantwortung der Ausgangsfrage mit der Beantwortung verschiedener Teilfragen einher:

- Inwiefern sind wir durch angeborene oder angeeignete Eigenschaften dazu gezwungen, bestimmte Präferenzen zu haben?
- Können wir beeinflussen, ob wir bestimmte Angewohnheiten weiterhin ausleben?
- Sind wir dazu gezwungen, bestimmten Reizen nachzugehen, oder können wir uns diesen aktiv entziehen?
- Wie viel können wir wahrhaftig selbst bestimmen?
- Besteht die realistische Chance, jeden Tag als Neuanfang zu sehen und zur Veränderung seines Ichs zu nutzen?

Die Antwort auf die letzte Frage möchte ich an dieser Stelle vorwegnehmen: Ja, es ist möglich, sein Leben so zu leben, als wäre jeder Tag ein Neustart. Dazu bedarf es in meinen Augen nur der Kraft der Erkenntnis, des Mutes zu starten und des Willens, es durchzuziehen. Um zu verstehen, wie sich diese drei Komponenten in der Praxis bestmöglich einsetzen lassen, müssen wir uns zunächst von der Vorstellung lösen, dass wir im Laufe unseres Lebens nur ein *Ich* sind. Zu dieser Erkenntnis gelangte ich, als ich mich eines Tages bewusst damit auseinandersetzte, inwiefern sich mein *Ich* zu verschiedenen Zeitpunkten meines Lebens auf unterschiedliche Arten und Weisen gezeigt hat. Dabei wurde mir eines klar: Ich bin heute nicht mehr dieselbe Person, die ich vor zehn Jahren, vor drei Monaten, vorgestern oder gestern war. Wieso gehen wir also fälschlicherweise davon aus, dass es nur ein *Ich* gibt, das eben *so ist, wie es ist*? Viel sinnvoller wäre es doch, jedem Tag ein eigenes *Ich* zuzuschreiben. Das *Ich* des Vortages wäre somit das *Ich von gestern*, das Ich des gegenwärtigen Tages das *Ich von heute*. Betrachtet man das eigene *Ich* aus dieser Perspektive, wird einem schnell klar, dass jedes einzelne *Ich* seinen jeweiligen Tag mit einer völlig anderen Ausgangssituation und Gefühlslage leben kann. Es wacht morgens auf und hat 16 noch völlig farblose Stunden vor sich, die es im Rahmen seiner Möglichkeiten bestmöglich nutzen kann. Diese Möglichkeiten enden erst mit dem Ende des jeweiligen Tages. Dann übergibt das *Ich von heute* die Kontrolle über den jeweiligen Körper an das *Ich von morgen*, das durch diese metaphorische Fackelübergabe zum *Ich von heute* wird. Und dieser Prozess wiederholt sich wieder und wieder. Folglich sollte das *Ich von heute* stets das Ziel verfolgen, aus seinem jeweiligen Tag das Beste für *sich* rauszuholen, dabei jedoch gleichzeitig die bestmöglichen Voraussetzungen für das *Ich von morgen* zu schaffen. Beginnt man einmal, das eigene *Ich* aus dieser Perspektive zu betrachten, lässt sich daraus ein Lebensstil entwickeln, der eine Stütze dabei sein kann, sich selbst und die eigene Situation bestmöglich einzuschätzen. Es wird dir leichter fallen, dich nicht mehr von einem riesigen Berg an äußeren Einflüssen überhäufen zu lassen, bis du am Ende des Tages mit dem Gefühl ins Bett gehst, wieder nicht das Maximale aus dem Tag herausgeholt zu haben.

* * *

Falls es dir noch schwerfällt, dich von der Vorstellung eines unveränderlichen *Ichs* zu lösen, möchte ich dich an dieser Stelle zu einem Exkurs einladen, der mir dabei geholfen hat, genau dies zu tun. An einem meiner absoluten Tiefpunkte war ich wieder einmal gebrochen von all den negativen Dingen, die mir widerfahren waren. Ich fühlte mich mit meinen düsteren Gedanken alleingelassen, hatte den Kopf auf meine verschränkten Arme gelegt und ließ meinen Tränen freien Lauf.

Was mache ich nun?

Mit diesem Satz begann mein *Ich von heute* ein Gespräch mit dem Teil meines *Ichs,* der fortwährend in mir besteht. Diesen Teil meines *Ichs* definiere ich als mein Bewusstsein. Es ist das Bindeglied zwischen den *Ichs* der einzelnen Tage und weicht nie von mir. Darüber hinaus vereint es all die Erfahrungen und Kenntnisse, die ich den *Ichs* der einzelnen Tage zu verdanken habe. Im Rahmen meines inneren Monologs setzten sich dieser Teil meines *Ichs* und mein gegenwärtiges *Ich von heute* damit auseinander, welchen Einfluss meine Handlungen auf die *Ichs* des jeweils nächsten Tages gehabt hatten. War es mir gelungen, meinem *Ich von morgen* die bestmöglichen Voraussetzungen für den jeweiligen Tag zu liefern? Oder hatte ich ihm durch mein Verhalten möglicherweise einen Haufen von Problemen übergeben? Durch den Reflexionsprozess, den ich durchlief, gelangte ich an einen Punkt, an dem ich begriff, warum es so wichtig war, seiner Verantwortung für das *Ich von morgen* gerecht zu werden. Ich begriff, dass der Punkt, an dem ich mich gerade befand, auf die Erfahrungen zurückzuführen war, die ich in Form meiner verschiedenen Vergangenheits-Ichs gemacht hatte. Dementsprechend würde es nicht möglich sein, die Zeit zurückzudrehen und irgendwas an den Ereignissen zu verändern. Was ich jedoch verändern konnte, war meine Sichtweise auf die Dinge. Ich kam zu dem Schluss, dass nicht alles, was passiert war, schlecht gewesen war. Es waren lediglich die Resultate des Passierten, die ich als schlecht empfand. Schließlich waren es nicht die Resultate gewesen, die ich mir in Form meiner Vergangenheits-Ichs herbeigesehnt hatte. Ich begriff, dass es keinen Sinn machte, mit meiner Situation zu hadern. Weitaus sinnvoller war es, diese neue Position als eine solche zu akzeptieren und den neuen Blickwinkel, den eine neue Situation zwangsläufig mit sich bringt, für mich zu nutzen. Damit meine ich, dass der aus einer neuen Lebenssituation erwachsene Blickwinkel es uns erlaubt, retrospektiv auf unser Handeln zu blicken und uns zu fragen, welche Entscheidungen uns letztlich in unsere aktuelle Lebenslage gebracht haben. Mir war plötzlich, als wäre ich nicht mehr allein im Raum. Vor meinem geistigen Auge sah ich verschiedene Versionen meiner selbst. Ich sah mich selbst in hundertfacher Ausführung. Da waren der verspielte Dreijährige, der fröhliche Achtjährige und der traurige 16-Jährige. Auch der mutige 19-Jährige und der verzweifelte 25-Jährige waren da. Und so weiter und sofort. Die verschiedenen Versionen meiner Selbst standen vor meinem geistigen Auge, als würden wir alle zum selben Zeitpunkt existieren. Was uns einte, war die innere Stimme, die mich daran erinnerte, welche Rolle die verschiedenen Versionen meiner selbst im Gesamtkontext meines Lebens spielten. Ich fühlte mich gegenüber meinem eigenen Bewusstsein wie ein Lehrling, der sich gerade von seinem Mentor belehren lassen musste.

»All das, was diese Versionen deiner selbst erlebten, erlebten sie für *DICH!* Alle kleinen und großen Herausforderungen, die sie überlebten, überlebten sie, damit *DU* heute das Beste aus deinem Tag machen kannst. Ab morgen wirst dann auch du zu einem von ihnen und mit deinen Erlebnissen deinem Nachfolger ›von morgen‹ dabei helfen, auf dem richtigen Weg zu bleiben!«

Ich merkte, dass ich gerade dabei war, etwas ganz Entscheidendes zu begreifen. Etwas, das all die Jahre zuvor für so viel Unheil gesorgt hatte. Ich begriff, dass jede Erfahrung, die ich im Leben gemacht hatte, eine riesige Auswirkung auf mich und mein Leben hatte. Ich begriff damit auch, welchen Wert jeder einzelne Tag und die damit einhergehenden Erfahrungen für *mich* hatten. Man könnte so weit gehen und sagen: Ich begriff *mich selbst.* Obwohl ich während meines Reflexionsprozesses nicht geschlafen hatte, fühlte ich mich, als wäre ich gerade aus einer Art Trance erwacht. Ich dachte an den bevorstehenden Tag, und mir fielen auf Anhieb hunderte Dinge ein, die ich tun konnte, sodass der morgige Tag besser sein würde als der heutige. Allein von diesem Vorhaben getrieben, bestritt ich fortan jeden Tag, so schmerzhaft und traurig einzelne auch gewesen sein mögen, bis zum heutigen, an dem ich diese Zeilen schreibe.

3.2 Das Ich zwischen Erkenntnis und Erfahrung

Durch meinen Reflexionsprozess, den ich im Rahmen des letzten Kapitels geschildert habe, entwickelte ich eine völlig neue Sichtweise auf mein *Ich*. Ich wusste nun, dass es sich beim Satz *Du bist, wie du bist* um eine weitere Lüge unseres Lebens handelte. Wir sind nicht, *wie wir sind*. Wir sind das, zu dem uns die Erfahrungen und Erkenntnisse unseres Lebens gemacht haben. Und das können wir immer wieder neu erfinden, beeinflussen und so auch unser *Ich* formen und verändern. Hieraus ergibt sich eine weitere wichtige Wahrheit, der ich mir im Rahmen meines Reflexionsprozesses bewusst wurde: Erkenntnis ist Voraussetzung für effektive Veränderung. Wenn wir nicht wissen, was überhaupt vor sich geht, werden wir auch nie dazu in der

Lage sein, bestehende Gegebenheiten zu verändern oder gar zu verbessern. Liegen uns jedoch greifbare Informationen zu diesen Gegebenheiten vor, wird es uns deutlich leichter fallen, daraus die Mittel zu erschaffen, die es für die Veränderung braucht, und diese so effektiv wie möglich einzusetzen. Das gilt auch für das eigene *Ich*. Dieses können wir nur gezielt verändern, wenn uns der Einfluss vergangener Erfahrungen und Erkenntnisse bewusst ist. Diese sind es nämlich, die unser *Ich* formen. Wie ich bereits im ersten Kapitel dieses Buches aufgezeigt habe, bedarf jede Wirkung einer ebenso starken Ursache. Diese Kausalität zwischen Ursache und Wirkung lässt sich auch in der Struktur unseres *Ichs* wiederfinden. Wenn unser *Ich* eine Veränderung durchmacht, muss es dafür eine Ursache geben, die mindestens genauso stark ist wie die Veränderung, die sie hervorgerufen hat. Ich würde an dieser Stelle gerne eine Anekdote aus meinem Privatleben anführen, um aufzuzeigen, wie sich das in der Praxis äußern kann. Als ich 17 Jahre alt war, traf ich die Entscheidung, von zu Hause wegzulaufen. Tatsächlich auf genau die klischeehafte Art und Weise, die man aus Filmen und Büchern kennt. Doch warum tat ich das? Kein Siebzehnjähriger würde grundlos auf die Idee kommen, zum Ausreißer zu werden. Ausgehend vom Gesetz von Ursache und Wirkung muss es einen Grund geben, der ein solches Verhalten hervorruft. Ich möchte in Bezug auf diesen Grund nicht allzu tief ins Detail gehen, allerdings erfordert es der inhaltliche Kontext, dass ich ihn zumindest grob umreiße. Wie du dir vielleicht schon denken kannst, liegt der ursächliche Grund für meine Flucht in meinem unmittelbaren familiären Umfeld. Um genau zu sein, hatte meine Mutter kurz zuvor die Entscheidung getroffen, einen Mann zu heiraten, der mir und meinen Brüdern völlig fremd war. Und das nicht etwa nach einer langen Phase der gegenseitigen Akklimatisierung, sondern so ziemlich von heute auf morgen. Als die beiden sich das Jawort gaben, kannten sie sich gerade einmal ein Jahr, und man konnte unter dem Hochzeitskleid meiner Mutter bereits eine nicht unauffällige Wölbung in der Bauchgegend erkennen. Zu diesem Zeitpunkt hatte der Mann, den meine Mutter durch die Hochzeit zu ihrem Ehemann machte, bereits ein halbes Jahr lang bei uns gelebt. Ich möchte in diesem Kontext anmerken, dass ich das Verhalten meiner Mutter nicht bewerten möchte und auch keine Missgunst gegenüber ihr oder ihrem vermeintlichen Liebesglück hege. Allerdings ist es nicht von der Hand zu weisen, dass sich ihre Hochzeit stark auf mich und meine Lebensumstände auswirkte. Ich hatte mein Zuhause einst als einen Ort empfunden, an dem ich mich sicher und geliebt fühlen konnte. *Zuhause* eben. Das war ab diesem Punkt vorbei. Mein ehemaliges Zuhause war nun geprägt von fremdartigen Regeln, Streits, schmerzhaften Bestrafungen und einem verlorenen Familiengefühl. Kurzum: Ich fühlte mich nicht mehr wohl. Da ich mich damit nicht arrangieren wollte, entschied ich mich dazu, wegzulaufen und die Verantwortung für mein Leben selbst in die Hand zu nehmen. Das bedeutete, dass ich von nun an auf mich allein gestellt war. In den Augen der Familie, der ich einst angehörte, war ich nun ein schwarzes Schaf, dessen Anwesenheit nicht mehr erwünscht war. Bezogen auf meine Mutter und ihren Mann beruhten diese Gefühle auch auf Gegenseitigkeit. Unabhängig davon musste ich mich gemäß dem Gesetz von Ursache und Wirkung nun mit den Folgen meiner Entscheidung auseinandersetzen. Ich hatte kein Dach mehr über dem Kopf und musste ja irgendwie dafür sorgen, regelmäßig an Essen und Trinken zu gelangen. Außerdem sehnte ich mich nach Gemeinschaft und einer Aufgabe, der ich mich verschreiben konnte. Auf der Basis dieser Bedürfnisse erschien es mir wie die Lösung all meiner Probleme, dem Militär beizutreten.

* * *

Als ich mit knackigen 17 Jahren die Entscheidung traf, dem Militär beizutreten, erhoffte ich mir davon, durch diesen Schritt die Lücken zu füllen, die durch meinen Weggang von zu Hause in mein Leben getreten waren. Ich wusste, dass ich mir als angehender Soldat bis auf Weiteres keine Gedanken über ein Dach über dem Kopf oder die Beschaffung von Essen und Trinken machen müsste. Durch den Dienst würde ich außerdem Teil einer Gemeinschaft werden, die fortan mein soziales Umfeld bilden würde. Das Einzige, was mich noch von meiner Tätigkeit beim Militär trennte, war die obligatorische Musterung. Es war bereits Winteranfang, als ich zur zuständigen Prüfstelle stapfte, um meine Tauglichkeit prüfen zu lassen. Aufgrund meiner gegenwärtigen Situation fürchtete ich den psychischen Test am meisten. Was, wenn sich die Situation zu Hause so stark auf meine Psyche ausgewirkt hatte, dass ich durchfallen würde? Zu meiner Überraschung erhielt ich schon nach wenigen Tests die höchste Tauglichkeitsstufe T1, mit der mir theoretisch jede Tätigkeit beim Militär offenstand. Für mich stand jedoch von Anfang an fest, dass ich lediglich im Stab, also im Büro, dienen wollte. Auf diese Weise wollte ich die Zeit beim Militär schnellstmöglich hinter mich bringen. Schließlich war das hier nicht etwa mein Traumjob, sondern lediglich die kurzfristige Lösung für die Probleme, die durch meinen Weggang von zu Hause aufgetreten waren. Zu diesem Zeitpunkt wusste ich noch nicht, dass ich mich durch meinen Dienstantritt am 02.01.2013 – ähnlich wie der Hobbit im gleichnamigen Film – auf eine unerwartete Reise begeben würde. Ein allzu großes Abenteuer erhoffte ich mir von meiner Zeit beim Militär zu diesem Zeitpunkt nämlich nicht. Zu meiner Überraschung wichen jedoch schon die ersten Tage nach Dienstantritt erheblich von meiner Vorstellung des Dienstes ab. Ich und die anderen 35 Rekruten, die den Dienst mit mir angetreten hatten, wurden von Ort zu Ort gescheucht und mit unzähligen Regeln und Bestimmungen konfrontiert. Dabei wurde uns schon früh deutlich gemacht, dass jegliche Art von Spaß in unserem Leben an dieser Stelle ihr Ende finden würde. Um das noch einmal zu unterstreichen, ließ man uns zum Abschluss der ohnehin schon ermüdenden Tage bis in die Abendstunde Schulter an Schulter schweigend im Kompaniegebäude stehen. Für Unwissende mag diese Behandlung in Summe wirken wie reine Folter. Doch tatsächlich gab es einen übergeordneten Sinn für das, was uns Rekruten vermeintlich grundlos angetan wurde. Um diesen Sinn zu begreifen, müssen wir einmal die Perspektive wechseln und die Dinge aus der Sicht meiner damaligen Vorgesetzten betrachten. Diese hatten nämlich ein ganz klares Anliegen. Sie wollten uns auf die sogenannte zweite Musterung vorbereiten, bei der, wie sie es ausdrückten, die Spreu vom Weizen getrennt werden würde. In einer Zeit, in der die Wehrpflicht bereits seit zwei Jahren abgeschafft war, war es für die Vorgesetzten wichtig, nur diejenigen weiter dabei zu behalten, die dazu in der Lage waren, mit den harten Bedingungen Schritt zu halten. Dementsprechend waren die einzelnen Belastungen, denen wir uns stellen mussten, keinesfalls willkürlich gewählt. Sie sollten uns auf die Probe stellen und unseren Willen brechen. Uns sollte klargemacht werden, dass wir hier keinen individuellen Wert hatten. Es ging lediglich darum, durch blinden Gehorsam Teil eines funktionierenden Kollektivs zu werden. Du kannst mir glauben, dass diese Art des psychischen Drucks die effektivste aller legalen Methoden war, wenn es darum ging, den Charakter und den Willen eines Menschen ansatzlos zu verändern. Da jeder von uns freiwillig hier war, dauerte es nicht lange, bis die ersten Rekruten unter dem immensen Druck zusammenbrachen und das Handtuch warfen. Allein in den ersten Tagen nach Dienstantritt schied eine zweistellige Anzahl an Rekruten auf diese Art und Weise aus dem Dienst aus. Und das waren gewiss keine zerbrechlichen Menschen, die einfach »zu weich« für das alles waren. Es waren teils gestandene Männer und Frauen, die das Ganze einfach nicht mehr mitmachen konnten. Auch mich packte schon nach kurzer Zeit die Angst. Am Abend des zweiten Diensttages holte ich heimlich mein Handy aus dem Spind, während die meisten meiner Zimmergenossen bereits schliefen. Ich wählte die Nummer unseres Haustelefons und hoffte, dass jemand abnehmen würde. Meine Mutter, die meine Nummer erkannt haben musste, ging genervt ans Telefon.

»Ja?«

Der vertraute Klang ihrer Stimme reichte aus, um Hoffnung in meine verzweifelte Seele zu hauchen. Hoffnung, dass es einen Ausweg aus dieser Hölle geben könnte. Unter Tränen flehte ich meine Mutter an, mich wieder nach Hause kommen zu lassen. Ich hatte mein Zuhause ursprünglich verlassen, weil ich es als kalt und fremd empfunden hatte. Doch dieser Ort hier war noch kälter. Er war kälter als alles, was ich je zuvor erlebt hatte, und ich war mir sicher, dass ich es hier nicht länger aushalten würde. Leider stieß mein Flehen bei meiner Mutter auf taube Ohren.

»Es gibt hier keinen Platz mehr für dich.«
Mehr hatte sie mir nicht zu sagen.

* * *

Ich möchte an dieser Stelle klarstellen, dass ich meiner Mutter gegenüber keinen Groll hege. Vielmehr sehe ich aus meiner heutigen Perspektive die Komplexität in ihrer persönlichen Situation, die sie dazu brachte, sich in diesem Fall gegen mich zu entscheiden. Unmittelbar nach unserem Telefonat war ich dazu jedoch noch nicht in der Lage. Ich fühlte mich alleingelassen in einem völlig fremden Umfeld, umgeben von völlig fremden Menschen. Wütend wischte ich mir die Tränen aus dem Gesicht und legte mich in mein Bett. Während ich versuchte, irgendwie einzuschlafen, ließ mich ein bestimmter Gedanke nicht los. *Wie schaffe ich es, diese Hölle morgen zu überstehen?* Ich begann, in den Tiefen meines Bewusstseins nach Antworten zu suchen und fand diese letztendlich wieder einmal in der Erkenntnis meiner Realität. Ich begann, mir in Gedanken selbst gut zuzureden. *Ja, du bist hier an einem Ort, der rau und grauenhaft ist. Doch nicht alles daran ist dir fremd. Deine Mutter war dir gegenüber schon immer rau gewesen, wenn sie wütend war. Das kann dich also nicht mehr einschüchtern. Und wenn die Leute um dich herum dir fremd sind, musst du dich auch nicht darum scheren, ob sie dich mögen oder nicht. Wichtig ist nur, dass du diese neun Monate als freiwillig Wehrdienstleistender überstehst. Im Anschluss kannst du dir dein Leben neu aufbauen. Die »Hölle« ist also nur in deinem Kopf.* Durch mein Gespräch mit mir selbst wurde mir klar, dass ich meinen Platz in dieser Militärwelt finden musste. Ansonsten würde ich an meinen eigenen Lebensumständen zerbrechen. Tatsächlich sorgte diese Erkenntnis dafür, dass ich am nächsten Morgen mit einem ganz anderen Gefühl aufwachte. Angetrieben von meinem Vorhaben, das Beste aus der Situation zu machen, stand ich vor allen anderen an dem mir zugewiesenen Platz auf dem Gang. Stramm, entschlossen und bereit. Meine Gedanken drehten sich dabei nur um das Ziel, das ich mir am Vorabend gesetzt hatte: der beste Soldat zu werden, den die Bundeswehr je hatte! Ich war so motiviert, dass ich noch am gleichen Morgen leidenschaftlich vor meine Ausbilder trat, um ihnen von meinem Vorhaben zu erzählen. Du wirst dir vorstellen können, wie diese reagierten, als da ein 17-jähriger Jüngling vor ihnen stand und ihnen von seinen vermeintlich unrealistischen Plänen erzählte. So sehr sie in diesem Moment auch über mich witzelten, so sehr halfen sie mir langfristig bei meinem Vorhaben, indem sie mich gezielt im Fokus behielten, stets am meisten von mir erwarteten und mich so dazu anspornten, meinem Ziel immer näher zu kommen. Und natürlich trug auch ich selbst meinen Teil dazu bei. Ich achtete penibel darauf, welchen Verhaltensmustern die besten und angesehensten Soldaten folgten, und versuchte, mir diese bestmöglich einzuprägen. Das gelang mir recht schnell, sodass ich mir binnen kurzer Zeit ein Beispiel an diesen Soldaten nahm und mein Bestes gab, um es ihnen gleichzutun. Ich lernte sozusagen von den Besten, und ehe ich mich versehen hatte, war es mir gelungen, vollends in die *Rolle* eines Soldaten hineinzuwachsen.

3.3 Das Ich zwischen verschiedenen Rollen

Ich habe mich zum Ende des letzten Unterkapitels sehr bewusst dazu entschieden, den Begriff *Rolle* zu verwenden. Ich bin nämlich heute fest davon überzeugt, dass die Art und Weise, wie sich unser *Ich* verändert, über die bereits genannten Faktoren hinaus sehr stark damit zusammenhängt, welche *Rolle* wir gerade einnehmen. Um zu veranschaulichen, was ich damit meine, möchte ich gerne von einem Ereignis erzählen, das sich ebenfalls während meiner Zeit beim Militär zugetragen hat – allerdings zu einem Zeitpunkt, zu dem ich meine Grundausbildung längst hinter mich gebracht hatte. Während einer Wachausbildung, in der ich als Ausbilder fungierte, trat ein Gefreiter an mich heran. Als *Gefreite* bezeichnet man im militärischen Kontext Menschen, die frisch aus der Grundausbildung kommen; ihnen sind lediglich die Rekruten untergestellt. Entsprechend respektvoll trat mir der Gefreite auch entgegen. In seinen Augen spiegelte sich die Vorsicht, und seine Körperhaltung hatte beinahe etwas Eingeschüchtertes.

»Herr Hauptgefreiter Hill«,

begann der Gefreite seine Frage mit ernster Stimme. Zwar würde kein Soldat außerhalb des Dienstes so angespannt sprechen, doch während man diese Uniform trug, trug die eigene Stimme sie ebenfalls. Unbeirrt fuhr der Gefreite fort:

»Sie sieht man niemals lachen. Lächeln Sie etwa nie?«

Ich brauchte einen Moment, um zu begreifen, dass die gestellte Frage tatsächlich an mich gerichtet war. Ich hatte nicht damit gerechnet, solch eine Frage gestellt zu bekommen, sodass ich nicht direkt wusste, wie ich damit umgehen sollte. Eine entsprechend unangenehme Pause trennte die sehr direkt formulierte Frage des Gefreiten und meine Reaktion darauf. Immer noch ein wenig überfordert von der Lage, brachte ich ein paar praktische und zugleich bedeutungslose Worte über die Lippen, um aus der unangenehmen Situation zu entfliehen.

* * *

Die Frage, die der Gefreite mir bei unserem Aufeinandertreffen während der Wachausbildung gestellt hatte, ließ mich auch in der Zeit nach unserer Interaktion nicht wirklich los. Noch Tage darauf sah man mich angestrengt dreinblickend darüber nachdenken, wieso er mir ausgerechnet diese Frage gestellt hatte. Rückblickend bin ich dem Gefreiten sehr dankbar dafür, dass er das getan hat. Durch meine unmittelbare Auseinandersetzung mit der Situation erkannte ich nämlich, dass mir die Frage allein deshalb so lange keine Ruhe gelassen hatte, weil in ihr eine Menge Wahrheit gesteckt hatte. Es stimmte nämlich: Während meiner Zeit beim Militär haben mich andere Menschen tatsächlich selten lachen sehen. Sie kannten mich lediglich als strengen, fokussierten Soldaten. Der Gefreite hatte also Recht gehabt. Ich begann, mich intensiver damit auseinanderzusetzen, *warum* er mich nur als diesen strengen, fokussierten Menschen kannte. War ich schon immer so gewesen? Oder hatte ich mir diese Eigenschaften durch meine Zeit beim Militär angeeignet? Hatte ich mich etwa verändert? Ich dachte darüber nach, wie ich mich eigentlich charakterisieren würde. Ich war eigentlich immer eine Frohnatur gewesen. Das würde jeder bestätigen, der die Gelegenheit hatte, mich näher kennenzulernen. Dementsprechend empfinden meine Freunde die gemeinsame Zeit mit mir in der Regel als entspannt und ausgeglichen. Auch heute würde ich mich noch als Frohnatur bezeichnen. Ich liebe fröhliche Momente und schöpfe den Großteil meiner Energie aus ihnen. Sollte eine Situation mal eine triste Wendung nehmen, beispielsweise aufgrund unpassender charakterlicher Zusammenkünfte, finde ich in fast jeder Situation etwas Aufheiterndes, das die Stimmung wieder aufhellt. Ich denke gemeinschaftlich und tue mein Bestes, die Personen in meinem Umfeld durch meine Unterstützung voranzutreiben. Auch an Ehrgeiz mangelte es mir nie. Meine leidenschaftliche Natur treibt mich dazu an, stets mit vollem Einsatz an Dinge heranzugehen, um jeden Moment hundertprozentig auszukosten. Meist entstehen dadurch die schönsten Momente. Was mich jedoch mit am meisten auszeichnet, ist mein Gerechtigkeitssinn. Mein Handeln ist immer geprägt von der Motivation, gerecht und empathisch zu agieren und Ungerechtigkeiten zu verhindern. Ich würde so weit gehen, zu behaupten, dass ich hasse, wenn in meinem Beisein etwas Ungerechtes geschieht. Vermutlich wirst du dich nun schon seit ein paar Sätzen fragen, wieso ich all das überhaupt erzähle. Wieso halte ich es für nötig, eine ausführliche Charakterisierung meiner Persönlichkeit in dieses Kapitel zu integrieren? Der Grund dafür ist eigentlich recht einfach. Ich möchte aufzeigen, dass erhebliche Diskrepanzen zwischen der Wahrnehmung des Gefreiten und meiner tatsächlichen Persönlichkeit bestehen. Während mich die Menschen, die mich privat kennen, andauernd lachen sehen, ist dies dem Gefreiten in dieser Form nie passiert. Daraus ergibt sich der logische Schluss, dass ich in meiner *Rolle* als Soldat gewisse Veränderungen an meiner Persönlichkeit vorgenommen habe, die der ordnungsgemäßen Ausführung dieser Rolle dienlich waren. Das bedeutet, dass ich einzelne Variablen meines Charakters ausblendete, während ich neue Variablen hinzunahm oder sie sogar über meine eigenen Variablen stellte. Während dieses Prozesses ist dabei nicht von Bedeutung, ob mich diese Anpassungen meines Charakters positiv oder negativ beeinflussen. Es geht lediglich darum, die Ausdrucksform des eigenen Charakters bestmöglich an die jeweilige Rolle anzupassen. Wenn wir einmal bei meiner Tätigkeit als Soldat bleiben, bedeutet das, dass ich mich nach bestem Wissen und Gewissen in die Schablone presste, die ich der Rolle *Soldat* zuschrieb. Dabei kombinierte ich mein existierendes Vorwissen über die Rolle des Soldaten mit den Erkenntnissen, die ich aus der Beobachtung anderer Soldaten gewinnen konnte. Auf diese Weise durchlief ich einen Veränderungsprozess, der mich mehr und mehr in die von mir angestrebte Rolle hineinwachsen ließ.

* * *

Die Erkenntnis, dass meine Rolle als Soldat offenbar in einem direkten Bezug dazu stand, wie andere Menschen meine Persönlichkeit wahrnahmen, löste in mir einen weiteren Reflexionsprozess aus, der sich primär um eine zentrale Frage drehte: *WER BIN ICH?* Mir war bewusst geworden, dass einige der Attribute, die ich immer an mir geschätzt hatte, in meiner Rolle als Soldat nicht wirklich durchdringen konnten. Davon ausgehend musste ich mir die Frage stellen, ob ich nicht etwa eine mir eigentlich fremde Rolle einnahm, um meinem Job als Soldat im größtmöglichen Ausmaß gerecht zu werden. Um mir diese Frage zu beantworten, begann ich, meinen beiden *Ichs* verschiedene Attribute zuzuschreiben. Bei jedem Attribut, mit dem ich mich selbst charakterisieren würde, überlegte ich, ob es eher zu meinem *Ich* oder zu meinem *Soldaten-Ich* gehörte. Ausgehend von diesen Überlegungen schrieb ich die jeweiligen Attribute dann einem der beiden *Ichs* zu. Das sah am Ende in etwa so aus:

ICH	SOLDATEN-ICH
Fröhlich	Konzentriert
Lustig	Ernst
Teamplayer	Teamplayer
Gerecht	Gehorsam
Ehrgeizig	Ehrgeizig
Beschützend	Pflichtbewusst
Ausgeglichen	Leidenschaftlich
Fantasievoll	Fehlerfrei
Selbstbewusst	Selbstbewusst

Es war offensichtlich, dass sich mein *Ich* in einigen Attributen von meinem *Soldaten-Ich* unterschied. Es war offensichtlich, dass einige meiner Kernattribute im Rahmen meiner Militärlaufbahn durch andere ersetzt wurden, während andere ganz weggefallen waren. So habe ich meine sonst so fröhliche und lustige Art abgelegt, um künftig konzentrierter und ernster aufzutreten. Derweil gab es jedoch auch einzelne Attribute, die ich beibehielt, da diese sich mir bei der Erreichung meiner Ziele als dienlich erwiesen hatten. Meinen Ehrgeiz und meine Leidenschaft konnte ich beim Militär gut einsetzen, und auch Teamplayer waren hier offensichtlich nicht fehl am Platz. Was beim Militär tatsächlich fehl am Platz war, waren unterdessen die Attribute Gerechtigkeit und Fantasie. Um ein guter Soldat zu sein, musste ich größeren Wert darauf legen, mich mit der militärischen Realität abzufinden und mein Mitgefühl außen vor zu lassen. Nun würde ich tatsächlich von mir behaupten, dass ich immer ein guter Soldat gewesen war. Wenn ich mir vor diesem Hintergrund die Attribute und Eigenschaften meines *Soldaten-Ichs* ansah, fühlte ich mich in meiner Selbsteinschätzung bestätigt. Allerdings warf meine Analyse dafür die Frage auf, inwiefern das, was ich da als *Soldaten-Ich* charakterisiert hatte, überhaupt *Ich* war. Immerhin gab es ja offensichtliche Unterschiede zwischen meinem *Ich* und meinem *Soldaten-Ich*. War mein *Soldaten-Ich* also mein eigentliches Selbst, das sich jetzt in den Vordergrund gedrängt hatte, weil es benötigt wurde? Oder war es lediglich eine temporäre Version meiner Selbst, die nun täglich gegen meinen wahren Charakter ankämpfen musste? Mir wurde allmählich bewusst, dass die Frage des Gefreiten eine ziemlich große Rolle in meinem Reflexionsprozess spielen würde.

* * *

Die Frage, inwieweit das Erfüllen einer bestimmten Rolle die eigene Persönlichkeit beeinflusst, beschäftigte mich weit über meine Unterhaltung mit dem Gefreiten hinaus. Das ging so weit, dass ich eines Tages einer Bekannten, die zweifache Mutter ist, die ziemlich direkte Frage stellte, inwiefern sie sich seit der Geburt ihrer Kinder verändert habe. Ihre Antwort auf die Frage war ebenso interessant wie ausführlich. Sie erzählte mir, dass ihre Spontaneität durch die Geburt vollständig gebrochen worden sei. Anstatt spontane Entscheidungen zu treffen, versuche sie nun, deutlich strukturierter durchs Leben zu gehen. Außerdem sei nun zu jedem Zeitpunkt ihre volle Konzentration gefordert, weswegen sie nun ihre persönlichen Bedürfnisse oftmals hintanstellen müsse. Das läge ihrer Ansicht nach auch daran, dass sie nun für das Leben zweier weiterer Menschen verantwortlich sei. Mit dieser neuen Art der Verantwortung sei es eine große Herausforderung, sich weiterhin große persönliche Ziele zu stecken und diese ambitioniert zu verfolgen. Während sich diese Veränderung der eigenen Lebensumstände für einige Außenstehende anhören mag wie ein Verlust der eigenen Identität, betonte meine Bekannte ausdrücklich, dass es ein schönes Gefühl sei, all diese neuen Herausforderungen zu meistern. Ein Leben von neuem wachsen sehen zu dürfen, sei eine unvergleichbar schöne Erfahrung, die ihr auch im Hinblick auf die Weiterentwicklung und Aufarbeitung des eigenen Charakters behilflich sei. Ich bin der Meinung, dass insbesondere der Begriff *Weiterentwicklung* in diesem Kontext von besonderer Bedeutung ist. Er zeigt sehr gut auf, dass es im Verlauf des eigenen Lebens Situationen gibt, in denen man die eigene Persönlichkeit *weiterentwickeln* muss, um eine bestimmte Rolle vollständig einnehmen zu können. Diese Rollen, die wir im Laufe unseres Lebens einnehmen, kann man dabei durchaus als etwas Menschliches betrachten. Jeder von uns besitzt sie. Vereinzelt können sie sogar aus einzelnen, isolierten Verhaltensweisen bestehen. So ist in meinen Augen selbst Höflichkeit eine Rolle, in die wir gelegentlich schlüpfen. Das lässt sich in den alltäglichsten Situationen beobachten. Schließlich sind wir in der Interaktion mit fremden Menschen oder Autoritätspersonen automatisch höflicher und distanzierter als bei einem Aufeinandertreffen mit unseren engsten Freunden und Bekannten. So kommt es, dass wir viele Menschen gar nicht außerhalb ihrer Rollen kennenlernen. Einen Polizisten werden wir vorrangig in seiner Rolle als Polizist kennenlernen, einen Briefträger vorrangig in seiner Rolle als Briefträger. Die Rollen dieser Personen dienen also – wie auch unsere eigenen – einem wesentlichen Zweck. Diese Art der Rollenbildung kann dienlich sein, bringt jedoch auch vereinzelte Gefahren mit sich. Ich neige bei der Durchleuchtung von Gefahren dazu, mich mit Extrembeispielen zu beschäftigen. Das liegt daran, dass diese besonders klar aufzeigen, welche möglichen Konsequenzen bestimmte Phänomene mit sich bringen können. Im Fall der Rollenbildung lohnt sich dementsprechend der Blick in einen Mikrokosmos, in dem Extrembeispiele quasi an der Tagesordnung sind: die Entertainment-Industrie. So gibt es einige Beispiele für Hollywood-Schauspieler, die sich nach dem Verkörpern einer bestimmten Rolle nicht mehr von dieser lösen konnten. Einigen gefiel die Rolle sogar so gut, dass sie gar keinen Ausweg mehr aus ihr finden wollten und eigene Eigenschaften durch Eigenschaften ersetzten, die eigentlich ihrer jeweiligen Rolle zugehörig waren. Derartige Beispiele zeigen, dass nicht jeder dazu in der Lage ist, eine sich angeeignete Rolle kontrolliert an- und abzulegen. Um zu verhindern, dass auch du in eine solche Situation gerätst, kannst du dich einer Technik bedienen, die dir im Hinblick auf viele Gefahrenpotenziale weitreichende Dienste erweisen wird. Die Rede ist von der Selbstreflexion. Diese kannst du anwenden, indem du dich mit verschiedenen Fragen auseinandersetzt, die auf deine Persönlichkeit abzielen:

- Weißt du, wer du bist?
- Kennst du deine persönlichen und individuellen Charaktereigenschaften und Attribute?

- Fallen dir Situationen in deinem Leben ein, in denen du dich bewusst anders verhalten hast, als du es unter anderen Umständen getan hättest?
- Hast du in einer solchen Situation dein Verhalten, deine Redensart oder deine Stimmlage verändert?
- Falls ja, warum? Wolltest du Anerkennung erfahren oder einfach nicht negativ auffallen?

Wenn du dich intensiv mit Fragen wie diesen beschäftigst, werden dir sicher einige Situationen einfallen, in denen du dich bewusst oder unbewusst dazu entschieden hast, eine bestimmte Rolle einzunehmen. Den meisten von uns passiert das sogar mehrmals pro Tag. Insbesondere der Arbeitsplatz und öffentliche Orte laden quasi dazu ein, sein eigentliches *Ich* zu verstecken und eine gesellschaftsfreundliche Rolle anzunehmen. Umso wichtiger ist es, diese jeweiligen Situationen auch als solche zu erkennen und ein Bewusstsein dafür zu entwickeln, in welchen Situationen du dazu neigst, dein *Ich* zugunsten einer Rolle in den Hintergrund zu drängen. Genau das ist es auch, was ich dir als Leser dieses Buches empfehlen würde. Setze dich so lange mit deinem *Ich* auseinander, bis du deine einzigartige Kombination an Attributen und Eigenschaften gefunden hast. So kannst du sicherstellen, dass du immer wieder den Weg zu dir selbst finden wirst.

3.4 Der Irrtum »Du bist, wie du bist«

Ich möchte mir an dieser Stelle noch einmal die Zeit nehmen, die wirklich komplexe Lebenslüge *Du bist, wie du bist* noch einmal detailliert darzustellen. Beginnen möchte ich dabei mit der vermutlich wichtigsten Erkenntnis, zu der ich im Rahmen meiner Auseinandersetzung mit meinem *Ich* gelangen konnte: Nichts Lebendiges ist unveränderbar und für immer so, wie es vom ersten Tag an ist. Du musst die Lebenslüge, dass du nun einmal *so bist, wie du bist* und daran nichts ändern kannst, also unter keinen Umständen akzeptieren. Gerade wir Menschen verfügen über die großartige Fähigkeit, äußere Einflüsse bewusst zu erleben und sie zur eigenen Persönlichkeitsentwicklung zu nutzen. Daraus ergibt sich eine natürliche Art der Wandelbarkeit, die uns dabei dienlich sein kann, verschiedene Situationen kontrollierter und effektiver zu meistern und unsere individuellen Persönlichkeitsattribute bewusst einzusetzen. Das ist in meinen Augen ein natürlicher Überlebensinstinkt, der uns vor allem dann hilft, wenn eine Situation es erfordert, temporär in eine bestimmte Rolle zu schlüpfen. Ich kann nicht oft genug betonen, wie wichtig es ist, sich bewusst mit diesen Rollen und der Dynamik, die sie hervorrufen können, zu beschäftigen. In wirklich jeder zwischenmenschlichen Interaktion entstehen zwangsweise Konstellationen, in denen einzelnen Menschen Rollen zugeteilt werden. Wenn du dir dieses Umstandes bewusst bist, kannst du dieses Wissen dazu nutzen, um in deinen Interaktionen mit anderen *bewusst* Rollen anzunehmen, die auf deine Charaktereigenschaften und deine Persönlichkeit abgestimmt sind. Das ist nicht nur wichtig für dich selbst, sondern kann sich auch positiv auf das Kollektiv auswirken. Wählst du nämlich aus deinem natürlichen Selbstverständnis heraus eine Rolle für dich, in der du dich wohlfühlst, kannst du einer Gesamtsituation aus dieser Rolle heraus die nötige Balance verleihen. Ist die Stimmung in einer Situation aufgeheizt, könntest du dich beispielsweise dazu entscheiden, ihr durch den gezielten Einsatz von Humor das nötige Maß an Leichtigkeit zu verleihen. Alternativ könntest du dich dazu entscheiden, bewusst diplomatisch und ruhig zu agieren und auf diese Art und Weise die

Wogen zu glätten. Wie du siehst, gibt es unzählige Wege und Möglichkeiten, Situationen durch die gezielte Einnahme von Rollen positiv zu beeinflussen. Das einzig Wichtige dabei ist, dass dein Verhalten immer von einem ausgeprägten Verständnis deiner eigenen Attribute und Charaktereigenschaften gestützt wird. Hast du erst einmal ein klares Verständnis deines eigenen *Ichs* entwickelt, wird es dir leichter fallen, deine Rolle *selbst* zu wählen und dabei dennoch du selbst zu bleiben. Es wird dir leichter fallen, deine eigenen Ziele zu verfolgen, und du wirst seltener in Situationen geraten, die Konflikte zwischen dir und deinen eigenen Werten und Prinzipien auslösen. Vor allem aber wirst du nicht in Situationen geraten, in denen dir zwangsläufig, also ohne dein bewusstes Zutun, eine Rolle zugeteilt wird, weil du den geeigneten Moment verpasst hast, sie selbst auszuwählen.

* * *

Wie du siehst, wirst du auf mehreren Ebenen davon profitieren, einen bewussten Umgang mit deiner Persönlichkeit und den mit ihr kompatiblen Rollen zu entwickeln, die du innerhalb zwischenmenschlicher Situationen ausfüllen kannst. Das bedeutet jedoch nicht, dass du dich bei jedem Aufeinandertreffen mit anderen Menschen zwangsweise in eine solche vorgegebene Rolle pressen musst. Es wird immer Situationen geben, in denen du mit deiner Art anecken und dich unwohl in deiner eigenen Haut fühlen wirst. Doch das ist grundsätzlich gar nichts Schlechtes. Bei genauerem Hinsehen wirst du merken, dass zwischenmenschliche Interaktion vom Aufeinandertreffen verschiedener Persönlichkeiten lebt, und du somit jede Konstellation mit deinem persönlichen Charakter bereichern kannst. Ein Bereich, in dem sich dieser Umstand besonders gut beobachten lässt, ist der Teamsport. Ganz egal, welchen Teamsport wir uns ansehen – eine allgemeingültige Regel hat immer Bestand. Diese besagt, dass es immer die Balance innerhalb eines Teams ist, die mitentscheidend über den Erfolg des Kollektivs ist. Der Begriff *Balance* bezieht sich dabei sowohl auf rein sportliche Attribute als auch auf charakterliche Eigenschaften. Da die sportliche Ebene recht offensichtlich ist, lässt sich diese auch ziemlich zügig abhandeln. Ein Basketballteam wird nicht erfolgreich sein, wenn es nur aus großgewachsenen Centern besteht. Zwar ist die Größe im Basketball mitentscheidend, allerdings spielen kleinere Spieler, die dafür agiler und flinker sind, im Gesamtkontext des Spiels eine ebenso wichtige Rolle. Etwas komplexer wird es, wenn wir uns auf die Ebene der Persönlichkeit begeben. Das vermutlich beste Beispiel hierfür stellt der Fußball dar. Ein Fußballteam besteht bekanntlich aus einem Torwart und zehn Feldspielern, die sich auf die verschiedenen Mannschaftsteile Verteidigung, Mittelfeld und Angriff aufteilen. Je nach taktischer Grundausrichtung ergeben sich hieraus verschiedene Grundformationen: einige Trainer entscheiden sich für ein offensives 4-3-3 mit vier Verteidigern und je drei Spielern im Mittelfeld und im Angriff, andere präferieren ein 4-4-2 oder ein 4-5-1, weil sie sich davon mehr defensive Stabilität erhoffen. Fakt ist in jedem Fall, dass die taktische Formation allein nicht entscheidend für den Ausgang eines Spiels ist. Die Bezeichnungen *Torwart, Verteidiger, Mittelfeldspieler* und *Angreifer* legen nämlich lediglich die *Positionen* der Spieler fest. Mindestens genauso wichtig wie diese sind jedoch die *Rollen* innerhalb eines Teams. Damit sind die ganz individuellen Persönlichkeitstypen gemeint, die man innerhalb eines Teams vorfindet. So gibt es beispielsweise den Spielmacher, den Kapitän und Mitglieder des Mannschaftsrates. Diese Rollen haben nicht zwingend etwas mit der Positionierung der Spieler auf dem Feld zu tun, sondern hängen primär mit den charakterlichen Eigenschaften der einzelnen Spieler zusammen. Der Kapitän muss beispielsweise nicht unbedingt der beste Fußballspieler im Team sein. Er sollte jedoch dazu in der Lage sein, das Team auf einer charakterlichen und zwischenmenschlichen Ebene anzuführen, zu stützen und aufzubauen. Dass die Wahl des Kapitäns nicht von der fußballerischen Qualität allein abhängt, lässt sich auch statistisch belegen. So war das Durchschnittsalter der 18 Mannschaftskapitäne (30,7 Jahre) in der Bundesliga-Saison 2020/21 beispielsweise deutlich höher als jenes aller Bundesligaspieler zusammengenommen (25,4 Jahre).[1] Dass Vereine oft dazu neigen, einen der älteren Spieler zum Kapitän zu ernennen, ist wahrlich kein Zufall. Sie weisen in der Regel deutlich mehr Erfahrung und einen gefestigteren Charakter auf, wodurch sie eher dazu in der Lage sind, eine Mannschaft zu führen. Der Sport ist nur eines von vielen Beispielen, die aufzeigen, dass die richtige Zusammensetzung verschiedener Rollen einen großen Einfluss darauf hat, inwieweit ein Kollektiv aus unterschiedlichen Individuen harmoniert. Ähnliche Strukturen lassen sich auch innerhalb der Familie oder in Firmenstrukturen wiederfinden. Du kannst dir also sicher sein, dass du dich weder zwangsweise in eine bestimmte Rolle pressen noch die dir zugewiesene Rolle frei nach dem Motto *»Es ist, wie es ist«* akzeptieren musst. Ich möchte dir lediglich nahelegen, dich bewusst mit deinen Charaktereigenschaften auseinanderzusetzen, um so in jeder Lebenssituation die für dich passende Rolle definieren zu können.

* * *

---

1 https://www.sueddeutsche.de/sport/fussball-kapitaene-der-bundesliga-die-alten-haben-das-sagen-dpa.urn-newsml-dpa-com-20090101-200914-99-561550

Die Erlebnisse und Erkenntnisse, die ich in diesem Kapitel zusammengetragen habe, lassen sich im Wesentlichen in einem Satz zusammenfassen: »Wenn etwas Lebendiges auf etwas Lebendiges trifft, entsteht etwas Lebendiges.« In meinem Fall war es die Lebendigkeit des Gefreiten, die der Frage *Wer bin ich?* in meinem Inneren überhaupt Lebendigkeit verliehen hat. Wenn er mir nicht diese eine Frage gestellt hätte, die mich tagelang nicht losgelassen hat, hätte ich vielleicht nie die Notwendigkeit gesehen, mich in diesem Ausmaß mit der Frage nach meiner Identität auseinanderzusetzen. Denn wie jedes Training zeigt, beginnt ein Lernprozess erst dann, wenn es uns gelingt, über uns hinauszuwachsen. Es geht also darum, über das bereits Bekannte, Gekonnte und Bewusste hinauszugehen und Dinge dazuzulernen, die einem vorher fremd waren. Stell dich also nicht tot! Sei du selbst! Sei aber vor allem lebendig, um dein Umfeld zu einem besseren Ort zu machen! Und das nicht nur im Hinblick auf deine Zukunft, sondern auch im Zusammenhang mit Vergangenheit und Gegenwart. Wir neigen leider viel zu häufig dazu, zu glauben, dass Erlebnisse, die der Vergangenheit angehören, keine Relevanz mehr für Gegenwart und Zukunft haben. Doch das ist nicht so. Du kannst alle Ereignisse, die bereits hinter dir liegen, im Rahmen deines Reflexionsprozesses nutzen, um aus ihnen wichtige Schlüsse für Gegenwart und Zukunft zu ziehen. Wobei es mir wichtig ist, darauf hinzuweisen, dass du bei der Weiterentwicklung deines *Ichs* nicht mit Scheuklappen in Richtung Zukunft schauen solltest. Ja, es ist wichtig, deinem *Ich von* morgen die bestmöglichen Bedingungen für den neuen Tag zur Verfügung zu stellen. Allerdings solltest du dabei dein Ich von heute nicht vernachlässigen. Wenn du ein Hobby hast, dem du gerne nachgehst, solltest du dies auch weiterhin tun – auch wenn sich dieses Hobby lediglich in der Gegenwart abspielt und du keinen Nutzen für deine Zukunft daraus ziehen kannst. Das

Leben spielt sich schließlich nicht in der Zukunft, sondern in der Gegenwart ab. Wenn du diese Erkenntnis vernachlässigst, kann es schnell passieren, dass das Leben an dir vorbeiläuft. Ich persönlich beobachte das oft bei Eltern. Den Großteil aller Eltern eint der Umstand, dass sie ihre Kinder über alles lieben. Diese Liebe sorgt oftmals dafür, dass sie ihre gesamte Energie dafür aufwenden, für die Zukunft ihrer Kinder zu sorgen. Absurderweise führt dies nicht selten dazu, dass besagte Eltern gar nicht dazu kommen, genügend Zeit mit ihren Kindern zu verbringen und deren Kindheit bewusst zu erleben und zu genießen. Eigentlich absurd, oder? Bemühe dich also stets darum, die richtige Balance zwischen Vergangenheit, Zukunft und Gegenwart zu finden.

* * *

Zum Abschluss des Kapitels möchte ich noch einmal final auf die von mir erkannte Lebenslüge zu sprechen kommen. *Du bist eben so, wie du bist.* Dieser Satz könnte unwahrer nicht sein. Du bist nicht für immer so, wie du bist. Jeder Mensch entwickelt sich im Laufe seines Lebens weiter und nimmt dabei verschiedene Rollen ein. Und was auch immer du gerade bist: Du bist eben nicht *nur* das. Du bist nicht nur Arbeitnehmer, Vater bzw. Mutter, Sportler, Musiker, bester Freund, Partner, Freund oder Mentor. In erster Linie bist du ein freier Mensch, dem es offensteht, verschiedene dieser Rollen auszufüllen und sie gegebenenfalls auch miteinander zu kombinieren. Ja, richtig. Du kannst mehrere dieser Rollen zeitgleich ausfüllen und dich bewusst dazu entscheiden, in eine Rolle hinein- oder aus ihr herauszuwachsen. Lasse die einzelnen Rollen dabei nur nicht ganz verschwinden. Auch wenn du mit einem bestimmten Kapitel deines Lebens abgeschlossen hast, kannst du jederzeit in eine Situation geraten, in denen andere Menschen von diesem Kapitel profitieren können. Auf diese Weise wird aus einem Schüler ein Profi, aus dem wiederum ein Lehrer werden kann, der den Kreislauf durch die Weitergabe seiner Erfahrung von vorne anstoßen wird. Entscheidest du dich also im Hier und Jetzt gegen eine bestimmte Rolle, bedeutet das nicht, dass du nie wieder mit dieser Rolle in Berührung kommen wirst. Auch ich hätte nie damit gerechnet, eines Tages zum Schriftsteller oder Autor zu werden. Und doch sitze ich heute hier und arbeite an dem Buch, das du in diesem Moment in den Händen halten wirst. Das tue ich nicht, weil ich von irgendeinem äußeren Umstand dazu gezwungen wurde, Autor zu sein. Ich tue es, weil ich Spaß daran habe. Im Umkehrschluss bedeutet das jedoch auch, dass du nicht auf Lebzeiten an eine Rolle gebunden bist, für die du dich in der Gegenwart entscheidest. Du wirst weiterhin die Freiheit haben, dich auf etwas anderes zu fokussieren und etwas anderes zu *sein*. Das ist es ja, was uns zu freien Wesen mit einem freien Willen macht. Ich bin mir sicher, dass auch dir eine Reihe an Situationen aus deinem Privatleben einfallen wird, in denen du etwas warst, das du heute nicht mehr auslebst. Umgekehrt wirst du auch in zahlreiche Rollen hineingewachsen sein, von denen du nie gedacht hättest, dass du sie einmal ausfüllen würdest. Faszinierend, oder? Falls du dich nun fragst, welche Essenz du aus all den Dingen ziehen kannst, die du in diesem Kapitel dazugelernt hast, möchte ich dir einen Satz mit auf den Weg geben:

> »Manchmal muss man sich hinsetzen, um weiterzugehen …«

Dieser unglaublich ausdrucksstarke Satz verbindet alle Lehren, die du aus diesem Kapitel ziehen kannst, miteinander. Es wird dir immer helfen, dich einmal in Ruhe hinzusetzen, abzuschalten und Selbstreflexion zu betreiben. Das gilt für das Lernen aus Vergangenem ebenso wie für das Treffen von beängstigenden Entscheidungen für die Zukunft. In dieser schnelllebigen Welt, in der sich jede nicht genutzte Sekunde schnell nach verschwendeter Zeit anfühlt, ist eine solche Lebenseinstellung ein echter Luxus. Nutze diesen Luxus also, um bei dir selbst zu bleiben und dich nicht ungewollt von äußeren Einflüssen lenken zu lassen.

4

DIE DRITTE LEBENSLÜGE: DU MUSST ERWACHSEN WERDEN!

4.1 Kinder und Erwachsene

Wie aus dem letzten Kapitel hervorgegangen sein sollte, bin ich der festen Überzeugung, dass wir unser Leben in erster Linie in der Gegenwart und für uns selbst leben sollten. Nur so kann es uns gelingen, das Leben an und für sich auch zu *genießen. Das Leben genießen.* Diese Phrase wird gemeinhin oftmals mit dem Stichwort des *inneren Kindes* in Verbindung gebracht. Das *innere Kind* scheint etwas zu sein, das viele Menschen unmittelbar mit dem Genießen des eigenen Lebens in Verbindung bringen. Schließlich ist *das Kind in uns* ja die Urversion unserer selbst, die es zu wecken gilt, oder? Was ist ein *Kind* wirklich? Gibt es eine allgemeingültige Definition, die festlegt, welche Faktoren *Kinder* von *Erwachsenen* abgrenzen? Ich bin zu Beginn dieses Buches vermehrt darauf eingegangen, dass ich schon als Kind sehr wissbegierig war und vor allem in der Natur nach Antworten auf die vielen Fragen gesucht habe, die mir täglich in den Kopf schossen. Als ein solches wissbegieriges Kind hatte ich schon früh meinen eigenen Kopf, weswegen mir hier und da Blockaden entgegengeworfen wurden, die mich an mein Dasein als *Kind* erinnern sollten. Mit diesen Blockaden, die eine dualistische Unterscheidung zwischen *Kindern* und *Erwachsenen* postulieren, kam ich bis ins frühe Erwachsenenalter regelmäßig in Berührung. In der Praxis konnten sie beispielsweise so aussehen:

- Du bist nur ein Kind!
- Du machst gefälligst, was ich dir sage!
- Das verstehst du erst, wenn du erwachsen bist!
- Das ist nur für Erwachsene!
- Werde endlich erwachsen!
- Du bist kein Kind mehr!
- Sei nicht so kindisch!
- Ich wünschte, ich wäre wieder ein Kind!

Ich bin mir sicher, dass auch du schon einmal mit mindestens einer dieser Blockaden in Berührung gekommen bist, vermutlich sogar mit mehreren. Aus diesen lässt sich klar herauslesen, dass es innerhalb unserer Gesellschaft eine epochale Auslegung der Begriffe *Kind* und *Erwachsener* gibt. Doch anhand welcher Faktoren legen wir als Gesellschaft diese Auslegung fest? Wer oder was bestimmt, was *kindisch* und was *erwachsen* ist? Gibt es bestimmte Erwartungen, die *Kinder* und *Erwachsene* erfüllen müssen, um ihrer jeweiligen Rolle gerecht zu werden und von ihrem Umfeld in dieser Hinsicht anerkannt zu werden? Vielleicht wird es dich wundern, dass ich in diesem Kontext den Begriff *Rolle* verwende, um unser Dasein als *Kinder* oder *Erwachsene* zu benennen. Immerhin habe ich im letzten Kapitel ausführlich erklärt, dass ich eine *Rolle* vor allem als etwas definiere, in das man hineinwächst, um bestmöglich mit einer bestimmten Situation klarzukommen oder eine Balance in seiner Umwelt zu schaffen. Wieso verwende ich also den Begriff *Rolle*, wenn ich von Kindern und Erwachsenen spreche? Tatsächlich ist die Verwendung des Begriffs in diesem Kontext eine bewusste, die im Wesentlichen auf die Erkenntnisse zurückzuführen ist, die ich dir in diesem Kapitel vorstellen möchte. Ohne zu viel vorwegzunehmen, kann ich diesbezüglich immerhin eines festhalten: Die Schlüsse, die ich aus meiner Auseinandersetzung mit unserem Verständnis von *Kindern* und *Erwachsenen* gezogen habe, gehören bis heute zu den erschütterndsten Antworten, zu denen ich auf meiner metaphorischen Reise in Richtung Erkenntnis gelangt bin.

* * *

Um herauszuarbeiten, wo genau sich die Unterschiede zwischen *Kindern* und *Erwachsenen* verorten lassen, bietet es sich an, einmal analytisch auf das eigene Heranwachsen zu blicken. Wie sonst könnte sich eine derart komplexe Entwicklung leicht veranschaulichen lassen, wenn nicht mithilfe der eigenen Erfahrung? Im Rahmen meines Reflexionsprozesses hatte es mir vor allem eine Frage besonders angetan:

> Was war ich gewesen, bevor ich von der Rolle des Kindes in die eines Erwachsenen schlüpfte?

Wenn ich an meine Kindheit zurückdenke, habe ich mich stets als neugieriges und impulsives Kind in Erinnerung. Ich war ein Freigeist, der alles ausprobieren und entdecken wollte, was sich ihm in den Weg legte. Getrieben von diesem Naturell beförderte ich mich jedoch auch häufiger in unangenehme Situationen, die mir ein ums andere Mal Ärger von meiner Mutter einbrachten. Leider waren es meistens die Aktivitäten, die am meisten Spaß machten, die mir langfristig den größten Ärger bescherten. Oder aber physische Schmerzen. Nicht selten endete eine eigentlich schöne Unternehmung damit, dass ich mit Schrammen an den Knien dasaß und Tränen meine Wangen runterkullerten. Das blieb natürlich auch meinem Umfeld nicht verborgen. Um mich zu schützen, versuchten die Menschen um mich herum wieder und wieder, mich in meinem Tatendrang auszubremsen. Doch erwartungsgemäß reichten diese Bemühungen nicht aus. Ich selbst musste lernen, ein Gefühl für mich und meine Fähigkeiten zu entwickeln, um meiner unendlichen Neugierde effektiver nachgehen zu können. Dieses Gefühl, das ich mir nach und nach aneignete, würde ich als meine innere Stimme der Vernunft bezeichnen. Sie bestand zu einem Teil aus den gesammelten Erfahrungen meines bisherigen Lebens und zum anderen Teil aus den Regeln und Erwartungen der Erwachsenen um mich herum. Je stärker meine innere Stimme der Vernunft wurde, desto stärker wurde auch ihr Einfluss auf mein Verhalten. Ich agierte nun in vielen Situationen gemäßigter und versuchte, mich selbst zu kontrollieren. Man könnte meinen, dass ich gewissermaßen lernte, meine Persönlichkeit nur in eingeschränktem Ausmaß zum Ausdruck zu bringen, wenn es die Situation erforderte. Daraus ergab sich mit der Zeit ein Gefühl, das mir aufzeigte, wann ich *ich* sein durfte und wann nicht. Doch wer war *ich* denn überhaupt? Ich denke, dass ich im Wesentlichen ein guter Junge war, ehrlich und verliebt in das Leben. Ich war einfühlsam und entwickelte schon in jungen Jahren eine Sensibilität für Emotionen jeglicher Art. Emotionen waren es auch, die mich am meisten faszinierten. Ich suchte aktiv nach Situationen, die von Emotionen gefüllt waren, und gab mich diesen hin. Sah ich Trauer und Schmerz, gesellte ich mich dazu und versuchte, Trost zu spenden und den Moment aufzuhellen. Sah ich Freude und Spaß, genoss ich dies staunend und versuchte, aus diesem

Spaß noch größeren Spaß werden zu lassen. Meine Faszination für emotionale Situationen lehrte mich, dass unsere Emotionen auf verschiedene Art und Weise auf uns einwirken können. Sie können wohl und unwohl tun. Während Liebe und Glück uns erfüllen, hinterlassen Trauer und Enttäuschungen in den meisten Fällen Schmerzen, manchmal sogar Wunden. Für mich war diese Erkenntnis Fluch und Segen zugleich. Als sehr sensibler Mensch nahm ich Gefühle nämlich besonders intensiv wahr. Und das galt für beide Extreme. Ich konnte die schönen Momente deutlich intensiver genießen, nahm mir aber auch unschöne Erfahrungen stärker zu Herzen. Leider erntete ich für diese Art, Emotionen zu verarbeiten, nicht immer Verständnis. Obwohl ich nichts für meine sensible Art konnte und sie auch nicht bewusst ausspielte, um andere Menschen zu ärgern, schienen einige sich von ihr provoziert zu fühlen. Wenn ich beispielsweise in einer emotionalen Situation zu weinen begann, wurde mir von meinem Umfeld nicht selten der Eindruck vermittelt, dass ich lediglich überreagierte. Auf diese Art und Weise sollte mir deutlich gemacht werden, dass ich für meine Sensibilität kein Verständnis erwarten sollte. Das ging so weit, dass mir sogar ins Gesicht gesagt wurde, dass ich »zu sensibel« sei und ich mich doch bitte ein wenig zügeln solle. Zum damaligen Zeitpunkt kam es mir so vor, als würden die Menschen um mich herum versuchen, meine Emotionen zu bändigen. Heute stelle ich mir die Frage, ob sie mich nicht doch nur schützen wollten. Dachten sie vielleicht, dass sie mich bestmöglich auf mein Leben als *Erwachsener* vorbereiteten, indem sie mir meine *kindlichen* Emotionen austrieben?

* * *

Im Vergleich zu dem Leben, das die meisten Erwachsenen führen, wirkt das Leben eines Kindes *erfüllt*. Ich würde sogar so weit gehen, zu sagen, dass ich als Kind dem *Sinn des Lebens* ein ganzes Stück näher war. Während mich das Übermaß an äußeren Einflüssen im Laufe des Erwachsenwerdens beinahe orientierungslos machte, war ich als Kind noch unbeeinflusst und ungeformt. Das Heranwachsen selbst beeinflusste mich dabei nicht nur anatomisch. Ich würde vielmehr behaupten, dass sich mein gesamter Lebensinhalt mit dem Älterwerden maßgeblich veränderte. Im Leben von Timothy, dem *Erwachsenen*, lösen Dinge Stress und Probleme aus, von denen Timothy, das *Kind* noch gänzlich unberührt war. Man könnte sagen, dass die gesellschaftlichen Erwartungen und Strukturen mich buchstäblich umformten. Für mich ergab sich daraus die Frage, ob unsere Kindheit nicht vielleicht so etwas wie eine Vorstufe war, die wir auf dem Weg zum Erwachsenwerden durchleben mussten. Mussten wir das Stadium des *Kindseins* durchlaufen, um letztlich die *Erwachsenen* zu werden, die wir von vorneherein sein sollten? Und vor allem: *Wann* und *wie* wird aus einem *Kind* ein *Erwachsener*? Bis wann ist man *jung* und ab wann gilt man als *alt*? Wenn ich mir meinen eigenen Lebensweg ansehe, scheint die Grenze zwischen diesen Lebensabschnitten fließend. Als ich mit 17 Jahren dem Militär beitrat, war ich der Überzeugung, dass mich die Umerziehung, die ich dort erhielt, erwachsen werden ließ. Nachdem ich mich aus freien Stücken dazu entschieden hatte, mein Elternhaus zu verlassen und die volle Verantwortung für mein eigenes Leben zu übernehmen, schien mich die Zeit beim Militär vom Jungen zum Mann zu machen. Also vom *Kind* zum *Erwachsenen.* Heute, mit Ende 20, fühle ich mich dementsprechend oftmals älter, als ich eigentlich bin. Außenstehende würden mich vermutlich noch als *jung* bezeichnen, doch sowohl meine Kindheit als auch die Erfahrungen, die ich seit meinem Dienstantritt beim Militär machte, ließen mich gefühlt schneller altern. Während andere Jugendliche noch in der Findungsphase waren, lernte ich schon als Teenager, meinen freien Willen zu unterdrücken und mich stattdessen meinem eigenen Pflichtbewusstsein zu unterwerfen. Schließlich würde es mir nur so gelingen, die Verpflichtungen zu erfüllen, die *Erwachsenen* innerhalb unserer Gesellschaft zuteilwerden. Zeit für mich und meine eigenen Bedürfnisse blieb dabei kaum übrig. Trotz alledem hatte ich jedoch immer meine Schwierigkeiten damit, gänzlich *erwachsen* zu werden. Zumindest, wenn man unter dem *Erwachsensein* das versteht, was uns die Gesellschaft, in der wir leben, diesbezüglich widerspiegelt. Im Nachhinein würde ich so weit gehen, zu behaupten, dass es eigentlich mein Glück war, dass ich nie gänzlich *erwachsen* wurde. Am Ende des Tages waren es nämlich immer die vermeintlich *kindischen* Eigenschaften, die mir dabei halfen, das sonst so triste Dasein als *Erwachsener* halbwegs farbenfroh und hell zu gestalten. Diese *kindischen* Eigenschaften konnte ich nämlich nie vollständig ablegen. Aber was ist das überhaupt – *kindische* Eigenschaften? Ist es wirklich möglich, Kinder und Erwachsene strikt getrennt voneinander zu charakterisieren? Sind Kinder anders als Erwachsene? Wenn ich mich mit Fragen wie diesen auseinandersetzte, musste ich häufig an den Song »Wir sind keine Kinder mehr« von Samy Deluxe denken. Samy Deluxe ist einer meiner absoluten Lieblingspoeten und rappt auf dem Song die folgenden Zeilen: *»Es ist nicht leicht, mein Freund, denn wir sind keine Kinder mehr«.*

Wenn man in den Song genau reinhört, werden dort die unterschiedlichen Erwartungshaltungen an Kinder und Erwachsene auf den Punkt gebracht. Da mich das Thema noch immer nicht so wirklich loslassen wollte, entschied ich mich dazu, mich einmal ausführlicher mit dem Wesen von Kindern und Erwachsenen zu beschäftigen.

4.2 Können Kinder böse sein?

»Unschuldig«. Zu diesem Adjektiv greifen nicht wenige, wenn es darum geht, Kinder im direkten Vergleich zu Erwachsenen zu charakterisieren. Kinder seien demnach unschuldig und rein, ihnen könne man noch keine bösartigen Intentionen unterstellen. Auch ich bin grundsätzlich davon überzeugt, dass kein Mensch mit negativen Eigenschaften auf die Welt kommt. Ausgehend von dieser Prämisse scheint es jedoch verwunderlich, dass Kinder bereits in jungem Alter in Konfliktsituationen geraten, in denen sie einander gezielt ärgern und verletzen. Auch ich kam bereits im jungen Grundschulalter mit diesen Verhaltensweisen in Berührung. Das hatte nicht selten mit meiner Hautfarbe zu tun. Bevor ich eingeschult wurde, hatte ich mich nie damit beschäftigen müssen, dass die Farbe meiner Haut mich möglicherweise von anderen Kindern in meinem Alter abgrenzen könnte. Für mich war jeder einfach so, wie er war. Ich war der festen Überzeugung, dass diese Unterschiede uns zu etwas Besonderem machten und das auch jedem anderen Menschen bewusst sein müsste. Das änderte sich jedoch bereits nach wenigen Tagen als Grundschüler. Innerhalb eines Kollektivs, das aus jungen und unerfahrenen Kindern bestand, war es normal, dass sich der eine oder andere der Tragweite seiner Handlungen noch nicht bewusst war. Dementsprechend kam es auch vor, dass ich als einziger Junge mit brauner Haut zur Zielscheibe für Provokationen wurde – ganz einfach, weil ich anders war. Glücklicherweise handelten nicht alle Kinder so. Während die einen mich ärgerten, schienen andere eine auf Neugier begründete Art der Faszination zu entwickeln. Mit diesen Kindern schloss ich schnell enge Freundschaften. Nichtsdestotrotz tat ich mich schwer damit, allein wegen meines Aussehens im Fokus zu stehen. Da ich darüber hinaus nicht noch mehr Aufmerksamkeit auf mich ziehen wollte, entwickelte ich schon in jungen Jahren die Tendenz, mich so unauffällig wie möglich zu verhalten. Ich entwickelte eine ruhige, schüchterne und zurückhaltende Art, die mir dabei half, mich immer weiter in mein selbst gebautes Schneckenhaus zurückzuziehen. Ich erhoffte mir, auf diese Weise für andere unsichtbar zu werden und mich dem Mobbing so effektiv entziehen zu können. In der Realität war leider oftmals das Gegenteil der Fall. Anstatt mir endlich meine Ruhe zu verschaffen, machte mich meine ruhige und sensible Art zur Zielscheibe für noch gröbere Attacken. Bemerkenswerterweise waren meine Peiniger nicht selten Menschen, die ich zu meinem engeren Kreis gezählt hatte, darunter unter anderem Familienmitglieder, Freunde und Bekannte. Diese schienen es besonders gemocht zu haben, ihre Grenzen bei mir zu testen. Diese Erfahrungen waren teils so einschneidend, dass die Erinnerungen an die Späße, Beleidigungen und Haue noch heute negative Emotionen in mir hervorrufen. Da der Rahmen dieses Buches es nicht hergibt, all diese prägenden Ereignisse einzeln zu behandeln, möchte ich mich in diesem Kapitel auf drei einschneidende Erlebnisse beschränken, die jeweils sowohl mich als auch meine Unterdrücker maßgeblich veränderten. Zum Schutze der Privatsphäre aller beteiligten Personen werde ich dabei darauf verzichten, irgendeinen der erwähnten Menschen beim Namen zu nennen oder Informationen bereitstellen, die zur Identifikation der jeweiligen Personen führen könnten. Ohne zu viel vorwegnehmen zu wollen, möchte ich an dieser Stelle schon darauf hinweisen, dass ich der Analyse der nun folgenden Anekdoten im Rahmen meines Reflexionsprozesses wichtige Erkenntnisse zu verdanken haben.

* * *

Anekdote 1: Die Jungs aus der Spielstraße

Die erste Anekdote, von der ich erzählen möchte, handelt von einer Gruppe von Jungs, die alle in der gleichen Spielstraße wohnten wie ich und darüber hinaus dieselbe Schule besuchten. Da sie ein paar Jahre älter waren als ich, gingen wir nicht in die gleiche Jahrgangsstufe. Allerdings begegneten wir uns regelmäßig auf der Spielstraße und in der von der Schule angebotenen Nachmittagsbetreuung. Während sie unter ihren Mitschülern dafür bekannt waren, immer die coolsten und stärksten zu sein, waren die Lehrer vor allem von ihren schulischen Leistungen angetan. Da sie darüber hinaus auch noch groß gewachsen und sportlich waren, gab es kaum etwas, mit dem sie sich hätten angreifbar machen können. Dieses Umstands schienen sich die Jungs auch äußerst bewusst gewesen zu sein. So genossen sie es sichtlich, andere klein zu machen und ihre körperliche Überlegenheit gegenüber Schwächeren ungehindert auszunutzen. Obwohl ich allen Grund dazu gehabt hätte, sie für schlechte Menschen zu halten, verspürte ich schon mit zarten acht Jahren so etwas wie Mitleid für sie. Das galt vor allem dann, wenn sie wieder mal irgendeinen fiesen Plan ausheckten, mit dem sie mich bloßstellen wollten. Ursächlich dafür war, dass ich einfach nicht glauben konnte, dass sie all die Dinge, die sie uns anderen Kindern antaten, nur machten, weil es ihnen tatsächlich Spaß machte, andere zu ärgern. Bei einem der Jungs sollte sich dieser Verdacht nicht allzu lange Zeit später bestätigen. Dieser wuchs in einem amerikanischen Haushalt auf und hatte einen ebenso großgewachsenen Vater, der zu uns Kindern immer sehr nett gewesen war. Ich kann mich noch gut daran erinnern, wie er uns Kinder mit seiner einzigartigen Donald Duck-Imitation zum Lachen brachte, wenn er uns auf der Spielstraße traf oder wir mal bei seinem Sohn zu Besuch waren. Dass wir diese so lustig fanden, wird vermutlich auch an seinem markanten amerikanischen Akzent gelegen haben. Neben der lustigen hatte der Vater des Jungen auch eine andere, deutlich strengere Seite an sich. Diese kennzeichnete sich vor allem durch einen für ihn charakteristischen Blick, den ich bis heute als unglaublich angsteinflößend in Erinnerung habe. Überhaupt waren erwachsene Männer für mich immer etwas Fremdes, Unberechenbares gewesen. In seinem Fall schien ich aber nicht der einzige gewesen zu sein, der ihn fürchtete. Selbst sein eigener Sohn, der vor anderen stets cool und souverän wirkte, machte in seiner Gegenwart häufig einen eingeschüchterten, beinahe ängstlichen Eindruck. Nun könnte man meinen, dass ich in diesen Situationen so etwas wie Schadenfreude hätte verspüren müssen. Immerhin erlebte ich hier ausgerechnet einen der Kumpels, die mich häufig als Zielscheibe benutzten, in der Rolle, die sonst mir zuteilwurde. Es hätte wohl nicht wenige gegeben, die sich in einer solchen Situation am Leid ihres Peinigers erfreut hätten. Bei mir war jedoch das Gegenteil der Fall. Ich entwickelte Mitleid. Ausschlaggebend war dabei eine Interaktion zwischen ihm und seinem Vater, die ich hautnah miterlebte. Sie trug sich an einem regnerischen Sommertag zu, an dem ich und zwei weitere Freunde den betreffenden Jungen zu Hause besuchten. Da seine Mutter tagsüber arbeitete und sein Vater schlief, um sich von der Arbeit zu erholen, erhofften wir uns ein paar spaßige Stunden an der Playstation. Für mich war das grundsätzlich schon etwas ziemlich Besonderes. Meine Mutter war ziemlich streng gewesen, wenn es um den Umgang mit elektronischen Geräten ging. Gerade die Altersbegrenzungen, die nach entsprechenden Farbcodes auf den Verpackungen von Spielen und DVDs abgedruckt waren, waren für sie so etwas wie ein unverhandelbares Gesetz. Somit waren Spiele und Filme, die nicht für mein Alter empfohlen waren, in unserem Haushalt grundsätzlich verboten. Während man meinen mag, dass viele Elternteile dies so handhaben würden, kannte ich in meiner Kindheit nicht einen einzigen Haushalt, in dem es ähnlich streng zuging wie bei uns. Heute bin ich meiner Mutter dafür dankbar, doch als achtjähriges Kind fühlte es sich weniger schön an, der Einzige zu sein, der ein bestimmtes Spiel nicht spielen durfte. Auch im Haushalt des amerikanischen Jungen, bei dem wir zu Besuch waren, schien nicht sonderlich penibel darauf geachtet zu werden, welche Spiele eigentlich für dessen Altersgruppe bestimmt waren und welche nicht. Das entnahm ich zumindest der Auswahl an Spielen und Action-Filmen, die ich im Wohnzimmer der Familie vorfand. Wir wählten eines der Spiele aus und setzten uns zu viert vor die Konsole. Im Gegensatz zur Nintendo, die ich besaß, erlaubte es die Playstation unseres Kumpels nur zwei Spielern, zeitgleich gegeneinander zu spielen. Also war für uns Abwechseln angesagt. Was in der Theorie leicht umsetzbar klingt, entwickelte sich in der Praxis zu einer fortlaufenden Diskussion, die mit jeder Runde, die wir spielten, hitziger wurde. Während wir anfangs noch im ruhigen Ton ausloteten, wer als nächstes an der Reihe war, hatten wir die normale Zimmerlautstärke irgendwann um Längen überschritten. Wir waren so sehr in unserem Element, dass wir alles vergaßen, was um uns herum geschah. Das galt auch für seinen schlafenden Vater, der sich nur wenige Meter entfernt im Schlafzimmer aufhielt. Irgendwann geschah, was geschehen musste: Eine unserer zahlreichen Diskussionen wurde von einem durchdringenden Schrei aus dem Schlafzimmer der Eltern unterbrochen. Von einem Moment auf den anderen war es still im Raum. So still, dass ich den Herzschlag jedes Einzelnen hören konnte. Am lautesten pochte das Herz unseres Kumpels, dessen Vater uns gerade durch seinen wütenden Schrei aus unserer Blase geholt hatte. Es dauerte einen Moment, bis er seinem Vater eine Antwort entgegenrief.

»Yes, Dad?«, fragte er mit angespannter Stimme.

Die Antwort ließ nicht lange auf sich warten.

»Come here!«, kam es ein wenig leiser, aber mindestens genauso furchteinflößend wie vorher aus dem Schlafzimmer zurück. Wir Kinder saßen immer noch wie versteinert vor der Playstation und trauten uns nicht, auch nur ein Wort zu sprechen. Wir wussten genau, was der Tonfall, in dem der Vater unseres Kumpels seinen Sohn ins Schlafzimmer zitiert hatte, zu bedeuten hatte, und niemand von uns wollte Gefahr laufen, die Situation noch zu verschlimmern oder selbst in den Fokus des Vaters zu geraten. Während unser Kumpel aufstand und mit gesenktem Kopf in Richtung Schlafzimmer schlich, hörte man im Wohnzimmer nichts außer dem Regen, der noch immer in einem monotonen Rhythmus gegen die Fenster prasselte.

Ein trügerisch sanftes »Close the door!«, war das Letzte, was wir hörten, bevor die Schlafzimmertür im Schloss einrastete. Es folgte Stille. Dann zwei kurze Schreie, ein dumpfer Schlag und erneut Stille. Nicht jene Stille, die man sich zum

Einschlafen wünscht. Sondern jene Stille, der man am liebsten schnellstmöglich entfliehen möchte, weil sie ein unwohles Gefühl in einem auslöst. Es fiel mir schwer, mit dieser Art von Stille zurechtzukommen. Ich wusste, wie es war, auf diese Art und Weise bestraft zu werden, und konnte mich somit gut in meinen Kumpel hineinversetzen. Ich dachte daran, dass ich das große Glück hatte, meine Brüder zu haben, mit denen ich meinen Schmerz teilen konnte. Es machte es ertragbarer, jemanden in seinem engsten Umfeld zu wissen, der regelmäßig die gleichen Emotionen durchlief wie ich selbst. Bei meinem Kumpel war das leider nicht der Fall. Als er wenige Minuten später wieder aus dem Schlafzimmer geschlichen kam, war allen Anwesenden klar, was sich darin abgespielt haben musste. Falls es irgendjemandem nicht bewusst gewesen sein sollte, wird derjenige es spätestens an seiner Körpersprache und den geschwollenen, roten Augen gemerkt haben, mit denen uns unser Kumpel niedergeschlagen ansah. Man merkte, dass er sich zusammenreißen musste, als er sich mit zerbrechlicher Stimme an uns wandte.

»Sorry«, sagte er. »Aber ihr müsst jetzt leider gehen.«

Selbstverständlich hatte ohnehin niemand von uns den Drang verspürt, sich noch eine Sekunde länger an Ort und Stelle aufzuhalten. Nichtsdestotrotz fühlte sich das, was er da von uns verlangte, nicht richtig an. Wir sprachen zwar nicht darüber, doch allein unsere Gesichtsausdrücke sprachen eine klare Sprache: Niemand von uns wollte unseren Kumpel in dieser Situation allein lassen. Nicht ausgerechnet jetzt, wo er doch offensichtlich jemanden brauchte, der ihn trösten würde. Wenngleich wir uns also sichtlich unwohl damit fühlten, setzten wir uns beinahe synchron auf, um das Haus unseres Freundes zu verlassen.

* * *

Anekdote 2: Der Bruder meiner besten Freundin

In der Spielstraße, von der ich bereits im Rahmen der ersten Anekdote berichtet habe, lebte auch meine beste Freundin. Mit ihr verbrachte ich einen Großteil meiner Freizeit und man sah uns häufig gemeinsam auf der Straße spielen. Ich wusste nicht viel über ihre Familienverhältnisse – lediglich, dass sie wie ich in einem Haushalt ohne Vater aufwuchs und einen älteren Bruder hatte. Mit diesem hatten wir jedoch nicht viel zu tun. Er war zwei Jahre älter als wir, was in unserem damaligen Alter schon einiges ausmachte. Oftmals reichten schon wenige Monate Altersunterschied aus, damit ein anderes Kind aufgrund unterschiedlicher Interessensverteilungen nicht als Spielpartner infrage kam. Im Falle ihres Bruders war genau das der Fall. Er interessierte sich nicht für die Dinge, mit denen wir uns gerne beschäftigten, und wir verbrachten entsprechend wenig Zeit miteinander. Für mich war das kein Problem. Ich empfand ihn ohnehin immer als mindestens eine Spur zu ernst, sodass sich mein Interesse daran, mit ihm zu spielen, in überschaubaren Grenzen hielt. Dass wir ihn dennoch täglich sahen, lag daran, dass seine Mutter ihm aufgetragen hatte, in seiner Freizeit den Aufpasser für seine Schwester zu geben. Waren wir beispielsweise mal ein paar Straßen weiter gegangen, um dort irgendeiner Aktivität nachzugehen, war es seine Aufgabe, uns zu suchen und seine Schwester rechtzeitig nach Hause zu bringen. Verständlicherweise war er nicht sonderlich begeistert von dieser Aufgabe. Er verabscheute es, dass er seine eigene Freizeit opfern musste, um sich um seine Schwester zu kümmern, was wir ein ums andere Mal zu spüren bekamen. In diesen Fällen konnte es durchaus vorkommen, dass wir von ihm beleidigt wurden oder mal einen Hieb bekamen. Dies konnte ich ihm allerdings nie wirklich übelnehmen. Ich wusste, dass er zu Hause einen großen Teil der Lücke füllen musste, die sein Vater hinterlassen hatte. Seine Mutter arbeitete bis zum frühen Abend, sodass sie darauf angewiesen war, einen Teil der zu Hause anfallenden Aufgaben auf ihren Sohn zu übertragen. Obwohl er selbst noch ein Kind war, musste er also einen großen Teil seiner kindlichen Freiheiten aufgeben, um Verantwortung für seine Familie zu übernehmen. Während wir anderen unbeschwert Spaß haben und miteinander spielen konnten, musste er seine Zeit für Aufgaben opfern, die eigentlich für Erwachsene vorgesehen waren. Und dafür schätzte ich ihn sehr. In meinen Augen sprach es für seinen Charakter und sein Herz, dass er bereitwillig seine Kindheit aufgab und zum Wohle seiner Familie in eine Rolle schlüpfte, die unpassender nicht hätte sein können. Das große Maß an Respekt, das ich aufgrund dessen für ihn entwickelte, hinderte mich auch daran, ihm die Attacken auf mich und seine Schwester übelzunehmen. Natürlich war es nicht schön, regelmäßig von jemandem gemobbt und schikaniert zu werden, der älter und stärker war als ich. Gleichzeitig merkte ich jedoch, dass hinter jedem Hieb und jeder Beleidigung eine Reihe an Schmerzen steckte. Obwohl es mir schwerfiel, beschloss ich, diese Erkenntnis zu nutzen, um mehr als nur ein Opfer zu sein. Ich entschloss mich dazu, ihn nicht für die Dinge, die er uns antat, zu verurteilen. Ich wollte ihm nicht als Feind begegnen. Eigentlich wollte ich ihm vor allem zeigen, dass ich ihn verstehen konnte. Also eignete ich mir einen Satz an, dem ich ihm jedes Mal entgegenwarf, wenn er es wieder Mal auf mich und seine Schwester abgesehen hatte:

»Mach so lange weiter, bis du anfängst, es zu bereuen.«

* * *

Anekdote 3: Mein Freund, der Dieb?

Das Spielen mit LEGO-Steinen war als Kind eines meiner liebsten Hobbys. Ich liebte es, mir die verrücktesten Geschichten auszudenken und ihnen mithilfe der bunten Steine Leben einzuhauchen. Die Dinge, die ich aus LEGO zusammensetzte, waren für mich Bestandteile einer völlig eigenen Welt, in der ich alle Eigenschaften ausleben konnte, die zu meiner Identität gehörten. Entsprechend groß war die Freude, als ich im Kindesalter einen Jungen kennenlernte, der meine Leidenschaft teilte. Das schweißte uns so zusammen, dass wir über einen großen Teil unserer Kindheit hinweg unzertrennlich waren. Wir trafen uns in jeder freien Minute, um gemeinsam unserem Hobby nachzugehen. Leider wuchs mein »LEGO-Freund« deutlich schneller aus dieser Phase heraus, als uns beiden lieb war. Er war der älteste Sohn einer alleinerziehenden Mutter und musste dementsprechend schon in jungen Jahren sehr viel Verantwortung übernehmen. Anstatt sich weiterhin mit mir in unsere Fantasiewelt zu stürzen, verbrachte er ab einem gewissen Punkt den Großteil seiner freien Zeit damit, Tätigkeiten im Haushalt zu übernehmen und seine Mutter bei alltäglichen Erledigungen zu unterstützen. Zudem musste er hautnah miterleben, wie seine Mutter sich von einer Beziehung in die nächste stürzte und ihm immer weniger Aufmerksamkeit schenkte. Es war offensichtlich, dass all das nicht spurlos an ihm vorbeiging. Im Gegenteil: Ich sah ihn oft weinend und allein vor seiner Haustür sitzen. Die roten Striemen, die in solchen Fällen häufig sein Gesicht zierten, waren klare Anzeichen für die Lebensrealität, mit der er sich nun auseinandersetzen musste. Für ihn galt es, den Erwartungen seiner Mutter zu entsprechen. Gelang ihm das nicht, wurde er entsprechend bestraft. Mich schockierte es, wie aus dem einst so leidenschaftlichen, mutigen und fröhlichen Jungen binnen kürzester Zeit ein eingeschüchterter Jugendlicher wurde, der schnell das Interesse daran verlor, gemeinsam mit mir in unsere Fantasiewelt einzutauchen. Zwar verloren wir uns niemals gänzlich aus den Augen, doch die Beziehung war einfach nicht mehr die gleiche wie vorher. Oftmals reichte bereits sein Geruch, um mich daran zu erinnern, dass er nicht mehr der Junge war, mit dem ich vor nicht allzu langer Zeit den Großteil meiner Freizeit verbracht hatte. Denn mein einstiger »Lego-Freund« roch nicht mehr kindlich und unschuldig. Er roch erwachsen. Er roch nach der »Süßigkeit«, die eigentlich nur von Erwachsenen konsumiert wurde. Nach der Süßigkeit, die wir eigentlich immer verabscheut hatten. Obwohl es allein durch den Geruch offensichtlich war, dass er rauchte, gab er sich bei unseren wenigen Aufeinandertreffen große Mühe, seine neue Leidenschaft vor mir zu verstecken. Ich weiß nicht weswegen. Vielleicht wollte er mich davor bewahren, damit in Berührung zu kommen. Vielleicht hatte er aber auch Angst, dass seine Mutter durch mich von seinem Zigarettenkonsum erfahren könnte. Dieser war mir jedoch abgesehen vom unangenehmen Geruch, den er auslöste, ziemlich egal. Mich störte viel mehr die kühle Distanz, die sein Wandel zwischen uns verursachte. Diese begann schon bei unseren Begrüßungen. Anstatt mich zu umarmen, warf er mir nur noch ein kühles »hey« entgegen, wenn er mir auf der Straße begegnete. Mit dieser Art der Kommunikation schien er vertraut zu sein. Schon als wir noch jünger waren, war die Beziehung zu seiner alleinerziehenden Mutter durchwachsen gewesen. Sie war gerade einmal 16 Jahre alt gewesen, als sie ihn auf die Welt gebracht hatte, und hatte in den Folgejahren noch zwei weitere Kinder von jeweils unterschiedlichen Männern bekommen. Dass keiner der drei Väter Interesse an seinem jeweiligen Kind zeigte, wirkte sich entsprechend auf die gesamte Familienkonstellation aus. Die Beziehung zwischen Mutter und Sohn ging endgültig in die Brüche, als sie bemerkte, dass er mit dem Rauchen begonnen hatte. Obwohl sie selbst Raucherin war, geriet sie völlig in Rage, als sie ihren Sohn dabei erwischte. Für mich war das paradox. Wie konnte man seinen Sohn aktiv zu einem Erwachsenen erziehen und sich dann darüber aufregen, wenn er Dinge tat, die die Erwachsenen um ihn herum taten? Letztlich entschied sich seine Mutter unabhängig von meinem Unverständnis dafür, ihren Sohn durch kontinuierliches Ignorieren abzustrafen. Das schien die Bestrafung dafür zu sein, dass er zu schnell erwachsen geworden war. Er wurde kaum noch von ihr beachtet, und auch vermeintlich besondere Anlässe wie sein Geburtstag wurden abseits vom obligatorischen Geburtstagsgeschenk nicht sonderlich beachtet. Dieses lag dann meist recht stiefmütterlich vor seiner Zimmertür. Keine Glückwünsche, keine Umarmung, nichts. Für mich war es beinahe unerträglich, mitzubekommen, wie die Mutter meines Freundes mit ihm umging. Gepaart mit den unzähligen Strafmaßnahmen, denen er sich aussetzen musste, sorgte ihr Verhalten irgendwann dafür, dass mein Freund sich ein Ventil suchte, durch das er den Druck ablassen konnte. Dieses Ventil fand er im Spielen von Computerspielen. Er floh sich in die unendlichen Weiten der digitalen Welt und konnte auf diese Weise der grausamen Realität entfliehen. Für mich hatte das den Vorteil, dass wir wieder ein wenig enger zusammenrückten, da ich mich häufiger zum Spielen zu ihm gesellte. Es war beinahe so wie früher – nur, dass wir nun am Computer spielten und nicht mehr mit LEGO. Leider steigerte sich mein Freund mit der Zeit immer mehr in die Welt der Computerspiele rein. Wann immer eine neue Konsole auf den Markt gelangte, musste er diese haben. Dasselbe galt für die Spiele, die für die jeweiligen Konsolen regelmäßig erschienen. Da er jedoch offensichtlich nicht über die nötigen finanziellen Mittel verfügte, um sich mehrmals im Monat neue Konsolen und Spiele zu kaufen, begann er irgendwann damit, die örtlichen Supermärkte und Elektronikfachgeschäfte zu bestehlen. Das geschah hin und wieder auch in meinem Beisein. Obwohl es mich enorm beängstigte, seinen Straftaten beizuwohnen, fand ich sein Vorgehen doch irgendwo beeindruckend. Es gelang ihm irgendwie, nie erwischt zu werden, und er besorgte auch mir hin und wieder Mal etwas auf seinen Diebestouren. Mit meiner Begeisterung stand ich offensichtlich nicht allein dar. Nach einigen erfolgreichen Diebstählen hatte sich mein Kumpel innerhalb mehrerer Stadtteile einen gewissen Ruf erarbeitet, der ihm einiges an Anerkennung, aber auch einige enge Freundschaften einbrachte. Leider konnten auch diese ihn nicht davor bewahren, dass sich seine Situation zu Hause weiter zuspitzte. Seine Mutter sah sein neues Hobby als weitere Chance, um ihn zu schikanieren, und fügte ihrem ohnehin schon breiten Repertoire an Strafen diverse Konsolenverbote hinzu. Es gelang ihm zwar immer wieder, sich den Verboten zu entziehen, indem er sich die entwendeten Konsolen einfach neu beschaffte, doch gepaart mit der weiterhin menschenunwürdigen Behandlung seitens seiner Mutter sorgte diese neue Art der Schikane letztlich dafür, dass geschah, was geschehen musste: Er rannte von zu Hause weg. Damals war er gerade einmal 16 Jahre alt und hatte bereits mehrere Strafverfahren wegen seiner Diebstähle am Hals. Davon erfuhr kurz nach seinem Weggang auch seine Mutter durch einen Anruf der Polizei. Da sie wusste, dass wir bis zuletzt viel Zeit miteinander verbracht hatten, kam sie unmittelbar nach dem Anruf auf mich zu, um mich zur Rede zu stellen. Anfangs dachte ich, dass sie sich lediglich einen Überblick über die Situation verschaffen wollte, doch mit der Zeit merkte ich, dass sie anderes im Sinn hatte: Sie wollte, dass ich bei der Polizei gegen ihren Sohn aussagte. Für mich kam das im ersten Moment nicht in Frage. Ich sah es nicht als meinen Job, die Loyalität zu meinem Freund zu brechen, um die Polizei bei ihren Ermittlungen zu unterstützen. Leider hatte seine Mutter eine andere Sicht auf die Dinge. Gemeinsam mit ihrem damaligen Lebensgefährten redete sie mir in unzähligen Gesprächen ins Gewissen, um mir ein Gefühl dafür zu vermitteln, was richtig und was falsch ist. Ihr Ziel war offensichtlich: Sie wollte, dass ich das Vertrauen, das ich zu ihrem Sohn aufgebaut hatte, zerstörte, damit die Polizei ihn für seine Taten bestrafen konnte. Obwohl es sich nach wie vor nicht richtig anfühlte, beugte ich mich dem Druck nach ein paar Tagen und mehreren Überredungsversuchen. Zwar erzählte ich der Polizei nicht alles, was ich über die Taten meines Kumpels wusste. Doch das, was ich erzählte, war offensichtlich genug gewesen.

* * *

Wie ich bereits erwähnt habe, waren die drei Anekdoten, die ich im Rahmen dieses Kapitels wiedergegeben habe, wesentliche Bestandteile meines Reflexionsprozesses. Die drei Anekdoten eint, dass es jeweils einen Protagonisten in Form eines Kindes gibt, das auf die eine oder andere Art Handlungen verübt, die wir gesellschaftlich als moralisch falsch bewerten würden. Der Junge, der andere Kinder in der Schule schikaniert. Der Junge, der seinen Frust an den Freunden seiner kleinen Schwester auslässt. Der Junge, der Diebstähle begeht, um weiterhin seinem Hobby nachgehen zu können. In allen drei Fällen könnte man es sich nun leicht machen und die jeweiligen Kinder als böse oder schlecht bezeichnen. Doch das liegt mir fern. Ich habe bereits zu Beginn des Kapitels die Überzeugung geäußert, dass kein Mensch mit negativen Eigenschaften auf die Welt kommt. Ohnehin sind Eigenschaften in meinen Augen keine Variablen, die wir als gut oder schlecht bezeichnen sollten. In meinen Augen ist jede Eigenschaft, die wir einem Menschen zuschreiben können, in erster Linie Potenzial. Dieses Potenzial kann sich abhängig von äußeren Umständen in verschiedene Richtungen entwickeln, weswegen es notwendig ist, bei der Beurteilung verschiedener Situationen immer das große Ganze zu sehen. Das gilt auch für die drei Anekdoten, die ich in diesem Kapitel geschildert habe. Durch das Erlebnis rund um den Vater, der seinen Sohn mit Schlägen bestraft, weil er und seine Freunde seinen Schlaf gestört hatten, habe ich beispielweise erkannt, dass hinter dem Verhalten des Jungen in der Schule deutlich mehr steckt als die Lust, anderen wehzutun. Ich erkannte, dass der Junge kein schlechter Mensch war. Letztlich waren es die Umstände, unter denen er aufwuchs, die ihn zu dem Jungen machten, den wir in der Schule erlebten. Er war es von zu Hause gewohnt, dass Konflikte mit Gewalt gelöst wurden, und wandte diese Gewalt bei anderen selbst an, um sich selbst vor weiteren Verletzungen zu schützen. Recht ähnlich verhält es sich mit den beiden anderen Anekdoten. Dem Bruder meiner Freundin ging es sicherlich nicht darum, uns aus einer bösen Absicht heraus zu verletzen. Er war lediglich unzufrieden mit den Umständen, unter denen er aufwuchs, und brauchte ein Ventil, um seinen Frust loszuwerden. Und auch im wohl komplexesten Fall rund um meinen »LEGO-Freund«, der im jungen Alter eine Laufbahn als Ladendieb hinlegte, geht es letztlich um deutlich mehr als das Verlangen, teure Konsolen zu besitzen und darauf die neuesten Spiele zu spielen. Für ihn waren die Spiele eine Möglichkeit gewesen, der grausamen Behandlung seiner Mutter zu entfliehen. Dass ihm die Ladendiebstähle darüber hinaus die Art von Anerkennung und Respekt einbrachten, die ihm zu Hause vorenthalten wurde, tat sein Übriges. Ich bin mir sicher, dass er keinen Spaß am Klauen hatte. Er tat es lediglich, um seine Bedürfnisse zu stillen und Bestätigung zu erfahren. Bis heute schmerzt mich der Gedanke daran, dass ich bei der Polizei gegen ihn ausgesagt habe. Ich kannte seinen Schmerz, entschloss mich aber dennoch dazu, mit der wahrscheinlich schmerzhaftesten Patrone auf sein Herz zu schießen. Wenn ich ihn heute ansehe, sehe ich nicht mehr den intelligenten, kreativen und mutigen Jungen, mit dem ich einst in Fantasiewelten aus LEGO eintauchte. Ich sehe einen ängstlichen und zurückhaltenden Mann.

* * *

Je länger ich mich mit den Erkenntnissen, die jede einzelne der drei Anekdoten mit sich brachte, beschäftigte, desto gefestigter wurde ich in einer Grundannahme. Für mich war klar, dass in allen drei Fällen nicht die Kinder die Verantwortung dafür tragen konnten, dass sie sich im Rahmen ihres Reifeprozesses zu moralisch fragwürdigen Handlungen hatten hinreißen lassen. Deutlich schlüssiger schien mir die These, dass die Hauptverantwortung bei den Erwachsenen liegen musste, die die Lebensrealitäten der jeweils betroffenen Kinder mitgestalteten. Ein Kind wird nämlich in keinem Fall einfach *böse* geboren. Das Einzige, was einem Kind bei der Geburt zugeteilt wird, sind sein Naturell und seine dazugehörigen Charaktereigenschaften. Diese sind jedoch nie grundsätzlich *böse* oder *falsch*. Führt ein Kind also im Laufe seines Lebens Handlungen aus, die unter diese Klassifizierungen fallen, müssen äußere Einflüsse bestehen, die in einem direkten Bezug zu diesen Handlungen stehen. Wenngleich es schwer ist, alles aufzulisten, was in den jeweiligen Fällen schiefgelaufen ist, lassen sich die drei Anekdoten im Wesentlichen doch auf einen gemeinsamen Nenner runterbrechen. Alle drei Protagonisten eint nämlich die Tatsache, dass sie im sehr jungen Alter durch die Erwachsenen mit Einflüssen konfrontiert wurden, die ihren Alterungsprozess künstlich verschnellerten. Dabei ist es egal, ob es sich bei diesen Einflüssen um Schläge des Vaters, Verantwortung für die kleinere Schwester oder die Abgrenzung von allen elterlichen Emotionen handelte. Fakt ist, dass allen drei Kindern eine natürliche Entwicklungsphase vorenthalten wurde. Sie hatten nicht die Freiheit, sich auf natürliche Art und Weise weiterzuentwickeln und ihre kindliche Seite so lange frei auszuleben, wie sie es möglicherweise benötigt hätten. Ich würde so weit gehen, zu behaupten, dass sie von ihren Eltern teilweise *zu Erwachsenen erzogen* wurden. Dabei wurde ihnen jede Möglichkeit genommen, eigene Erfahrungen zu machen und einen natürlichen Reifeprozess zu erleben. Stattdessen wurden sie gezwungen, Dinge unkritisch hinzunehmen. All das geschah, ohne dass sie dabei eine erfahrene Vertrauensperson um sich gehabt hätten, die sie im gesunden Maße an die Welt hätte heranführen können. Auch ich sah mich stellenweise von diesem Phänomen betroffen. Je älter ich wurde, desto penetranter wurde ich mit Methoden konfrontiert, die mich auf das Leben als Erwachsener vorbereiten sollten. Ich sollte gewisse Pflichten erfüllen, bestimmte Verantwortungen wahrnehmen und mich an die Regeln halten, die innerhalb unserer Gesellschaft galten. Das *Warum* spielte dabei jedoch keine Rolle. Nicht einmal wurde mir erklärt, *warum* es wichtig war, bestimmte Regeln und Gesetze zu befolgen. Nicht einmal wurde mir erklärt, *warum* ich mich als Individuum einschränken und der Gesellschaft unterordnen sollte. Nicht im Kindergarten, nicht in der Schule, nicht zu Hause. Auf mich wirkte das teilweise so, als wäre ich Teil eines auf Bestrafungen und Belohnungen basierenden Systems, das darauf ausgerichtet war, mir schnellstmöglich meine kindliche Identität wegzunehmen und mich zu einem gesellschaftstauglichen Erwachsenen zu erziehen. Es schien gar nicht um mich und meine Gefühle zu gehen, sondern einzig um Resultate in Form von Noten, Platzierungen und Bewertungen. In diesem Kontext möchte ich gerne auf eine These verweisen, die aus Friedrich Nietzsches 1882 erschienenem Werk *Die fröhliche Wissenschaft* stammt. Nietzsche äußert hier Folgendes:

»... wo das Leiden als Tugend, die Grausamkeit als Tugend, Vorstellung als Tugend, die Rache als Tugend, die Verleugnung der Vernunft als Tugend, dagegen das Wohlbefinden als Gefahr, der Friede als Gefahr, das Mitleid als Gefahr, das Bemitleidetwerden als Schimpf, die Arbeit als Schimpf, der Wahnsinn als Göttlichkeit, die Veränderung als das Unsittliche und Verderbenschwangere überall in Geltung war! – Ihr meint, es habe mich alles dies geändert, und die Menschheit müsse somit ihren Charakter vertauscht haben? Oh, ihr Menschenkenner, lernt euch besser kennen!«

Vermutlich hätte es mir als Kind gutgetan, diese Sätze zu Gesicht zu bekommen. Zumindest bin ich mir sicher, dass das von Nietzsche umrissene Phänomen greifbar für mich gewesen wäre. Schließlich fühlte ich mich lange Zeit so, als müssten mein Charakter vertauscht und meine bestehenden Tugenden durch fremde Wertevorstellungen ersetzt werden. Und das, wo ich mir doch so sehr gewünscht hätte, auf mich und meine Interessen hören zu können. Ich wollte mich von den Einflüssen der Erwachsenen freimachen und mich auf die Dinge konzentrieren, die *mir* am Herzen lagen. Ich wollte meine Talente und Interessen entdecken und mir in den Fächern Mühe geben, die von den Erwachsenen um mich herum als »unwichtig« betrachtet wurden: Sport, Kunst, Musik, Religion, Philosophie. Ich wollte meine persönlichen Prioritäten nicht von Belohnung und Tadel steuern lassen, sondern von dem, woran ich ein natürliches Interesse verspürte. Ich wollte meine kindliche Seite ausleben, ohne permanent vor Augen geführt zu bekommen, dass ich mich auf das Leben als Erwachsener vorbereiten müsse. Vielleicht wäre mir das auch gelungen, wenn ich damals schon über die Erkenntnisse verfügt hätte, zu denen ich im weiteren Verlauf meines Reflexionsprozess gelangte.

4.3. Das Kind unter dem Einfluss der Erwachsenen

Seit ich zu der Erkenntnis gelangte, dass Kinder akut unter den Bestrebungen ihrer Eltern leiden können, sie frühestmöglich zu Erwachsenen zu erziehen, lege ich großen Wert darauf, bei der Beurteilung von Kindern den möglichen Einfluss von Erwachsenen zu berücksichtigen. Das ist auch notwendig, um die Komplexität diverser sozialer Zusammenhänge vollständig zu erfassen. Schauen wir uns beispielsweise eine Schulklasse an, sollten wir diese nicht als eine Ansammlung von Kindern verstehen, die trotz ihrer unterschiedlichen Ursprünge dasselbe lernen und dasselbe durchmachen. Der Gesamtkontext ist in meinen Augen deutlich komplexer. So steckt in jedem Kind, das eine bestimmte Schulklasse besucht, nicht nur die eigene Identität, sondern immer auch der Einfluss des eigenen Elternhauses. Dieses und die darin erlebten Erfahrungen sind der Maßstab für die gesamte Sozialisierung eines Kindes. Im Rahmen dieser Sozialisierung macht jedes Kind ab seiner Geburt verschiedene Reifungsprozesse durch. Ist es bei der Geburt noch hilflos und auf die Hilfe seiner Eltern angewiesen, nutzt es bereits die ersten Lebensjahre, um sich wichtiges Wissen anzueignen. Während einige wenige Fähigkeiten wie Schreireflex, Greifreflex und Methoden zur Nahrungsaufnahme angeboren sind, muss sich das Kind alle weiteren Fähigkeiten erst einmal aneignen. Je älter das Kind wird, desto komplexer werden die Fähigkeiten, die es im Rahmen seines Reifeprozesses erlernt. Geht es anfangs noch um die Erfüllung von Grundbedürfnissen, ist es irgendwann dazu in der Lage, Präferenzen zu entwickeln und diese verbal und nonverbal zum Ausdruck zu bringen. Eine Konstante bleibt dabei allgegenwärtig: der Einfluss des Elternhauses. Das Elternhaus ist die erste gewohnte

Umgebung des Kindes und formt Weltbild und Präferenzen gleichermaßen. Das zeigt sich letztlich auch im Verhalten des Kindes. Ein Kind wird sich eher mit Dingen wohlfühlen oder sie als normal empfinden, wenn es sie von zu Hause kennt. Auch die eigene Moral wird es in den frühen Entwicklungsstadien eher auf den Überzeugungen aufbauen, die es im Elternhaus vermittelt bekommen hat. Es sollte inzwischen eindeutig sein, worauf ich hinauswill: Ein Kind ist in seinem Verhalten nie *gänzlich Kind*. Es schwingen immer auch die *erwachsenen* Einflüsse mit, die seinem Elternhaus und dem Einfluss seiner nächsten *erwachsenen* Bezugspersonen entstammen. Doch wie genau zeigen sich diese Einflüsse in der Praxis?

* * *

Wenn ich daran denke, inwiefern der Einfluss Erwachsener das Verhalten und die Wahrnehmung von Kindern beeinflusst, muss ich unmittelbar an etwas zurückdenken, das ich am 01.02.2020 erlebte. Dass ich das Datum noch so genau im Kopf habe, liegt daran, dass mein Erlebnis mit einem globalen Großereignis in Verbindung steht, das unser aller Leben für mehrere Jahre verändern sollte. Vermutlich wirst du anhand dieser Formulierung schon erkannt haben, dass ich auf die Corona-Pandemie anspiele. Als diese durch ihren plötzlichen Ausbruch begann, die Welt allmählich auf links zu drehen, hielt ich mich gerade in Südkorea auf. Während der Rest der Welt sich dem Ausmaß der Gefahr, die vom Corona-Virus ausging, noch nicht bewusst war, waren Südkorea und andere asiatische Staaten schon damit beschäftigt, die eigenen Bewohner auf die weltweite Pandemie vorzubereiten und medizinisch zu versorgen. Für mich war es dementsprechend normal, bei meinem Rückflug nach Frankfurt eine FFP2-Maske zu tragen. Auch nach meiner Landung und im Zug, der mich anschließend in meine Heimatstadt brachte, behielt ich diese auf. Bei den Menschen um mich herum, in deren Leben das Thema COVID-19 wohl noch keine sonderlich große Rolle gespielt hatte, konnte ich infolgedessen eine Veränderung ihres Verhaltens beobachten. Um mich herum bildete sich mit meinem Betreten des Zuges eine unsichtbare Wand mit einem Radius von ungefähr einem Meter. Keiner traute sich an mich heran. Stattdessen wurde ich argwöhnisch aus der Ferne beobachtet – beinahe so, als sahen die Menschen eine Gefahr in mir. Für mich war das paradox. Ich trug lediglich eine Maske, um mich und meine Mitmenschen zu schützen. Trotzdem wurde ich so behandelt, als stellte ich eine Gefahr für die Menschen um mich herum dar – und das nur, weil sie mein Verhalten als neu und unvertraut wahrnahmen. Dafür spricht, dass die Reisenden, die ebenfalls aus Asien kamen und daher wussten, weswegen ich die Maske trug, mich nicht so behandelten. Besonders interessant war es außerdem, zu beobachten, wie sich jene Menschen verhielten, die in Begleitung ihrer Kinder unterwegs waren. Wenn ich den Kindern, die mich neugierig anschauten, freundlich zunickte oder ihnen zur Begrüßung zuwinkte, schritten die jeweiligen Eltern unmittelbar ein und nahmen die eigenen Kinder in Sichtschutz. Es war, als würden sie ihre Kinder ebenfalls vor dem Ungewissen bewahren wollen, das ihnen ja so viel Angst bereitete. Das meine ich im Übrigen auch, wenn ich sage, dass Kinder grundsätzlich immer auch die Überzeugungen ihrer Eltern mit sich herumtragen. Die Kinder, denen ich am Flughafen und in der Bahn zuwinkte, hätten mich von sich aus vermutlich nicht als Gefahr wahrgenommen. Da ihnen ihre Eltern als nächste erwachsene Bezugspersonen jedoch das Gefühl vermittelten, ich könnte gefährlich sein, übernahmen sie diese Vermutung und folgten dem Verhalten ihrer Eltern. Und diese Art der Bevormundung zieht sich auf eine gewisse Weise durch unsere gesamte Kindheit. Kindern wird früh beigebracht, was gut und was schlecht ist, was richtig und was falsch ist und wie sie sich an bestimmten Orten und in gewissen Situationen zu verhalten haben. Das alles geschieht mit dem Ziel, das *Kind* zu einem *Erwachsenen* zu erziehen, der ohne Komplikationen in die bestehende gesellschaftliche Ordnung eingegliedert werden kann.

* * *

Ausgehend von der Erkenntnis, dass es wir Erwachsene sind, die Kinder durch unsere äußeren Einflüsse aktiv zum Erwachsensein hinleiten, ergibt sich naturgemäß die Frage, wie wir mit Kindern umgehen, die nicht in das von der Gesellschaft vorgefertigte Schema passen. Was tun wir, wenn ein Kind sich nicht bereitwillig dazu drängen lässt, seine als kindlich eingestuften Eigenschaften zu unterdrücken oder freiwillig Verhaltensmuster adaptiert, die wir als Erwachsene für richtig halten? Ich würde grundsätzlich behaupten, dass Attribute wie Fröhlichkeit, Wissbegierde, Fantasie, Emotionalität, Aktivität oder Sensibilität Eigenschaften sind, die wir bei Kindern positiv bewerten sollten. Paradoxerweise sind es jedoch genau diese Eigenschaften, die ein Kind beim Übergang ins Erwachsenenalter zum Außenseiter machen können, wenn sie in einem höheren Maße vorhanden sind, als es der gesellschaftliche Konsens zulässt. Ist ein junger Mensch beispielsweise *zu emotional* oder *zu aktiv*, sehen große Teile der Gesellschaft darin einen Indikator dafür, dass er möglicherweise »zu sehr Kind geblieben«, »hyperaktiv« oder gar »verrückt geworden« ist. Das liegt nicht zuletzt daran, dass die Gesellschaft es von Menschen erwartet, ihr kindisches Naturell ab einem gewissen Punkt abzulegen und zu einem normgetreuen Erwachsenen zu werden. Gelingt dies bei jemandem nicht, wird dies oftmals zum Anlass genommen, die betroffenen Menschen auf ihre vermeintlich überzogenen Eigenschaften festzunageln und ihnen das Gefühl zu vermitteln, dass sie kein vollwertiger Teil der Gesellschaft sein können, weil sie im Hinblick auf eine bestimmte Eigenschaft von der gesellschaftlichen Norm abweichen. Diese Menschen gelten dann schnell als schwer erziehbar, spätpubertär oder werden von anderen gar als »Problemkinder« bezeichnet. In meinen Augen ist dieses Verhalten nicht nur paradox, sondern auch gefährlich. Gerade die Individualität unserer Charaktereigenschaften ist es doch, die unsere Persönlichkeit und somit auch uns als Menschen ausmacht. Wieso sollten wir also Menschen dafür verurteilen, wenn eine bestimmte Eigenschaft bei ihnen stärker ausgeprägt ist, als wir es vom Rest der Gesellschaft gewohnt sind? Diese jeweiligen Eigenschaften als »übersteigert« zu bezeichnen, wäre ja so, als würde man Cristiano Ronaldo erzählen wollen, er sei *zu sensibel, zu ambitioniert* oder *zu mutig*. In meinen Augen macht es deutlich mehr Sinn, Menschen die individuelle Zusammensetzung ihrer Charaktereigenschaften zuzugestehen und deren positive Auswirkungen aktiv zu fördern. Nicht umsonst gab es in unserer Geschichte viele Menschen, die auf verschiedene Arten und Weisen von der gesellschaftlichen Norm abwichen und dennoch eine absolute Bereicherung für ihre Umgebung waren. Das gilt beispielsweise für Menschen, die mit ADHS oder Autismus lebten und durch eine positive Förderung ihrer jeweiligen Talente oder Inselbegabungen dazu in der Lage waren, diese gewinnbringend einzusetzen. Warum sollten wir solche Menschen also in eine Schublade stecken und ihnen das Gefühl vermitteln, dass sie aufgrund ihrer Individualität vom Rest der Gesellschaft abzugrenzen sind? Ohnehin halte ich es für schwierig, gesellschaftliche Normen zum Maßstab für die Beurteilung menschlicher Persönlichkeitsformen zu machen. Schließlich besitzen wir ja keine Methoden, die das Ausmaß bestimmter Eigenschaften bemessen und visuell abbilden können. Einen Menschen als *zu impulsiv, zu lebhaft* oder *zu aktiv* zu bezeichnen, gleicht in meinen Augen also eher dem Versuch, den individuellen Musikgeschmack eines Menschen numerisch erfassen und beurteilen zu wollen. Davon sollten wir in meinen Augen als Gesellschaft schnellstmöglich wegkommen. Der erste Schritt dahin erfolgt durch das Erkennen der Lebenslüge »Du musst erwachsen werden«.

4.4 Die Lüge des Erwachsenwerdens

Ich bin im Rahmen dieses Kapitels auf einige Missstände eingegangen, die in meinen Augen auf die gesellschaftliche Betrachtung von Kindern und Erwachsenen zurückzuführen sind. Aus dieser geht leider noch immer die Überzeugung hervor, dass wir Kinder auf ihrem Weg ins Erwachsenenalter in eine Schablone pressen müssen, deren Form von gesellschaftlichen Normen und Überzeugungen abhängig ist. Diesen Prozess benennen wir dann als *Erziehung*. Wobei mir hier schon die Begrifflichkeit selbst sauer aufstößt. Schließlich steckt in der Erziehung bereits das Wort *ziehen*. Jemanden zu erziehen, müsste demnach bedeuten, dass wir diese Person zu etwas *hinziehen*. Das impliziert, dass sich der zu erziehende Mensch entweder gar nicht oder für unser Empfinden nicht schnell genug in die Richtung bewegt, in die wir ihn ziehen möchten. Als deutlich treffender und positiver erachte ich dementsprechend den Ansatz, Kinder zu *fördern*. Das würde bedeuten, dass man Kinder dabei unterstützt, sich in eine Richtung zu entwickeln, die auch dem Kind selbst zugutekommt und nicht nur den Erwartungen, die wir als Gesellschaft an das jeweilige Kind haben. Ich weiß, dass eine solche Aussage wie viele andere Dinge, die ich in diesem Kapitel aufgeführt habe, eine Täter-Opfer-Beziehung zwischen Eltern und ihren Kindern postuliert. Möglicherweise werden sich auch Leser, die selbst Mütter oder Väter sind, angesprochen oder gar verurteilt fühlen. Das ist jedoch nicht meine Absicht. Ich weiß, dass es sich bei der Beziehung zwischen Eltern und Kindern um ein sehr sensibles Thema handelt, und habe nicht die Absicht, eine bestimmte Menschengruppe als Täterschaft zu brandmarken. Genauso wenig möchte ich Elternteile an den Pranger stellen oder gar behaupten, sie hätten ihren Kindern durch verschiedene Sozialisierungsmaßnahmen geschadet. Mir geht es vielmehr darum, dass wir uns alle als Opfer gesellschaftlicher Zwänge verstehen und gemeinschaftlich versuchen, uns von diesen zu lösen. Dabei sind wir nicht Opfer von bösartigen Menschen oder anderen höhergestellten Instanzen, die uns schaden wollen. Wir sind lediglich Opfer von Lügen, die sich so tief in unserer Gesellschaft festgesetzt haben, dass wir ihnen seit Generationen Vertrauen schenken. Was nötig ist, um diese Lügen als solche zu enttarnen? Ich schlage vor, unser Verständnis von *Kindern* und *Erwachsenen* einmal neu aufzurollen und aus einem anderen Blickwinkel auf die Thematik zu schauen.

* * *

Pflichtbewusst, ordentlich, beschäftigt, unauffällig, ernst. Diese Attribute werden in der Gesellschaft, in der wir leben, von einem durchschnittlichen Erwachsenen erwartet. Möchte jemand als solcher angesehen werden, sollte er sich diese Attribute aneignen. Möchte jemand in der Öffentlichkeit nicht negativ auffallen, sollte er gemäß diesen Attributen handeln. Wie tief diese Überzeugung in unserer Gesellschaft verankert ist, zeigt sich schon daran, wie wir Menschen wahrnehmen, denen die oben genannten Attribute nicht vollumfänglich zuzuschreiben sind. Wie reagieren denn die meisten Menschen, wenn sie morgens auf dem Weg zur Arbeit auf einen erwachsenen Menschen treffen, der in der Bahn lautstark lacht oder sich auf andere Art und Weise auffällig verhält? In den meisten Fällen würde ein solcher Mensch von seiner Umgebung als Sonderling eingestuft werden. Ein aufgedrehter, lachender Erwachsener weicht von der Norm ab und kann somit gar nicht normal sein, oder? Das ist es zumindest, was uns die Gesellschaft suggeriert. Lasst uns das Ganze aber einmal aus einer anderen Perspektive betrachten. Lasst uns einmal völlig unvoreingenommen auf die Frage blicken, was *Kinder* eigentlich von *Erwachsenen* unterscheidet. An und für sich gibt es da nämlich gar nicht so viel. Als Kinder bekommen wir grundsätzlich erst einmal alles an die Hand, was wir zum Leben brauchen. Alles ist schön und rosig, wir leben nach hedonistischen Prinzipien und würden uns eigentlich wünschen, dass alles so bleibt, wie es ist, nämlich mit viel Spaß und wenig Verantwortung. Vergleicht man uns in diesem Stadium mit unseren *erwachsenen* Artgenossen, fallen natürlich vor allem die körperlichen Unterschiede auf. Erwachsene sind größer, stärker und schneller. Abgesehen davon sind Kinder und Erwachsene aber in allererster Linie eins: Menschen. Nennenswerte Unterschiede werden in der Regel erst deutlich, wenn man sich länger mit den beiden Personengruppen auseinandersetzt. Während Kinder impulsiver, direkter und ungefilterter sind, agieren die meisten Erwachsenen – insbesondere in Gesprächssituationen – überlegter und vorausschauender. Das zeigt sich schon in den simpelsten menschlichen Interaktionen. Wenn du ein Kind nach seinem Lieblingsfilm fragst, wird es dir vermutlich unmittelbar einen Titel nennen können, von dem es gerade fasziniert ist. Die meisten Erwachsenen würden derweil zunächst überlegen und ihre Antwort ein paar Minuten lang durchdenken. Das liegt jedoch nicht etwa daran, dass es greifbare Unterschiede in den charakterlichen Beschaffenheiten von Kindern und Erwachsenen gibt. Das Zauberwort ist ein anderes: Erfahrung. Diese ist es nämlich, die Kinder entscheidend von Erwachsenen unterscheidet. Und wie wir wissen, ist Erfahrung kein Gut, das ein Mensch unveränderbar besitzt oder nicht besitzt. Jeder Mensch sammelt im Laufe seines Lebens einen gewissen Erfahrungsschatz an. Daraus ergibt sich der logische Schluss, dass es nur natürlich ist, dass Kinder sich in gewissen Situationen anders verhalten als Erwachsene. Für Kinder ist zwar oftmals alles super, doch das liegt großteils daran, dass ihnen das Bewusstsein für viele wichtige Dinge noch fehlt. Ein gutes Beispiel hierfür ist das Pflegen einer funktionierenden Freundschaft. Als Kind bist du hierzu gar nicht in der Lage, weil du nicht weißt, worauf es in einer solchen Freundschaft überhaupt ankommt. Erst, wenn du einmal in einer Freundschaft auf die Nase gefallen bist, beispielsweise durch einen scherwiegenden Vertrauensbruch, kannst du ein Bewusstsein dafür entwickeln, welche Erwartungen du an eine funktionierende Freundschaft haben solltest. Doch dieses Bewusstsein kommt eben erst durch Erfahrung. Ausgehend von dieser Prämisse gelangen wir zur wichtigsten Erkenntnis, die wir im Zusammenhang mit unserem eigenen Erwachsenwerden festhalten können: Kinder sind keine *Vorstufe* von dem, was ein Mensch einmal sein soll. Kinder sind die unbeeinflusste Urform ihrer selbst. Kinder sind genau das, was sie sein sollen. Abseits von der Erfahrung unterscheidet sie nämlich nichts von Erwachsenen. Und diese sind letzten Endes ohnehin nichts anderes als weise gewordene Kinder. Sie sind die Kinder, die es geschafft haben, sich ausreichend Erfahrung anzueignen, um nun die alleinige Verantwortung für ihr Leben zu übernehmen. Das *Erwachsensein* ist somit also allen voran eins: eine Rolle, die wir Menschen geschaffen haben.

* * *

Was machen wir aus der Erkenntnis, dass *Kinder* und *Erwachsene* in erster Linie menschengemachte Rollen sind, deren genaue Zusammensetzung von der Gesellschaft abhängig ist, in der sie aufwachsen? Und vor allem: Worin genau besteht die Lüge, als die ich das *Erwachsensein* in diesem Kapitel wieder und wieder bezeichnet habe? Die zweite Frage lässt sich in meinen Augen sehr eindeutig beantworten. Die Lüge, der ich leider eine ganze Zeit lang Gauben geschenkt habe, besteht darin, dass wir uns in unserem Reifeprozess nach gesellschaftlich festgelegten Grundsätzen richten müssen. Das ist nämlich absolut nicht der Fall. Damit meine ich nicht, dass es schlecht wäre, reifer zu werden oder sich die Rolle des *Erwachsenen* anzueignen. Ganz im Gegenteil. Ich kann sehr viel Gutes darin erkennen, sich dieser Rolle anzunehmen. Allerdings sollte dies immer in dem Bewusstsein erfolgen, dass sie nicht mehr ist als das: eine Rolle. Wenn wir erkennen, dass das Erwachsensein letzten Endes lediglich eine Rolle ist, auf die wir zurückgreifen können, wenn es notwendig ist, ist das ein wichtiger Schritt in Richtung eines selbstbestimmten Lebens. Vor allem aber ist es ein wichtiger Schritt in Richtung der Erkenntnis, wie wichtig unser *inneres Kind* eigentlich ist. Im Gegensatz zu den verschiedenen Rollen, die wir im Laufe unseres Lebens einnehmen, ist unser inneres Kind nämlich unser unbeeinflusstes Selbst mit allen Charaktereigenschaften, die uns und unsere Persönlichkeit letztendlich ausmachen. Umso wichtiger ist es dementsprechend, dieses innere Kind zu aktivieren und zu einem Teil unseres Lebens werden zu lassen. Wenn ich auf mein eigenes Leben blicke, hat mir dies sehr geholfen. Ich bin fest davon überzeugt, dass ich viel zu früh erwachsen werden musste. Auch habe ich viel zu früh miterleben müssen, wie andere Menschen um mich herum dazu gezwungen wurden, viel zu früh erwachsen zu werden. All das hat letztendlich dafür gesorgt, dass ich die Lüge des Erwachsenwerdens, wie ich sie in diesem Kapitel dargestellt habe, nicht als solche erkannt und stattdessen nach den aus ihr resultierenden Leitsätzen gelebt habe. Ich war der festen Überzeugung, erwachsen werden zu *müssen*. Gleichzeitig wurde mir in unterschiedlichen Situationen wieder und wieder gespiegelt, dass ich dazu wohl nicht zu 100 Prozent in der Lage war. Zumindest nicht, wenn man den Status eines Erwachsenen an der gesellschaftlichen Auslegung des Begriffs bemisst. Seit ich aber weiß, dass dies überhaupt nicht nötig ist, fällt es mir deutlich leichter, ich selbst zu sein. Ich führe keine inneren Konflikte rund um mein Erwachsensein mehr und bin dazu in der Lage, mein inneres Kind als Teil meiner Identität zu akzeptieren und nach Belieben zum Ausdruck zu bringen. So fühlt sich jeder Tag lebendiger, jede Arbeit sinnvoller und jeder Spaß erfüllender an. Und darum geht es letztlich auch. Darum heißt dieses Buch *Die sieben Lebenslügen und die nackte Wahrheit*. Die nackte Wahrheit ist es nämlich, dass das Leben mehr bietet, als ein paar Jahre Kind zu sein, irgendwann erwachsen zu werden und langfristig als Abziehbild eines gesellschaftlich akzeptierten Erwachsenen zu enden. Es bietet uns die Möglichkeit, von Kindheitstagen an Erkenntnisse zu gewinnen und in Folge sich wiederholender Erwachungsprozesse ein Leben voller Liebe, Seelenfrieden und innerer Erfülltheit zu führen. Doch wie können wir als Erwachsene letztlich dafür sorgen, dass unsere Nachkommen dieses Privileg, das uns möglicherweise in unserer Kindheit vorenthalten wurde, vollumfänglich ausschöpfen können? Ich denke, dass es abseits der Erkenntnis über die Lebenslüge des Erwachsenseins vor allem die Bereitschaft braucht, diese aktiv aus dem eigenen Weltbild verbannen zu *wollen*. Ist dieser *Wille* da, wird es auch nicht schwerfallen, die auf Irrtümer aufgebauten Glaubenssätze durch neue, wahre zu ersetzen und diese zu verkörpern. Das gilt auch und vor allem für den Umgang mit Kindern. Anstatt Kinder dazu zu zwingen, sich in die Richtung eines vermeintlichen Ideals zu entwickeln, sollten wir uns eingestehen, dass sie ihre eigenen Erfahrungen machen müssen, um eine gefestigte Persönlichkeit zu entwickeln. Wir sollten uns eingestehen, dass wir unsere Moral nicht auf die Erfüllung von Pflichten und fremdbestimmten Normen begründen sollten und wir Menschen nicht aufzwingen können, in welche Richtung sie sich zu entwickeln haben. Letztlich hat nämlich jeder Mensch von Natur aus einen freien Willen – völlig egal, ob er ein *Kind* oder ein *Erwachsener* ist. Und dieser freie Wille ist es, der ein Kind auf dem Weg zum Erwachsenen begleiten wird. Dabei wird er es auch dazu verleiten, Fehler zu begehen oder negative Erfahrungen zu machen. Doch das gehört dazu. Lasst uns die Erwachsenen von morgen also so behandeln, wie wir es uns selbst als Kinder gewünscht hätten. Lasst uns dafür sorgen, dass sie in einem Umfeld großwerden, in dem ihr Kindsein gewürdigt, ihre Bedürfnisse berücksichtigt und ihre Gefühle respektiert werden. Denn nur in einem solch gesunden Umfeld werden die Voraussetzungen geschaffen, um die sieben Lebenslügen und die nackte Wahrheit als solche zu erkennen.

5

DIE VIERTE LEBENSLÜGE: DU MUSST ANDEREN VERTRAUEN!

5.1 Vertrauen – letztlich nur eine Illusion?

Ich bin im letzten Kapitel sehr ausführlich darauf eingegangen, inwiefern sich Erfahrungen auf unseren individuellen Reifeprozess auswirken. Auch die Lebenslüge, die ich in diesem Kapitel dekodieren möchte, hat einiges mit unseren Erfahrungen zu tun. Wie du bereits anhand des Kapitelnamens erkannt haben wirst, dreht sich diese Lebenslüge um das Thema Vertrauen. In unserem alltäglichen Leben geraten wir beinahe täglich in Situationen, in denen wir dazu aufgefordert werden, anderen Menschen zu vertrauen. Wir sollen den Produkten von Unternehmen vertrauen, da diese unsere Probleme lösen werden. Wir sollen Politikern und Parteien vertrauen, da diese unsere Situation verbessern werden. Wir sollen unseren Freunden und unseren Partnern vertrauen, da man ohne gegenseitiges Vertrauen keine Beziehung führen kann. Wir sollen unseren Familienmitgliedern vertrauen, da man sich innerhalb einer Familie eben zu vertrauen hat. Doch woher sollen wir dieses Vertrauen ziehen? Ich weiß, dass ich mit meiner Antwort auf diese Frage viele Menschen vor den Kopf stoßen werde. Deshalb möchte ich sie im Rahmen dieses Kapitels auch direkt anführen, anstatt sie von Grund auf zu erarbeiten. Ich bin nämlich der Meinung, dass es keine Möglichkeit gibt, dieses Vertrauen irgendwoher zu ziehen. Ich würde sogar einen Schritt weiter gehen und behaupten, dass es überhaupt nicht möglich ist, irgendwem zu Vertrauen – keiner Person, keinem Unternehmen, keiner Instanz. Ich kann mir gut vorstellen, dass eine solche Aussage bei einigen Lesern zunächst auf ein großes Maß an Ablehnung und Unverständnis stoßen wird. Vielleicht denkst auch du dir gerade: »Was für ein Schwachsinn. Natürlich kann ich vertrauen. Ich tue es jeden Tag.« Mein Ziel ist es dementsprechend, dich im Rahmen dieses Kapitels vom Gegenteil zu überzeugen. Ich möchte dir beweisen, dass das Konzept des gegenseitigen (oder einseitigen) Vertrauens lediglich eine aus Erfahrungen konstruierte Illusion ist. Vor allem aber möchte ich dir beweisen, dass diese vermeintlich pessimistische Sicht auf die Dinge eine unglaublich positive Essenz hat.

* * *

Die weltweit bekannteste Online-Enzyklopädie *Wikipedia* definiert den Begriff des *Vertrauens* als »(…) eine bestimmte Art von subjektiver, auch emotional gefärbter, Überzeugung, nach der man sein Verhalten einrichtet«.[2] Diese Definition des Vertrauens soll mir im folgenden Teil des Kapitels als Grundlage dienen, um meine vermeintlich pessimistische Behauptung,

2 https://de.wikipedia.org/wiki/Vertrauen, aufgerufen am 15.10.2024

dass das Vertrauen letztlich nur eine Illusion sei, zu untermauern. Dabei möchte ich zunächst aufzeigen, auf welche Art und Weise sich unser Vertrauen in bestimmte Gegebenheiten im Alltag äußern kann. Hierzu würde ich dich bitten, dich einmal in folgendes Szenario hineinzuversetzen: Es ist Sonntagmorgen und du wachst nach einer unverhältnismäßig kurzen Nacht mit einem leichten Brummen im Kopf auf. Du schlenderst verschlafen ins Bad, um dir zunächst die Begleiterscheinungen des Vorabends aus dem Mund zu putzen. Während deine Zahnbürste ihren Dienst erfüllt, malst du dir im Kopf bereits aus, wie du deinem Körper gleich durch ein ausgewogenes und gesundes Frühstück die Energie zurückgibst, die ihn der Vorabend gekostet hat. In der Küche angekommen, lechzt dein Körper zunächst nach etwas Flüssigkeit, um das aufgebaute Defizit zu neutralisieren. Obwohl sich auf dem Küchentisch eine Wasserflasche befindet, wandert dein Blick in Richtung Kühlschrank. Du gehst in Gedanken deinen letzten Einkauf durch und musst bei der Erinnerung an den Orangensaft, den du gekauft hast, lächeln. Das Verlangen nach kühlem Orangensaft macht sich in deinem gesamten Körper breit und du verschwendest keinen Gedanken mehr an die Wasserflasche auf dem Küchentisch. Wie von allein bewegt sich dein immer noch müder Körper zum Kühlschrank, um diesen zu öffnen. Nachdem du die Schranktür geöffnet hast, greifst du voller Vorfreude nach der noch nicht angebrochenen Flasche, auf deren Oberfläche sich durch den Kühlungsprozess bereits kleine Wassertropfen befinden. Deine Vorfreude ist riesig und du hast den Geschmack des kühlen Orangensafts beinahe in Gedanken schon auf der Zunge. Leider werden deine Pläne unerwartet von einer plötzlich auftretenden Komplikation durchkreuzt: Der Deckel der Flasche lässt sich nicht öffnen. Ganz egal, wie viel Kraft du aufwendest – deine Hände rutschen immer wieder ab und die Flasche bleibt verschlossen.

Du blickst auf deine inzwischen rot angelaufenen Hände, auf denen noch immer die Einkerbungen des Deckels zu sehen sind, und erkennst auf deinen Fingern einen leichten Fettfilm. *Kein Wunder*, denkst du dir. Ungeduldig greifst du zu einem Küchentuch, das du zwischen der Plastikflasche und deiner Hand platzierst. Und siehe da: Der Deckel lässt sich problemlos öffnen und dein Verlangen kann gestillt werden. Das denkst du zumindest, bis du die Flasche an den Mund setzt und die ersten Schlucke Orangensaft in deinen Mund laufen lässt. Urplötzlich macht sich ein ekelhafter Geschmack in deinem Mund breit. Du versuchst, den Geschmack zu definieren, und erkennst, dass du eine Mischung aus Orangensaft und Zahnpastaresten im Mund hast. Angeekelt drehst du dich in Richtung Spüle, um deinen Mund auszuspülen.

* * *

Ich weiß, dass dieses Beispiel auf dich im ersten Moment überspitzt und unnatürlich detailliert wirken könnte. Allerdings sind es gerade die kleinen Details im dargestellten Szenario, mit deren Hilfe ich dir aufzeigen möchte, weswegen die Idee eines Urvertrauens in andere Personen und äußere Gegebenheiten in meinen Augen ein Irrtum ist. Der erste Schritt ist es dabei, einmal hinter die Kulissen zu blicken und sich damit auseinanderzusetzen, welche gedanklichen Prozesse sich im Rahmen eines so alltäglich wirkenden Sonntagmorgens in deinem Unterbewusstsein abspielen. Wenn wir dabei an der Wurzel aller den Gesamtkontext gestaltenden Kausalitäten beginnen wollen, finden wir diese schon beim Kauf des Orangensafts im Supermarkt deines Vertrauens. Dieser Kauf erfolgt nämlich nicht zufällig. Du entscheidest dich bewusst dazu, ihn zu tätigen. Diese bewusste Entscheidung resultiert aus den *Erfahrungen*, die du in der Vergangenheit mit dem Konsum von Orangensaft gemacht hast. Möglicherweise ist aber auch ein Werbeclip daran schuld, der die Lust auf Orangensaft in dir erweckt hat. In jedem Fall weißt du, was du vom Trinken des Saftes erwarten kannst, und entscheidest dich deshalb dazu, eine Flasche davon zu kaufen. Doch da hört der Einfluss deiner Erfahrung nicht auf. Auch die Lust darauf, den Orangensaft unmittelbar nach dem Aufstehen zu trinken, geht aus ihr hervor. Aus der Erfahrung, die du beim Trinken von Orangensaft gemacht hast, resultiert also eine gewisse Erwartungshaltung, die du auf die Flasche in deinem Kühlschrank projizierst. Du erwartest einen bestimmten Geschmack und entwickelst deshalb das Interesse, aus der Flasche zu trinken. Ähnlich verhält es sich mit dem Öffnen von Kühlschrank und Flasche. Du hast in deinem Leben sicherlich schon einige Kühlschränke und PET-Flaschen geöffnet. Dank der daraus gewonnenen Erfahrung weißt du genau, wie viel Kraft du im Normalfall aufbringen musst, um deinen Kühlschrank und die sich darin befindende Flasche zu öffnen. Während sich deine Erwartungshaltung im Falle des Kühlschranks bestätigen lässt, ist dies bei der Orangensaftflasche nicht der Fall. Obwohl du den gewohnten Kraftaufwand betreibst, lässt sich die Flasche nicht öffnen. Naturgemäß vermutest du im ersten Moment, dass du dich eventuell geirrt und deine eigene Kraft überschätzt hast. Du versuchst also, beim zweiten Versuch etwas mehr Kraft aufzuwenden. Da sich die Flasche jedoch immer noch nicht öffnen lässt, weißt du nun, dass der Misserfolg nicht auf deinen Kraftaufwand zurückgeführt werden kann. Du untersuchst deine Umgebung nach möglichen Ursachen und findest diesen in Form der Fettschicht auf deinen Fingern. Du schlussfolgerst, dass sich eine Flasche mit fettigen Fingern nicht öffnen lässt, und speicherst diese Information für später ab. Solltest du noch einmal Schwierigkeiten dabei haben, eine Flasche zu öffnen, wirst du nun an diese Erfahrung zurückdenken und das daraus gewonnene Wissen entsprechend einsetzen können. Ein ähnlicher Lernprozess findet nur wenige Sekunden später beim Trinken des Orangensafts statt. Du merkst, dass der Saft in Kombination mit der sich noch in deinem Mund befindenden Zahnpasta für einen ekelhaften Geschmack sorgt, und speicherst auch diese Information ab. Solltest du noch einmal morgens Lust auf Orangensaft haben, wirst du dir mit dieser Erfahrung im Hinterkopf wohl entweder erst danach die Zähne putzen oder deinen Mund ordentlich ausspülen.

* * *

Die Analyse des aufgeführten Beispiels zeigt, dass tagtäglich Erfahrungen dafür sorgen, dass sich in unserem Bewusstsein Überzeugungen festsetzen, auf die wir zu einem späteren Zeitpunkt zurückgreifen können. Im aufgeführten Beispiel wären dies beispielsweise die folgenden Überzeugungen:

1. Mit fettigen Händen lassen sich Flaschen nicht so leicht öffnen.
2. Ein Taschentuch kann mir dabei helfen, eine Flasche auch mit fettigen Fingern zu öffnen.
3. Zahnpasta kann dafür sorgen, dass Orangensaft nicht mehr so gut schmeckt wie gewohnt.

Durch die erfolgreiche Etablierung dieser Überzeugungen wächst mit Blick auf ähnliche Folgesituationen auch dein Vertrauen, eine solche Situation beim nächsten Mal erfolgreich zu meistern. Doch worauf vertraust du in einem solchen Fall überhaupt? Vertraust du darauf, dass sich *die Flasche* beim nächsten Mal leichter öffnen lässt? Vertraust du darauf, dass *das Taschentuch* dir beim Öffnen der Flasche hilft? Ich denke, dass diese Betrachtungsweise nicht die richtige ist. Denn in dem Moment, in dem du auf der Basis gemachter Erfahrungen dein Vertrauen stärkst, vertraust du eigentlich in erster Linie *dir selbst!* Du vertraust nicht auf äußere Gegebenheiten, sondern auf deine eigenen Erfahrungen und dein eigenes Urteilsvermögen. Dieses Urteilsvermögen wird durch positive Erfahrungen gestärkt und durch negative geschwächt. Auch in Folgesituationen, die einer erlebten Situation ähneln, wird also nicht dein Vertrauen in äußere Umstände gestärkt, sondern dein Vertrauen darin, alltägliche Herausforderungen erfolgreich meistern zu können. Dieses Beispiel lässt sich analog auf das Vertrauen in Personen, Unternehmen oder Institutionen übertragen. So gibt es in Deutschland beispielsweise kaum ein Zertifikat, dem mehr Vertrauen geschenkt wird als dem berüchtigten TÜV-Siegel. Doch das liegt nicht etwa daran, dass wir die Menschen hinter den für die Verleihung zuständigen Instanzen für überaus vertrauenswürdige Personen halten. Dass wir guten Gewissens in einen Aufzug steigen, der TÜV-geprüft ist, liegt daran, dass *wir* als Privatpersonen oder als Menschheit in der Vergangenheit die Erfahrung gemacht haben, dass Aufzüge mit einem entsprechenden Siegel ein hohes Maß an Qualität und Sicherheit aufweisen. Und so verhält es sich auch in allen anderen Bereichen des Lebens. Stehen wir beispielsweise vor der Entscheidung, ob wir einer Person vertrauen sollen oder nicht, hängt die mit der Entscheidung einhergehende Risikoabwägung entscheidend von unseren Erfahrungen und Erwartungen ab. Entscheiden wir uns dazu, jemandem zu vertrauen, erwarten wir demnach, dass es uns nicht schaden wird, der Person vertraut zu haben. Auch hierbei spielen Erfahrungen eine entscheidende Rolle. Sind wir beispielsweise seit mehreren Jahren mit einer Person befreundet, schätzen wir das Risiko, das wir mit unserem Vertrauen auf uns nehmen, im Normalfall deutlich niedriger aus. Das liegt jedoch nicht daran, dass wir der Person selbst so sehr vertrauen. Vielmehr vertrauen wir auf unser eigenes Urteilsvermögen, auf dessen Basis wir die mit der Person zusammenhängenden Erfahrungen der letzten Jahre bewerten. Wann immer wir also einer Person, einer Organisation oder einer Gegebenheit vertrauen, vertrauen wir im Kern auf die riesige Datenbank an Erfahrungen und Wissen, die wir im Laufe unseres Lebens in unserem Gehirn anlegen. Diese Datenbank wird mit jeder Situation, die wir durchleben, um neues Wissen und neue Erfahrungen erweitert. Unser Vertrauen gebührt also letztlich nicht den Menschen oder Dingen um uns herum, sondern unserem eigenen Urteilsvermögen. Für viele mag das ernüchternd klingen, doch bei genauerer Betrachtung sollte genau das Gegenteil der Fall sein. Dass wir dazu in der Lage sind, uns eine komplexe Datenbank an Erfahrungen und Wissen anzueignen, auf die wir im Zweifelsfall vertrauen können, ist nämlich keine Selbstverständlichkeit. Erst vor wenigen Wochen habe ich einen Artikel über Künstliche Intelligenz gelesen, in dem dieser Umstand auf beeindruckende Art und Weise veranschaulicht wurde. Der Artikel beschreibt ein Experiment, in dessen Rahmen ein Roboter selbstständig erlernen sollte, ein rohes Ei aufzuheben, ohne dieses zu beschädigen. Für uns Menschen klingt das nach einem Kinderspiel. Wir haben im Laufe unseres Lebens schon unzählige rohe Eier aufgehoben und wissen inzwischen genau, wie viel Kraft wir aufwenden müssen, um das Ei in unseren Händen nicht kaputtgehen zu lassen. Dabei ist uns meist gar nicht bewusst, wie viele fein aufeinander abgestimmte Bewegungen notwendig sind, um mit der richtigen Mischung aus Kraft und Vorsicht an die Sache heranzugehen. Da auch mir dieses Bewusstsein fehlte, war ich unglaublich überrascht, als ich las, dass der Roboter mehrere Jahre brauchte, um die genaue Abfolge an Bewegungen zu erlernen, die es zur Bewältigung seiner Aufgabe brauchte. So überraschend diese Erkenntnis jedoch war, so stärkend war sie für mein Vertrauen in mein eigenes Urteilsvermögen.

5.2 Durch Weisheit zum Vertrauen in sich selbst

Bevor ich zu der Erkenntnis gelangte, dass das Konzept des Urvertrauens in Menschen eigentlich nur eine Illusion ist, hatte mir das Thema Vertrauen einiges an Leid beschert. Denn leider schützte mich meine eigene Unkenntnis nicht vor den Konsequenzen meines Handelns. Ich war immer davon ausgegangen, dass meine Handlungen tatsächlich auf so etwas wie einem ehrlichen Vertrauen basierten. In der Nachbetrachtung muss ich mir jedoch eingestehen, dass ich primär auf der Basis von Hoffnungen und Wünschen handelte. Ich vertraute Menschen, weil ich darauf *hoffte*, dass die Dinge so kommen würden, wie ich sie mir ersehnte. Mein entgegengebrachtes Vertrauen war demnach eine Art unausgesprochene Verpflichtung, die ich meinem Gegenüber ungefragt anhängte. Meine Mutter, der ich vertraute, musste mich lieben und mir Gutes tun. Mein Vater, dem ich vertraute, musste mich unterstützen. Meine Freunde, denen ich vertraue, mussten für mich da sein. Und meine Partnerin, der ich vertraute, durfte keine Dinge tun, die mich verletzen würden – erst recht nicht, wenn ich nicht dabei war. Wenn ich heute darüber nachdenke, sehe ich in diesem Verhalten einen sehr egoistischen Ansatz, in dessen Rahmen ich den Begriff des Vertrauens situationsbedingt so auslegte, wie er mir gerade am besten passte. Dieser Ansatz war es schließlich auch, der mir einige schmerzhafte Erfahrungen in zwischenmenschlichen Beziehungen bescherte. Ich investierte schon immer sehr viel Zeit, Kraft und Energie in die Beziehungen zu den Menschen um mich herum. Umso tiefer saß dann jedoch der Schmerz, wenn eine meiner Freundschaften oder Beziehungen wieder einmal in einer Enttäuschung mündete. Mit der Zeit fiel es mir immer schwerer, mich auf neue Personen in meinem Leben einzulassen und ihnen – im Rahmen meiner damaligen Begriffsauslegung – zu vertrauen. Mit jedem Misserfolg, der aus einer zwischenmenschlichen Beziehung resultierte, wuchs somit auch mein Misstrauen in andere Menschen. Das ging so weit, dass ich irgendwann an den Punkt gelangte, an dem ich mich mit meinem eigenen Misstrauen nicht mehr arrangieren wollte. Ich nahm mir vor, zu lernen, anderen zu vertrauen. Doch wie genau lernt man so etwas?

* * *

Wann immer ich in meinem Leben die Ambition hatte, auf die eine oder andere Art weiser zu werden oder etwas dazuzulernen, stützte ich meine Reflexionsprozesse auf eine von mir erfundene Formel, die ich als Weisheitsformel bezeichne. Mit dem Aufstellen der Formel verfolgte ich ursprünglich das Ziel, mein Leben besser zu verstehen, weiser zu werden und mein Wachstum in dieser Hinsicht messbar zu machen. Ähnlich wie andere mathematische und physikalische Formeln lässt sich auch meine Weisheitsformel in Form eines Terms darstellen. Das sieht dann wie folgt aus:

Weisheit = xMut + xSensibilität

Diese Formel soll aufzeigen, dass Weisheit schließlich aus dem Mut, viel zu erleben, und dem Feingefühl für sensibles Empfinden erwächst. Die beiden mit *x* dargestellten Variablen beziehen sich dabei auf das Ausmaß der jeweils damit verbundenen Eigenschaften *Mut* und *Sensibilität*. Das bedeutet, dass es mir im Grunde genommen darum geht, eine gesunde Menge Mut mit einer ebenso gesunden Menge Sensibilität zu vereinen und daraus die Weisheit zu schöpfen, die ich mir erhoffe. Den Begriff *gesund* verwende ich in diesem Kontext sehr bewusst.

Denn in meinen Augen liegt der Schlüssel – wie so häufig im Leben – in erster Linie in der Balance. Es ist nicht förderlich, bei Tugenden wie dem Mut oder der Sensibilität in ein Extrem zu verfallen. Während man im Fall des Muts leicht Gefahr läuft, sich im Übermut zu verlieren, ist ein übermäßig hohes Maß an Sensibilität prädestiniert dafür, einen Menschen zu einem ängstlichen Menschen zu machen. Es ist also kein Zufall, dass ich in meiner Weisheitsformel für beide Eigenschaften die Variable *x* gewählt habe. Ich halte es nämlich für erstrebenswert, ein vollständiges Gleichgewicht zwischen Mut und Sensibilität zu schaffen, in dem beide Eigenschaften im gleichen Umfang repräsentiert sind. Das Besondere an meiner Weisheitsformel ist, dass es mir im Laufe meines Lebens gelungen ist, sie in jeder möglichen Lebenslage zu meiner persönlichen Weiterentwicklung zu nutzen. Der Begriff *Weisheit* ist in diesem Kontext also nicht statisch zu verstehen. Er muss sich nicht zwingend auf einen Wissenszuwachs oder die Erweiterung des eigenen Horizonts beziehen, sondern kann auch eine Weiterentwicklung eigener Talente oder den optimalen Gebrauch erlernter Fähigkeiten abbilden. Blicken wir beispielsweise auf die jeweiligen Vorreiter einer bestimmten Sportart oder einer vergleichbaren Fachrichtung in Politik oder Wissenschaft, können wir in deren Verhalten oftmals die perfekte Ausführung der Weisheitsformel beobachten. Obwohl ich mich nicht als größten Fußballfan bezeichnen würde, ist Fußball als hierzulande wohl populärste Sportart ein ideales Beispiel für eine solche Beobachtung. Die weltweit erfolgreichsten Fußballer sind nämlich in den meisten Fällen ein personifiziertes Abbild der Weisheitsformel. Auf der einen Seite sind sie in ihren Aktionen mit dem Ball mutig genug, um das Spiel immer wieder an sich zu reißen und die Verantwortung für Erfolg und Misserfolg auf sich zu nehmen. Gleichzeitig besitzen sie aber auch genügend Feingefühl, um abzuwägen, in welchen Fällen es für die Statik des Spiels besser ist, weniger risikofreudig zu agieren und das Tempo des Spiels zu verringern. Auch als Außenstehender, der sich nicht intensiv mit der Sportart beschäftigt, fasziniert mich eine solche Herangehensweise sehr. Sie präsentiert einen Persönlichkeitstyp, den es in dieser Form in wirklich jeder Branche gibt. Dabei wird von Außenstehenden oftmals fälschlicherweise von *Talent* gesprochen. Dabei geht das, was diese »Talente« im Kern ausmacht, weit über angeborene Fähigkeiten und genetische Voraussetzungen hinaus und resultiert im Wesentlichen aus ehrlichem Interesse daran, seine Fähigkeiten mithilfe von sorgsam ausbalancierten Tugenden zu optimieren. Falls noch nicht ganz klar geworden sein sollte, was in diesem Kontext mit *ausbalancierten Tugenden* gemeint ist, möchte ich an dieser Stelle kurz auf die wohl bekannteste Tugendlehre der Philosophiegeschichte verweisen. Diese geht auf den griechischen Universalgelehrten Aristoteles zurück und bringt den in meiner Wahrheitsformel formulierten Anspruch, *Balance zu finden,* auf eine kategorische Art und Weise zum Ausdruck. So geht Aristoteles grundsätzlich davon aus, dass jedes *tugendhafte Handeln* sich nur im Mittelmaß, also der Balance, zwischen zwei untugendhaften Extremen wiederfinden lässt. Während beispielsweise *Geiz* und *Verschwendung* untugendhafte Extreme sind, stellt das sich dazwischen befindende Mittelmaß der *Großzügigkeit* die Tugend dar. Ähnlich verhält es sich mit anderen Beispielen:

Extrem I (Untugend)	Mittelmaß (Tugend)	Extrem II (Untugend)
Selbstzweifel	**Selbstbewusstsein**	Selbstüberschätzung
Intoleranz	**Toleranz**	Ignoranz
Schmeichelei	**Freundlichkeit**	Streitsucht

Das Ziel der aristotelischen Tugendethik ist die Zähmung und gezielte Steuerung des irrationalen, triebhaften Teils der Seele. Anstatt sich in emotionalen Extremen zu verlieren, soll ein rationaler und geerdeter Umgang mit Emotionen letztlich zum Erreichen der *eudaimonía,* also der Glückseligkeit, beitragen. Die von mir aufgestellte Wahrheitsformel drückt im Grunde ebenfalls den Anspruch aus, eine solche Balance zwischen den darin aufgeführten Eigenschaften zu finden und in diesem Sinne tugendhaft zu handeln. Diese Auslegung der Weisheitsformel war es auch, die mir im Laufe meines Lebens dabei half, mich in vielen verschiedenen Bereichen des Lebens entscheidend weiterzuentwickeln.

* * *

Bevor ich an den Punkt gelangte, an dem ich einen kausalen Zusammenhang zwischen meiner Weisheitsformel und meinem Vertrauen in zwischenmenschliche Beziehungen erkannte, nutzte ich die Formel in erster Linie dazu, mich im Zusammenhang mit alltäglichen Aktivitäten zu verbessern. Dadurch, dass ich durch diesen bewussten Umgang mit bestimmten Tugenden einen sehr praktischen Blick auf die Dinge hatte, fiel es mir leicht, neue Dinge zu erlernen und meine damit zusammenhängenden Fähigkeiten zügig zu verbessern. Nur in Bezug auf meine zwischenmenschlichen Beziehungen schien die so sorgsam erarbeitete Formel keine Hilfe zu sein. Das änderte sich, als ich zu begreifen begann, dass es auch beim Vertrauensaufbau schließlich nur um die Art von Balance geht, die ich bereits zum Grundstein meiner Weisheitsformel gemacht hatte: die Balance zwischen Mut und Feingefühl. Diese Basis ist es – das Rezept für eine gesunde zwischenmenschliche Beziehung und eine gesunde Beziehung zu dir selbst. Dieser Umstand lässt sich wieder einmal am besten mithilfe einer Metapher veranschaulichen. Ich möchte, dass du dir eine Beziehung zu einer anderen Person einmal wie eine hölzerne Hängebrücke mitten in den Bergen vorstellst. Unter der Hängebrücke befindet sich eine Schlucht, die so tief ist, dass du sicher bist, einen möglichen Sturz nicht schadlos zu überstehen. Dennoch empfindest du das Verlangen, dich auf die andere Seite der Brücke zu begeben. Dort befindet sich nämlich das riesige Glücksgefühl, das du durch eine erfüllte Freundschaft empfinden würdest. Das Einzige, was dich daran hindert, sofort loszurennen, ist dein Unwissen darüber, ob du es auf die andere Seite der Brücke schaffen kannst. Was ist, wenn eines der Bretter dein Gewicht nicht aushält? Was ist, wenn die Brücke komplett einstürzt? Was ist, wenn du infolgedessen in die Tiefe stürzt und schwere Verletzungen erleidest? Deine Gedanken mögen auf Außenstehende ängstlich oder pessimistisch wirken, sind jedoch in Angesicht des bestehenden Risikos durchaus vernünftig und wichtig. Du wägst noch einmal alle Risiken ab, entscheidest dich dann aber dafür, den Versuch zu wagen. Mit Blick auf den zu erwartenden Mehrwert, den dir ein erfolgreiches Überqueren der Brücke bescheren würde, bist du dazu bereit, die Sicherheitsrisiken auf dich zu nehmen. Entschlossen machst du den ersten Schritt. Mit dem Moment, in dem du den rechten Fuß auf die Brücke setzt, scheint die Brücke mit dir zu verschmelzen und du beginnst jede ihrer Schwingungen wahrzunehmen. Da sich dein linkes Bein noch nicht auf der Brücke befindet, empfindest du ein Gefühl von grundsätzlicher Sicherheit. Noch könntest du dein rechtes Bein problemlos zurückziehen und die Überquerung der Brücke abbrechen. Umso größer ist im ersten Moment deine Angst davor, auch dein linkes Bein auf die Brücke zu setzen. Du verharrst für ein paar Minuten in der Position, in die du dich durch den ersten Schritt begeben hast, und hältst dich mit beiden Händen am Geländer fest. Auf diese Weise willst du ein Gespür dafür bekommen, wie die Brücke sich in ihrer Statik verhält. Du möchtest die Brücke verstehen, bevor du den nächsten Schritt wagst. Nach ein paar Minuten, in denen du die Schwingungen der Brücke intensiv wahrgenommen hast, fühlst du dich dazu bereit, auch dein linkes Bein auf sie zu setzen. Für einen kurzen Moment kommt Panik in dir auf, doch im Nachhinein erfüllt dich ein starkes Glücksgefühl. Du hast es geschafft. Du befindest dich jetzt mit beiden Beinen auf der Brücke. Ermutigt durch das Erfolgserlebnis wagst du sofort den nächsten Schritt. Und den nächsten. Und den nächsten. Mit jedem Schritt, den du über die Brücke gehst, scheint die ursprünglich so unmöglich anmutende Aufgabe machbarer. Und tatsächlich: Nach vielen weiteren vorsichtig ausgeführten Schritten hast du es geschafft. Du hast die Brücke überquert. Der erste Schritt auf der gegenüberliegenden Seite der Schlucht löst deine Anspannung und du beginnst zu jubeln. Du drehst dich um und blickst glücklich auf die Hängebrücke zurück, die du gerade erfolgreich überquert hast.

* * *

Jede zwischenmenschliche Beziehung, die du im Laufe deines Lebens aufbaust, ist im Grunde ein analoges Abbild der Metapher, die ich gerade aufgeführt habe. Ähnlich wie beim Überqueren einer wackligen Hängebrücke geht es auch beim Aufbau einer Freundschaft darum, Informationen über bestehende Gegebenheiten zu gewinnen und daraus Erfahrungen und Selbstvertrauen zu ziehen. Beim Überqueren der Hängebrücke gewinnst du mit jedem weiteren Schritt, den du vorwärtsgehst, weitere Informationen über die Beschaffenheit und die Statik der Brücke. Oberflächlich betrachtet könnte man meinen, dass du mit diesen Informationen dein Vertrauen in die Brücke und ihre Beständigkeit stärkst. Doch das ist nicht der

Fall. Realistisch betrachtet stärkst du mit jedem Schritt das Vertrauen in deine eigene Urteilskraft, also im Wesentlichen das Vertrauen in dich *selbst.* Die damit einhergehende Symbolik lässt sich detailgetreu auf den Aufbau zwischenmenschlicher Beziehungen übertragen. Das Überqueren der Hängebrücke bildet dabei den Aufbau der jeweiligen Freundschaft oder Beziehung ab. Die sich unter der Brücke befindende Schlucht steht währenddessen für die Risiken, die der Aufbau einer solchen Beziehung mit sich bringt. Die Beschaffenheit der Brücke selbst ist es letztlich, die die dynamischen Veränderungen und Entwicklungen symbolisiert, die beim Aufbau einer zwischenmenschlichen Beziehung auftreten. Diese ist nämlich im Grunde nichts anderes als eine nicht endende Kennenlernphase. Ähnlich wie du bei jedem Schritt über die Brücke mehr über ihre Beschaffenheit lernst, lernst du beim Kennenlernen eines möglichen Freundes mit jeder Interaktion mehr über die jeweilige Person. Dabei wird das Risiko eines möglichen Absturzes nie gänzlich verschwinden. Genauso, wie bei einer Brücke immer ein Holzbrett zerbrechen kann oder äußere Einflüsse die Beschaffenheit der Brücke beeinflussen können, können auch freundschaftliche Beziehungen grundsätzlich immer aus irgendeinem Grund scheitern. Selbst wenn du es geschafft hast, mehrere stabile Freundschaften aufzubauen und zu pflegen, kann es immer noch sein, dass dir dies bei einer neuen Freundschaft nicht erneut gelingt. So ist es ja auch beim Überqueren von Brücken. Auch nach sieben erfolgreich überquerten Brücken könnte es theoretisch die achte sein, die unter deinem Gewicht zusammenbricht. Damit will ich dir jedoch nicht sagen, dass du permanent Angst davor haben solltest, dass dies tatsächlich passiert. Ich möchte lediglich darauf aufmerksam machen, wie dein Vertrauen in dein eigenes Urteilsvermögen und der erfolgreiche Aufbau von zwischenmenschlichen Beziehungen zusammenhängen. Denn genauso, wie du mit jeder erfolgreich überquerten Brücke deine Fähigkeiten verbesserst und Erfahrungen und Wissen über die jeweiligen Brücken ansammelst, wird jede zwischenmenschliche Beziehung, die du führst, deine Persönlichkeit verändern und dir Erfahrungen und Wissen über die jeweiligen Konstellationen vermitteln. Dieses Wissen kannst du dann in der Zukunft nutzen, wenn du vor einer ähnlichen Herausforderung stehst – ganz egal, ob es sich dabei um die metaphorische Brücke oder eine zwischenmenschliche Beziehung handelt. In beiden Fällen erreichst du irgendwann einen Punkt, an dem du ausreichend Erfahrungen und Wissen angesammelt hast, um deinem Urteilsvermögen im Hinblick auf bestimmte Entscheidungen volles Vertrauen zuzugestehen. Das gilt im Übrigen auch für jede negative Erfahrung, die du in diesem Zusammenhang machen könntest. Es wird durchaus passieren, dass du dich in einer zwischenmenschlichen Beziehung nicht richtig verhältst oder die andere Person böswillige Intentionen verfolgt. Auch kann es sein, dass möglicherweise die Persönlichkeiten der involvierten Personen schlichtweg nicht zusammenpassen. Zerbricht eine Freundschaft einmal aus solchen oder ähnlichen Gründen, solltest du dies jedoch niemals zum Anlass nehmen, keine weiteren Freundschaften mehr zu forcieren. Das würde langfristig nur zu Einsamkeit führen. Und diese macht bekanntlich alles andere als glücklich. Stattdessen solltest du dich auch mit den negativen Erfahrungen auseinandersetzen, um aus ihnen zu lernen und wichtige Schlüsse für die Zukunft zu ziehen. Denn mit jeder Erfahrung – ganz egal, ob diese positiv oder negativ ist – steigen deine Chancen, die nächste Brücke erfolgreich zu überqueren. In diesem Zusammenhang ist es mir wichtig, hervorzuheben, dass die Erfahrungen und das Wissen, die du dir in diesem Rahmen aneignest, vor allem auf dich selbst beziehen. Natürlich wirst du auch einiges an Allgemeinwissen anhäufen und lernen, die Welt besser zu verstehen. In erster Linie wirst du jedoch mehr über dich selbst lernen und dich selbst besser kennenlernen.

* * *

Seit ich meinen Blickwinkel auf das Thema Vertrauen verändert habe, fällt es mir deutlich leichter, Entscheidungen zu treffen. Zwar gerate ich auch heute noch häufig in Situationen, in denen ich nicht auf Anhieb weiß, wie ich am besten handeln sollte. Allerdings habe ich inzwischen gelernt, dass es oftmals reicht, anhand seiner Erfahrungen und seines Wissens zu entscheiden, wie man *nicht* handeln sollte. Überhaupt habe ich damit begonnen, diesen beiden Faktoren einen deutlich größeren Wert beizumessen und mich aktiver auf mein vorhandenes Wissen, meine bereits gemachten Erfahrungen und mein ausgeprägtes Urteilsvermögen zu verlassen. Es fühlt sich gut an, auf diese Weise selbst Verantwortung für mein Leben zu übernehmen und sich nicht mehr auf leere Worthülsen wie die des Vertrauens zu stützen. Ohnehin ist das Thema Eigenverantwortung in meinen Augen ein Thema, dem viel zu viele Menschen innerhalb unserer Gesellschaft aktiv aus dem Weg gehen. Ich höre und lese bis heute überall den Satz *Everything happens for a reason.* Viele Menschen haben diesen Satz bereits so oft gehört, dass er sich unbemerkt in ihr Unterbewusstsein eingebrannt hat und sie ihn überhaupt nicht mehr hinterfragen. Schaut man sich den Satz jedoch genauer an, wird schnell deutlich, welche Gefahr er eigentlich mit sich bringt. Immerhin leitet er den Lesenden dazu an, die Verantwortung für sein eigenes Leben aus der Hand zu geben und sich einer unspezifischen, übergeordneten Kraft unterzuordnen. Ich habe deshalb schon lange damit aufgehört, den Satz in dieser Form zu verwenden. Stattdessen verwende ich eine leicht abgeänderte

Version: *Whatever happens, happens. Give it a reason.* Diese Version des Satzes lässt sich auch gut auf die möglichen Entwicklungen einer zwischenmenschlichen Beziehung übertragen. In dieser können ein Vertrauensbruch oder andere negative Entwicklungen für schmerzhafte Wunden sorgen. Das wird in den meisten Fällen jedoch nicht an irgendeiner übergeordneten Instanz oder schicksalhafter Vorbestimmung liegen. Es ist vielmehr unsere Verantwortung, diese negativen Erfahrungen und Ereignisse zu nutzen und die aus ihnen hervorgehenden Erkenntnisse zu unserer Datenbank für zukünftige Ereignisse hinzuzufügen. Letztlich sind es nämlich genau diese intensiven Emotionen, die uns dazu ermächtigen, zu lernen und uns weiterzuentwickeln. So können wir auch die schmerzhaftesten Erfahrungen nutzen, um wichtige Erkenntnisse daraus zu gewinnen und unser Leben langfristig zum Positiven zu verändern. Aus dem schmerzhaften Ende einer Liebesbeziehung kann so beispielsweise der Schluss gezogen werden, was man im Hinblick auf künftige Beziehungen anders machen möchte. Doch auch, wenn man nicht immer sofort weiß, was man wirklich will und welche positiven Veränderungen eine negative Erfahrung mit sich bringen wird, kann jeder Fehlschlag zumindest als Grundlage der Erkenntnis dienen, was man *nicht* will. Und das allein ist schon mehr wert als jeder Glaube an ein naturgegebenes Grundvertrauen oder die Übertragung der eigenen Verantwortung auf eine übergeordnete Instanz, die dem Geschehenen einen Grund gibt. Deshalb würde ich auch dir empfehlen, dich von diesen Lebenslügen zu lösen und ein Gespür für die richtige Balance deiner eigenen Weisheitsformel zu entwickeln. Damit meine ich nicht, dass du grundsätzlich misstrauisch durchs Leben gehen und dich anderen Menschen nicht mehr öffnen solltest. Allerdings halte ich es für einen vernünftigen und gesunden Ansatz, sich realistisch und auf der Basis eigener Erfahrungen mit Situationen auseinanderzusetzen. So kannst du sicherstellen, dass du dir frühzeitig über alle möglichen Situationsausgänge im Klaren bist, dich angemessen auf die verschiedenen Ausgänge vorbereiten und dir einen gefestigten und ausgeglichenen Umgang mit Enttäuschungen und Misserfolgen aneignen kannst. In Bezug auf die Lebenslüge *Vertrauen* kann ich dir somit vor allem einen zentralen Rat mit auf den Weg geben: Lass dir nicht von anderen erzählen, dass du lernen musst, anderen Menschen zu vertrauen. Dieses Vertrauen ist nämlich nicht mehr als eine Illusion. Stütze dich stattdessen auf deine Datenbank an Erfahrungen und Wissen, um dein Vertrauen in *dich* und *dein* eigenes Urteilsvermögen zu stärken. Das wird dir dabei helfen, eine gesunde emotionale Distanz zu Situationen zu wahren, Gegebenheiten rationaler und faktenorientierter zu betrachten und gesündere Entscheidungen für dich und dein Leben zu treffen.

6

DIE FÜNFTE LEBENSLÜGE: ES IST, WIE ES IST – MAN KANN DARAN NICHTS ÄNDERN!

6.1 Musst du Angst vor Neuem haben?

Zum Ende des letzten Kapitels bin ich bereits darauf eingegangen, dass Menschen durch fehlende Bereitschaft zur Eigenverantwortung Gefahr laufen, wichtige Veränderungen in ihrem Leben zu verpassen. Um genau diese Veränderungen soll es in diesem Kapitel des Buches gehen. Bei der fünften Lebenslüge, die ich im Rahmen meiner metaphorischen Reise zur mir selbst dekodiert habe, handelt es sich nämlich um den Irrglauben, dass sich bestimmte Gegebenheiten im Leben nicht ändern ließen. Dieser Umstand sei demnach darauf zurückzuführen, dass diese Dinge eben *sind, wie sie sind.* Da ich zu Beginn des Buches schon den Grundsatz, dass *du bist, wie du bist,* als Lüge bezeichnet habe, wirst du dir denken können, dass ich auch in dieser Aussage nicht viel Wahrheit erkennen kann. Für mich verbirgt sich hinter einem solchen Satz vielmehr die Angst davor, bestimmte Veränderungen im eigenen Leben zu erwirken und dadurch die vielbesungene Komfortzone zu verlassen. Nicht selten drückt sich diese Art der Angst in einem Generationskonflikt zwischen Eltern und ihren Kindern aus. Während die jüngere Generation danach strebt, etablierte Denkmuster zu durchbrechen und neue Strukturen zu schaffen, hält die ältere Generation an genau diesen Denkmustern fest. Wie ein solcher Konflikt in der Praxis aussehen kann, wird in meinen Augen im Song *Father and Son* von Cat Stevens, heute als Yusuf Islam bekannt, deutlich. Insbesondere der Refrain des Songs wird höchstwahrscheinlich auch vielen Lesern noch in lebhafter Erinnerung sein.

Die Auseinandersetzung, die Cat Stevens in seinem Song besingt, findet in dieser Form häufig zwischen Elternteilen und ihren Kindern statt. Ich kannte den Song schon als Kind, habe mich jedoch erst intensiver mit ihm auseinandergesetzt, als er als Teil des *Guardians of the Galaxy*-Soundtracks erneut in mein Leben trat. Obwohl ich selbst ohne eigene Vaterfigur aufwuchs, löst der Song in mir unglaublich starke Emotionen aus – und das jedes Mal, wenn ich ihn höre. Vermutlich habe ich mich auch deshalb dazu entschieden, die Grundlage dieses Kapitels auf den darin enthaltenen Aussagen aufzubauen. In diesem Zusammenhang möchte ich jedoch explizit darauf hinweisen, dass ich mich hierbei einzig auf meine eigene Interpretation des Songs stütze. Es kann durchaus sein, dass andere Menschen ihn anders interpretieren oder der Künstler beim Verfassen des Songtextes etwas ganz anderes im Sinn hatte. Allerdings ist es eben meine Interpretation des Textes, die mir im Rahmen meines Reflexionsprozesses dabei geholfen hat, eine weitreichende Lebenslüge als solche zu enttarnen und einen neuen Blickwinkel auf die Frage zu erlangen, ob manche Dinge eben so sind, wie sie sind.

* * *

In dem Gespräch, das sich durch den Text des Songs zieht, erkenne ich persönlich zwei Perspektiven. Das zentrale Bestreben des Vaters wird dabei bereits in der ersten Zeile *»It's not time to make a change«* deutlich.

Der Vater weist seinen Sohn also mahnend darauf hin, dass gerade nicht der richtige Zeitpunkt ist, um eine Veränderung zu erwirken. Zum Begriff der Veränderung hatte ich schon immer ein sehr komplexes Verhältnis. So bin ich auch im Rahmen dieses Buches bereits darauf eingegangen, dass der Mensch nachhaltig von Veränderungen profitieren kann – beispielsweise, wenn es um die Anpassung an unsere Natur oder die Einnahme bestimmter Rollen geht. Ebenso habe ich darauf hingewiesen, dass eine zwanghaft erwirkte Veränderung großen Schaden anrichten kann – vor allem, wenn diese im Kindesalter erfolgt. Wie stehe ich also zur Perspektive, die der Vater in *Father and Son* einnimmt? Grundsätzlich möchte ich festhalten, dass ich im Verhalten des Vaters ausschließlich positive Intentionen erkenne. Wie die meisten anderen Elternteile in ähnlichen Unterhaltungen möchte er nur das Beste für seinen Sohn. Das Recht, seinen Sohn zu belehren, stützt er auf seine Lebenserfahrung und den darauf begründeten Glauben, er habe sich in seinem Leben für den richtigen Weg entschieden. Diese Überzeugung dringt auch in den folgenden Zeilen durch: *»Look at me, I am old But I'm happy«*.

Spätestens ab diesem Punkt beginnt der Song, gesamtgesellschaftliche Relevanz zu haben. Der Weg, den der Vater beschreibt, lässt auf eine sehr konservative Sicht auf das Leben schließen. Er impliziert einen in meinen Augen veralteten Lebensentwurf, der einem Kreislauf gleicht: Du lebst für immer im selben Ort, übst den gleichen Beruf aus wie dein Vater, lernst irgendwann eine Frau aus der Region kennen, heiratest sie, kriegst Kinder und wirst irgendwann risikofrei alt. Der Kreislauf wiederholt sich in dem Moment, in dem deine Kinder in deine Fußstapfen treten und den gleichen Lebensweg für sich wählen. Dass so viele Menschen sich noch immer für einen solchen Lebensweg entscheiden, liegt vornehmlich daran, dass er ihnen bereits bekannt ist und auf eine gewisse Weise Sicherheit verspricht. Die Alternative, von diesem vorgefertigten Lebensentwurf abzuweichen, ist indes neu, einschüchternd und bietet keinerlei Gewissheit. Dieses Risiko empfinden viele Menschen als beängstigender als jenes, das der vorgefertigte Entwurf mit sich bringt. Kurioserweise treffe ich bis heute dennoch häufig auf ältere Menschen, die mit dem Verlauf ihres Lebens nicht zufrieden sind. Obwohl die meisten nicht klar benennen können, was sie heute anders machen würden, haben sie oftmals das Gefühl, nicht das Beste aus ihrem Leben gemacht zu haben. In diesem Zusammenhang möchte ich erneut auf den Vater verweisen, der in *Father and Son* seinen Sohn adressiert. Dieser weist nämlich explizit darauf hin, dass er es als sinnvoller empfindet, keine Änderungen zu forcieren und sich stattdessen Zeit zu lassen.

Was mich an dieser Passage stört, ist die darin enthaltene Aufforderung, sich mit dem Treffen von Entscheidungen Zeit zu lassen und das Leben easy, also »leicht« zu nehmen. Hier tritt ein Phänomen auf, das oftmals zu Konflikten im Zusammenhang mit der eigenen Weltsicht führen: Der Begriff »leicht« wird verwendet, als gäbe es eine allgemeingültige Definition für ihn. Wenn wir jedoch davon ausgehen, dass der Mensch ein subjektives Wesen mit subjektiven Empfindungen ist, ist das schlichtweg unmöglich. Ähnlich wie bei den Begriffen *schön, hässlich, gut* oder *schlecht* gibt es auch für den Begriff *leicht* keine allgemeingültige Definition, die sich auf jedes Subjekt übertragen lässt. Vieles, was wir tun, wird für Außenstehende *leicht* wirken. Ob es das für uns jedoch tatsächlich ist, werden diese Außenstehenden nie erahnen können. Schließlich obliegt es unserer subjektiven Wahrnehmung, ob wir eine bestimmte Handlung als *leicht* empfinden. Obwohl sich viele Menschen dieser Tatsache bewusst sind, passiert es vielen bis heute, dass sie von sich auf andere schließen und ihre Interpretation bestimmter Begriffe zum Maßstab für andere machen. Insbesondere im Rahmen von Generationskonflikten wie jenem, der in *Father and Son* dargestellt wird, kommt es außerdem oft hinzu, dass generationsbedingte Faktoren zu diesem Konfliktpotenzial beitragen. Heute empfinden wir vieles als leicht, was unseren Eltern zu ihrer Zeit einiges an Mühe abverlangt hat. Gleichzeitig hadern wir mit Dingen, die unseren Eltern problemlos gelangen. In der Praxis bedeutet das leider häufig, dass genau die Art von Diskussion entsteht, die Cat Stevens in *Father and Son* abbildet: Der Elternteil nimmt den eigenen Lebensentwurf zum Anlass, Schlüsse über das Leben des jeweiligen Kindes zu ziehen. Erkennt der Elternteil, dass das eigene Kind sich mit einer Entscheidung schwertut, schlussfolgert es daraus fälschlicherweise, dass dies an der Angst vor dem neuen, unbekannten Lebensweg liegt, der ihm bevorsteht. Um das Kind vor diesem Lebensweg zu bewahren, wird also der eigene Lebensweg als Blaupause für ein problemloses und *leichtes* Leben dargestellt. Das signalisiert dem Kind: *Mach es so wie ich. Dann musst du keine Angst haben und kannst ein leichtes Leben führen.* Realistisch betrachtet ist es jedoch so, dass es schlicht und ergreifend keinen Blueprint für das perfekte Leben gibt. So haben sich bestimmte Lebensentwürfe zwar im Kontext der jeweiligen Lebensumstände als praktikabel erwiesen, jedoch sind diese nicht ungefiltert auf ein anderes Individuum übertragbar. Die Umstände, unter denen Individuen Entscheidungen für ihr Leben treffen, sind unglaublich komplex. Ob eine bestimmte Lebensentscheidung für einen

Menschen die *richtige* ist, hängt in erster Linie von deren persönlichen Lebensumständen ab. Diese wiederum ergeben sich aus der Beantwortung verschiedener Fragen:

- In welchem Umfeld lebt die Person?
- Wie alt ist die Person?
- Sind andere Personen von den Lebensentscheidungen der Person betroffen, beispielsweise Freunde oder Familienmitglieder?
- Welche Interessen verfolgen diese Personen?
- Von welchen kulturellen Einflüssen ist die Person betroffen?

Selbst diese Fragen bilden nur einen Bruchteil der Faktoren ab, die bei der Bewertung einer Lebensentscheidung zu berücksichtigen sind. Es gibt über sie hinaus eine Reihe an Faktoren, deren Komplexität wir als Außenstehende niemals vollumfänglich greifen können. Doch was genau möchte ich damit sagen? Und was genau hat ein Song von Cat Stevens mit der in diesem Kapitel behandelten Lebenslüge zu tun? Im Grunde lässt sich das recht einfach herunterbrechen: Als Individuen machen wir viel zu oft den Fehler, von uns auf andere zu schließen und uns anhand unserer eigenen Lebenssituation ein Urteil darüber anzumaßen, was *besser* oder *leichter* für andere Menschen ist. Dieses Verhalten sollten wir als Menschheit dringend ablegen, wenn wir das Ziel verfolgen, jedem ein freies Leben zu ermöglichen, dessen Gestaltung nicht von den Projektionen Dritter abhängig ist.

* * *

Fernab von der Problematik, dass ein Individuum anhand der eigenen Lebenssituation Urteile über das Leben des eigenen

Sohnes fällt, zeigt Cat Stevens in *Father and Son* einen weiteren Umstand auf, der in meinen Augen wegweisend für die Dekodierung der in diesem Kapitel behandelten Lebenslüge ist. Wie bereits erwähnt, taucht das Motiv der Angst an mehreren Stellen implizit im Songtext auf. Während der Vater um die Zukunft seines Sohnes besorgt ist, scheint dieser sich in den Augen seines Vaters vor dem Ungewissen und Neuen zu fürchten, das diese Zukunft mit sich bringen könnte. Basierend auf dieser Angst rät der Vater seinem Sohn also reflexartig dazu, erstmal keine Veränderungen herbeizuführen und die anstehenden Lebensentscheidungen stattdessen auf einen späteren Zeitpunkt zu vertagen. In diesem Teil des Songs verbirgt sich eine menschliche Tendenz, die ich im Rahmen meines Reflexionsprozesses bei vielen Menschen beobachten konnte. Die Angst vor dem Neuen, die der Vater seinem Sohn fälschlicherweise unterstellt, ist tatsächlich eine Angst, von der viele Menschen betroffen sind. In solchen Fällen neigen viele Menschen dann auch tatsächlich dazu, erst einmal den Kopf auszuschalten, keine Veränderung zu erwirken und im Status quo zu verweilen. Kurzfristig betrachtet mag dies auch die vermeintlich angenehmere Option sein. Es ändert sich vorerst nichts, man muss keine Verantwortung für eine getroffene Entscheidung übernehmen und sich vor allem nicht mit den Folgen der jeweiligen Entscheidung auseinandersetzen. Betrachtet man jedoch die langfristigen Konsequenzen dieses Weges, stellt er sich zweifelsohne als der enttäuschendere Weg heraus. Schließlich sorgst du in dem Moment, in dem du dich dagegen entscheidest, dafür, dass die Verantwortung für den weiteren Verlauf deines Lebens nicht mehr in deiner eigenen Hand liegt. Ab diesem Moment kann es also sein, dass äußere Einflüsse den Verlauf deines Lebens bestimmen, indem sie dich zu einem späteren Zeitpunkt zum Handeln zwingen. Und da ist es dann wie beim Schach: Der Zug, den du proaktiv und aus Überzeugung gewählt hast, fühlt sich immer besser an als der Zug, zu dem du durch einen vorangegangenen Zug deines Gegenspielers gezwungen wurdest. Analog dazu wirst du auch in deinem Leben die Wege, auf die du dich bewusst und aus Überzeugung begeben hast, lieber einschlagen als jene, auf die du durch äußere Umstände gezwungen wurdest. Falls du also auch einmal an einen Punkt gelangen solltest, an dem du entgegen allen äußeren Ratschlägen dazu tendierst, eine bestimmte Entscheidung zu treffen, solltest du dich auch mit dieser Entscheidung auseinandersetzen. Diese Entscheidung einfach zu ignorieren und darauf zu warten, dass das Leben sie dir abnimmt, wäre gegen deine Natur und würde langfristig Folgen haben, die du zum Zeitpunkt der Entscheidung noch nicht abschätzen kannst. Und gibt uns unser Charakter nicht ohnehin das Recht, einen Platz in diesem Leben zu finden, der zu unseren individuellen Eigenschaften und Idealen passt? Genau dieses Recht gibst du nämlich in dem Moment auf, in dem du dir von anderen Menschen Angst vor bestimmten Lebensentscheidungen machen lässt und deshalb auf dem bereits vorgeschriebenen Lebensweg bleibst.

6.2 Verständnis – die Lebenslüge in der Lebenslüge

Durch die Gedanken, die ich im Zusammenhang mit *Father and Son* über Fremdeinflüsse auf das eigene Leben geäußert habe, könnte mancher Leser zur Vermutung gelangt sein, dass ich grundsätzlich davon abraten würde, sich Ratschläge von anderen Personen einzuholen. Doch das ist natürlich nicht der Fall. In meinen Augen ist es enorm wichtig, sich Ratschläge von anderen Menschen einzuholen und auch selbst eigene Lebenserfahrungen mit anderen Menschen zu teilen. Entscheidend ist in meinen Augen, von wem und auf welche Art und Weise Ratschläge erteilt werden. Wenn ich heute auf mein Leben zurückblicke, fallen mir einige Menschen ein, die im Laufe meines Lebens versucht haben, mir Ratschläge zu geben. Einen Großteil dieser Menschen habe ich nie ernst genommen. Gleichzeitig gab es jedoch ebenso viele Menschen, auf deren Ratschläge ich immer besonderen Wert gelegt habe. Einige von ihnen waren Kinder, der Großteil aber Erwachsene. Wenn diese Menschen mit mir interagierten, war es beinahe egal, was sie taten oder erzählten – irgendwas gab mir das Gefühl, dass sie wussten, wovon sie redeten. Es war beinahe so, als hätte ich eine Art natürliches Vertrauen in ihre Ratschläge – und das, obwohl ich weiß, dass das Konzept des Vertrauens in andere Menschen nichts anderes ist als eine Lebenslüge. Woher kam es also, dass ich ausgerechnet bei diesen Menschen besonderen Wert darauf legte, was sie mir zu sagen hatten, während es mir bei anderen Personen egal war? Wählte ich etwa nach Sympathie aus? Oder hatte ich einfach grundsätzlich Probleme mit dem Zuhören? Während ich lange Zeit selbst mit diesen Fragen haderte, bin ich heute dazu in der Lage, sie zu beantworten. Heute weiß ich, dass es in den Fällen, in denen ich die Ratschläge meiner Mitmenschen nicht ernst nahm, nicht daran scheiterte, dass ich nicht dazu in der Lage war, den entsprechenden Personen zuzuhören. Das Problem lag vielmehr darin, dass ich schon früh damit begann, Menschen im Hinblick auf ihre Seriosität und Authentizität zu scannen. Es ging also nicht um das Zuhören an sich, sondern um die Person, der ich zuhören sollte. Wenn ich das Gefühl hatte, dass die Person, mit der ich mich unterhielt, sich wahllos und frei von Erkenntnis über Dinge äußerte, schaltete mein Kopf wie automatisch aus. Unterhielt ich mich jedoch mit einer Person, bei der ich das Gefühl hatte, dass sie mir aus einer ehrlichen Überzeugung heraus begegnete, hörte ich aufmerksam zu und versuchte, das Gesagte zu beherzigen. In den allermeisten Fällen war mir dabei augenblicklich klar, mit welcher der beiden »Sorten« ich es gerade zu tun hatte. Dieses Wissen entstammte natürlich nicht nur meiner persönlichen Gefühlswelt, sondern vor allem den Beobachtungen, die ich während der jeweiligen Gespräche machen konnte. Faktoren wie die Stimme, die Mimik, die Körpersprache oder das Sprechtempo einer Person ließen mich deren Naturell förmlich spüren. Was ich dir damit zu Beginn dieses Kapitels sagen möchte: Es ist nichts verkehrt daran, sich Ratschläge von Menschen einzuholen, die dir auf einem bestimmten Gebiet zusätzliches Wissen oder eine neue Perspektive liefern können – zumindest, wenn du diese Ratschläge entsprechend kontextualisierst und richtig einordnest. Gefährlich wird es nämlich erst dann, wenn du dich den Ratschlägen anderer Menschen zu sehr hingibst. Wir begegnen im Leben sehr häufig Menschen, die unsere Fähigkeiten und Ideen durch ihre Ratschläge kleinhalten und Dinge als unerreichbar bezeichnen. Machen wir uns nun zu sehr von diesen Ratschlägen abhängig, kann es passieren, dass wir bestimmte Ziele und Ideen nicht mehr angehen, da sie ja von vermeintlich klügeren oder erfahreneren Menschen als unerreichbar bezeichnet wurden. Das kann uns nicht passieren, wenn wir eine klare Sicht auf die Dinge haben. Und zu dieser klaren Sicht gehört, dass es sich bei der Idee des gegenseitigen Verständnisses um eine Lebenslüge in der Lebenslüge handelt.

* * *

Ähnlich wie bei der Lebenslüge des Vertrauens wird es auch jetzt einige Leser geben, die sich daran stoßen, dass ich die Idee des gegenseitigen Verständnisses zwischen einzelnen Menschen als Lebenslüge bezeichne. Schließlich werden wir an jeder Ecke darauf hingewiesen, wie wichtig es ist, Verständnis für andere Menschen zu haben und uns in deren Lage hineinzuversetzen. Ich behaupte jedoch: Beides ist gar nicht möglich. Als Menschen formen wir unser Leben aus unseren Ideen und unserem Möglichkeitsspielraum. Dieser orientiert sich daran, welche Informationen wir in unserem Daten- und Erfahrungsspeicher haben. Sich gänzlich in eine andere Person hineinzuversetzen, würde also bedeuten, über den gleichen Daten- und Erfahrungsspeicher zu verfügen wie die betreffende Person. Doch dazu werden wir naturgemäß nie in der Lage sein. Vielleicht wirst du bereits gemerkt haben, dass ich gerne banale, teilweise vielleicht absurd wirkende Beispiele anführe, um einen bestimmten Sachverhalt angemessen zu veranschaulichen. Ähnlich wie viele Mathematiker tue ich dies, um meine entsprechenden Thesen und Erkenntnisse durch geschicktes Simplifizieren auch für Außenstehende verständlich zu machen und zu belegen. Dabei geht es mir nicht darum, Leser von meinen Ansichten zu überzeugen oder diese gar als einzige Wahrheit darzustellen. Das wäre ohne entsprechende wissenschaftliche Belege auch gar nicht möglich. Ich bin vielmehr davon überzeugt, dass ein simplifiziertes Beispiel aus der eigenen Gedankenwelt dabei helfen kann, einen komplexen Sachverhalt besser zu veranschaulichen. Auch im Zusammenhang mit meiner Behauptung, dass wir niemals dazu in der Lage sein werden, uns vollends in andere Menschen hineinzuversetzen, möchte ich gerne ein solches Beispiel aufführen. Stelle dir hierzu bitte zwei Tiger-Männchen vor, die ihre ersten Lebensjahre gemeinsam in Indien verbracht haben. Zwischen den beiden Tieren entstand eine enge Bindung, bevor einer der beiden Tiger entwurzelt und in einen Zoo am anderen Ende der Welt verfrachtet wird. Für ein Tier würde das im Normalfall bedeuten, dass es die ihm bekannten Artgenossen nie wieder sehen wird. Im Rahmen dieses Beispiels möchte ich aber einmal so tun, als könnten Tiere gleichermaßen vom technischen Fortschritt profitieren wie wir Menschen. Um sich gegenseitig nicht komplett aus den Augen zu verlieren, rufen sich die beiden Tiger also in regelmäßigen Abständen an, um sich gegenseitig aus ihrem jeweiligen Leben zu erzählen. Dabei entsteht unter anderem das folgende Gespräch:

Indischer Tiger: »Hey, mein alter Freund! Wie geht es dir?«

Zoo-Tiger: »Mir geht es so weit ganz gut. Allerdings habe ich in letzter Zeit ein paar Beschwerden. Ich glaube, das liegt am Bewegungsmangel. Mir fehlt es sehr, mich frei bewegen zu können.«

Indischer Tiger: »Boah, das kann ich mir gut vorstellen! Wenn du nicht so viel Platz hast, könntest du dich auch im Gehege bewegen, oder? Ein bisschen Springen oder so, weißt du?

Ach, und glaub mir – es ist auch kein Zuckerschlecken, ständig selbst auf die Jagd zu gehen. Du kannst wirklich froh sein, dass du dein Essen immer geliefert bekommst!«

Zoo-Tiger: »Springen? Du bist ja lustig. Was sollen denn die Leute von mir denken? Jagen gehen würde ich aber sofort wieder. Das letzte Mal ist viel zu lange her, das vermisse ich echt!«

Indischer Tiger: »Ach, das kannst du auch nur sagen, weil du es nicht tun musst. Wie ist denn überhaupt das Wetter bei euch?«

Zoo-Tiger: »Darüber kann ich mich echt nicht beklagen. Hier ist alles auf den Punkt genau klimatisiert. Nicht zu warm, nicht zu kalt – einfach perfekt!«

Indischer Tiger: »Siehst du, das ist doch etwas! Hier wird es von Jahr zu Jahr wärmer. Glaub mir, da ändert sich einiges.«

Zoo-Tiger: »Das klingt wirklich unangenehm! Vielleicht könnte es helfen, dich in den Schatten zu legen oder im See zu baden. Du bist doch frei und kannst überall hin, wo du hinwillst! Ach übrigens, die Mädels hier im Zoo sind echt klasse! Wie läuft es in der Hinsicht bei dir?«

Indischer Tiger: »Das freut mich zu hören! Ich habe erst kürzlich wieder jemanden kennengelernt. Das tut echt gut!«

Zoo-Tiger: »Das klingt doch super! Du fehlst mir echt, mein Freund!«

Indischer Tiger: »Du mir auch! Ich hoffe, wir hören demnächst wieder voneinander! Bis bald!«

Zoo-Tiger: »Bis bald!«

Dieses fiktive Gespräch zwischen den beiden Tigern zeigt in meinen Augen eindrucksvoll auf, dass es schlicht und ergreifend unmöglich ist, ein voll ausgeprägtes Verständnis für eine andere Person zu entwickeln. Die beiden Tiger leben unter völlig unterschiedlichen Bedingungen an zwei völlig unterschiedlichen Orten und sind somit auch mit völlig unterschiedlichen Problemen konfrontiert. Dementsprechend haben sie auch völlig unterschiedliche Möglichkeitsspielräume. Dabei ist es egal, wie ausführlich der im Zoo lebende Tiger seinem in Indien lebenden Freund erklärt, warum ihm das Jagen fehlt. Dieser wird nur daran denken, dass seinem Freund doch das Essen geliefert wird und er sich dementsprechend nicht beklagen dürfe. Über die tatsächlichen Empfindungen seines Freundes kann er nur mutmaßen. Und genauso verhält es sich letztlich auch mit uns Menschen. Die Gefühle und Probleme, die uns täglich beschäftigen, wird ein anderer niemals gänzlich nachempfinden können – ganz egal, wie nahe uns die entsprechende Person steht oder wie ausführlich wir ihr von unserer Gefühlswelt erzählen. Wieso sollten wir es uns also jemals anmaßen, über das Leben anderer zu urteilen oder uns in deren Lebensentscheidungen einzumischen?

* * *

Für viele Menschen ist es ein großer Schritt, sich selbst einzugestehen, dass die Idee uneingeschränkter Empathie und gegenseitigen Verständnisses nicht mehr ist als eine Illusion. Allerdings eröffnet uns diese Einsicht auch einige große Chancen, die in einem direkten Zusammenhang zu der in diesem Kapitel behandelten Lebenslüge stehen. In der Lebenslüge *Es ist, wie es ist* verbirgt sich nämlich vor allem die Gefahr, die Verantwortung für unser Leben an andere Menschen oder übergeordnete Instanzen abzugeben. Solange wir glauben, dass wir uns bestimmten Gegebenheiten unterwerfen müssen, da wir diese nicht ändern können, werden wir nie dazu in der Lage sein, Vertrauen in uns und unser eigenes Urteilsvermögen aufzubauen. Das ändert sich mit der Erkenntnis, dass es ein Trugschluss ist, externen Urteilen mehr Vertrauen zu schenken als unserem subjektiven Erfahrungsschatz. Sobald wir das verstanden haben, werden wir dazu in der Lage sein, bestimmte Schritte zu gehen, ohne Angst zu haben, das Falsche zu tun. Außerdem werden wir dazu in der Lage sein, unsere Interaktionen mit anderen Menschen realistischer einzuschätzen und diese auf gesunde Art und Weise in unsere Entscheidungen einfließen zu lassen. Wir werden derartige Interaktionen nicht mehr als Chance sehen, die Verantwortung für unsere Entscheidungen abzugeben und uns diese von anderen Menschen abnehmen zu lassen. Stattdessen werden wir nun dazu in der Lage sein, zwischenmenschliche Interaktionen als eine Möglichkeit zum Informationsaustausch anzusehen, bei dem beide Seiten die Möglichkeit haben, ihre jeweiligen Erfahrungen und Interessen miteinander zu teilen. Wir werden dazu in der Lage sein, einander aufmerksam zuzuhören und Fragen zu stellen, wenn wir etwas nicht verstehen. Wir werden dazu in der Lage sein, zu akzeptieren, dass Menschen unterschiedliche Vorstellungen davon haben, wie ein erfülltes Leben auszusehen hat. Wir werden dazu in der Lage sein, uns mit ihnen darüber auszutauschen, ohne ihnen unsere eigenen Ideale und Überzeugungen aufzuzwingen. Seit ich selbst damit begonnen habe, diesen Ansatz zu verinnerlichen, hat sich in meinem Leben einiges getan. Ein gutes Beispiel hierfür stellt die Beziehung zu meiner Lebensgefährtin dar. Von der Gesellschaft wird uns leider viel zu oft der Eindruck vermittelt, dass es in Liebesbeziehungen realistisch sei, seinen Partner blind zu verstehen und förmlich in ihn oder sie reinzuschauen. Das führt leider besonders dann zu Problemen, wenn sich einer der beiden Partner in einer Beziehung mal nicht gänzlich verstanden fühlt. Ausgehend von der Prämisse, dass ein uneingeschränktes Verständnis ohnehin nicht möglich ist, haben meine Partnerin und ich uns schon an dem Abend, an dem wir zusammenkamen, darauf verständigt, dieses uneingeschränkte Verständnis gar nicht erst vorauszusetzen. Stattdessen wollten wir uns auf die Intentionen fokussieren, die wir haben, wenn wir einander unsere Empfindungen mitteilen oder Ratschläge geben. So haben wir uns am besagten Abend versprochen, dass wir einander stets den Rücken decken und immer das Beste für den anderen im Sinn haben werden. Das hat den Vorteil, dass ich mich in der Beziehung nie unverstanden fühlen und niemals hinterfragen muss, ob die Beweggründe meiner Partnerin schlechter Natur sind. Wenn sie nun beispielsweise mit der Frage auf mich zukommt, ob ich nicht noch duschen gehen möchte, denke ich gar nicht erst daran, die Frage als persönlichen Angriff zu werten und mit einem »Stinke ich etwa?« zu erwidern. Stattdessen gehe ich davon aus, dass sie lediglich an mein Wohl denkt und mein Bestes im Sinn hat. Diesen guten Willen ihrerseits setze ich schlicht und ergreifend voraus. Und umgekehrt ist das genauso. Denn wir wissen: Gänzlich verstehen werden wir einander ohnehin nie.

6.3 Wir sind mehr als unsere Wurzeln

Die bislang im Rahmen dieses Kapitels behandelten Phänomene scheinen für Außenstehende auf den ersten Blick nicht viel miteinander zu tun zu haben. Tatsächlich ist es aber so, dass sowohl die Angst vor Neuem als auch der Irrglaube, dass wir einander vollumfänglich verstehen könnten, ursächlich auf die gleiche Lebenslüge zurückzuführen sind. Beide Phänomene können nur fortbestehen, weil Menschen weiterhin davon überzeugt sind, dass es bestimmte Gegebenheiten im Leben gibt, die sich unserer Eigenverantwortung entziehen und somit unveränderbar sind. Solange wir dieser Lebenslüge Vertrauen schenken, schränken wir uns damit auch in der Fähigkeit ein, kritisch zu denken und auf der Basis dieses Denkens dazuzulernen. Ich selbst bin beispielsweise auch mit einer großen Menge an Vorurteilen und Halbwissen aufgewachsen. Dass ich dieses Halbwissen lange Zeit nicht hinterfragt habe, lag daran, dass es in dieser Form über Generationen hinweg unkritisch weitergetragen wurde und ich somit davon überzeugt war, dass *das eben so sein wird.* Für mich bedeutete das auch, dass ich einen großen Teil des Weltbilds, das innerhalb meiner Familie vertreten wurde, unkritisch übernahm. Heute würde ich sagen, dass die Menschen um mich herum nur ein geringes Maß an Weltoffenheit besaßen und mir somit nur das beibrachten, was in *ihren* Augen »normal« war. Während ich es heute liebe, die Lebensgeschichten anderer Menschen zu hören und mir dadurch eine andere Sicht auf die Welt näherbringen zu lassen, befand ich mich damals in einer Art Kreislauf, in der die innerhalb der Familie verbreitete Weltverschlossenheit erhalten und an die jeweiligen Folgegenerationen weitergegeben wurde. Wenn ich heute auf diese Zeit zurückblicke, finde ich es enorm schade, dass ich mit so vielen Phänomenen, die die Welt zu bieten hat, gar nicht erst in Berührung kam.

* * *

Ein Großteil der scheinbar unveränderbaren Überzeugungen, die mir mein familiäres Umfeld mitgab, hing mit meinen Wurzeln zusammen. Mein Opa, ein ehemaliger US-Soldat, brachte die afroamerikanischen Gene in meine Familie. Wie er waren auch alle anderen Familienmitglieder immer sehr stolz auf diesen Teil ihrer Identität gewesen und lebten die dazugehörigen Sitten und Bräuche in vielen Bereichen ihres Lebens leidenschaftlich aus. Demzufolge setzte auch ich mich intensiv mit meiner Herkunft auseinander. Insbesondere während meiner Kindheit und Jugend hatte ich mich in Deutschland ohnehin weitestgehend fremd gefühlt. Entsprechend leicht schien die Schlussfolgerung, dass meine Herkunft ursächlich für dieses Gefühl sein könnte. Ich begann, mich mehr und mehr als Afroamerikaner zu verstehen und war bis zu meinem zwanzigsten Lebensjahr auch felsenfest davon überzeugt, dass meine afroamerikanischen Gene einen größeren Teil meiner Identität ausmachten als die deutschen. Das Vertreten dieser Überzeugung fühlte sich auf eine ganz eigene Art und Weise schön und erfüllend an. Ich verspürte nun so etwas wie Stolz und Zugehörigkeit und war darüber hinaus davon überzeugt, dass einzig meine Wurzeln schuld daran waren, dass ich mich in Deutschland nie wirklich zuhause gefühlt hatte. Je mehr ich mich mit der Rolle des missverstandenen Afroamerikaners arrangierte, desto größer wurde meine Überzeugung, dass ich eines Tages in den USA mein großes Glück finden würde. Dort, so redete ich mir ein, würde ich endlich die Gelegenheit haben, im Heimatland meiner Familie anzukommen, anerkannt zu werden und dazuzugehören. Mit Anfang 20 war es dann auch endlich so weit. Ich setzte mich in den Flieger und reiste zum ersten Mal in die Vereinigten Staaten von Amerika. Hätte ich vorher gewusst, welche Enttäuschung mich dort erwarten würde, wäre ich vermutlich gar nicht erst in den Flieger gestiegen. Mein erster USA-Aufenthalt zwang mich nämlich dazu, alles zu hinterfragen, was ich vorher zu wissen geglaubt hatte. Während ich bis hierhin immer davon überzeugt gewesen war, durch und durch Afroamerikaner zu sein, musste ich mir nun eingestehen, dass ich doch um einiges »deutscher« war, als mir lieb gewesen wäre. Die amerikanische Lebensweise löste schnell eine Art Identitätskrise in mir aus und ich sehnte mich schon nach wenigen Tagen nach den Sitten und Bräuchen, die mir aus Deutschland bekannt waren. Dennoch reiste ich nach meiner Rückkehr noch im selben Jahr erneut in die USA. Anders als beim ersten Mal war ich diesmal darauf vorbereitet, was mich auf meiner Reise erwarten würde. Weiterhin mit der Hoffnung ausgestattet, endlich die langersehnte Zufriedenheit zu verspüren, lernte ich eine Vielzahl toller Menschen kennen, aß an interessanten Orten und sammelte unvergleichliche Erfahrungen im Land der unbegrenzten Möglichkeiten. Die Anerkennung und innere Zufriedenheit, nach der ich mich weiterhin sehnte, fand ich dennoch nicht. Ich genoss die Zeit vor Ort zwar, konnte dabei aber nie das Gefühl ausblenden, dass ich hier einfach nicht hingehörte. Die USA und ich waren wie Öl und Wasser im selben Topf. Wir konnten koexistieren, doch es entstand einfach keine Verbindung zwischen uns. Dieser Ort passte nicht zu mir und ich passte nicht zu diesem Ort.

* * *

Meine zweite Reise in die USA hob die Identitätskrise, in die ich bereits während meiner ersten Reise geraten war, auf ein neues Level. Ich setzte mein gewohntes Leben in Deutschland fort, doch das Gefühl von fehlender Zugehörigkeit verschärfte sich von Jahr zu Jahr. Um endlich einen Weg aus meiner Identitätskrise zu finden, beschloss ich irgendwann, einmal über den Tellerrand zu schauen. Bisher hatte ich lediglich an den Orten nach meiner Identität gesucht, die mir von meinem Umfeld als vermeintliches Zuhause verkauft worden waren. Doch damit sollte jetzt Schluss sein. Ich hatte genug davon, mich innerhalb der mir gesetzten Grenzen zu bewegen, und wollte den Versuch wagen, möglicherweise auf einem anderen Kontinent all das zu finden, was mir in Deutschland und den USA verwehrt geblieben war. Ich brauchte auch nicht lange, um mich auf einen Kontinent festzulegen: Asien. Zu Asien hatte ich schon immer ein ganz spezielles Verhältnis gehabt. Sowohl innerhalb meiner Familie, die ich bereits als wenig weltoffen beschrieben habe, als auch in meinem erweiterten Umfeld gab es eine Reihe an festgesetzten Vorurteilen gegenüber Menschen mit asiatischen Wurzeln. Ständig vernahm ich von verschiedenen Menschen einfältige Kommentare über Asiaten jeglicher Art. In den Augen meines Umfelds sahen alle Asiaten gleich aus und waren allesamt Chinesen. Sie spielten alle ein Instrument oder konnten zumindest Kung-Fu. Außerdem konnten sie alle super kochen. Dafür waren sie emotionslos und hatten fremdartige Sitten. Ich möchte in diesem Zusammenhang noch einmal explizit hervorheben, dass diese Aussagen nicht von mir stammen, sondern allesamt rassistisch konnotierte Klischees und Vorurteile sind, die ich im Rahmen meiner Jugend innerhalb meines Umfelds aufgeschnappt hatte. Für mich war es immer unverständlich gewesen, warum ausgerechnet Menschen, die selbst so viel Rassismus und Diskriminierung erlebt hatten, es sich herausnahmen, so über Menschen zu sprechen, die sich in einer ähnlichen Situation befanden wie sie. Heute kann ich mir vorstellen, dass gerade der am eigenen Leib erlebte Rassismus einer der Gründe dafür gewesen sein kann. In jedem Fall spielten die Vorurteile und Beleidigungen, die ich über meine gesamte Jugend hinweg über Asiaten hatte hören müssen, eine erhebliche Rolle bei meiner Entscheidung, mich für einen längeren Zeitraum nach Asien zu begeben. Während mein Kopf sich eigentlich schon auf Südkorea als Reiseziel festgelegt hatte, versuchten mich die Vorurteile in meinem Kopf wie Treibsand daran zu hindern, meinen Plan tatsächlich in die Tat umzusetzen. Zwar hatte ich mich bekanntlich von meinem engeren Umfeld gelöst, doch seine negativen Einflüsse ließen mich offensichtlich immer noch nicht los. Am Ende eines langen Entscheidungsprozesses, in dessen Rahmen ich mich wieder und wieder mit meinen eigenen Vorurteilen auseinandersetzen musste, setzte sich meine Faszination für mein Wunschreiseziel schließlich durch. Die Angst vor dem Ungewissen war real, aber meine Neugierde und mein Wille, zu wachsen, waren größer. Ich haderte zwar immer noch mit der Frage, ob mir das Land tatsächlich gefallen würde, doch ich wollte mir einfach eine eigene Meinung bilden. Und hierzu reichte es nicht, einfach nur die Sprache zu lernen und sich ein paar Dokus und Serien im TV anzusehen. Ich wollte vor Ort sein und mit eigenen Augen sehen, was dieses Land und seine Kultur ausmachten. In meiner unmittelbaren Umgebung hielt derweil die Mehrheit der Menschen meinen Plan für verrückt. Kaum einer konnte es nachvollziehen, warum ich so viel Zeit, Geld und Energie aufwenden wollte, um mich ins Ungewisse zu begeben. Anstatt auf diese Entmutigungsversuche zu hören, erinnerte ich mich daran zurück, dass sowieso keiner dieser Menschen gänzlich in mich und meine Gefühlswelt hineinsehen konnte. Somit war es für mich sogar noch ein Antrieb, dass andere mich aufgrund meines Planes für verrückt hielten. Dass ich der Erste aus meinem Umfeld war, der überhaupt nach Asien reisen würde, tat sein Übriges. Kurz vor dem Abflug überkam mich die Angst vor dem Ungewissen dann doch noch mal, doch es gelang mir recht schnell, sie abzuschütteln. Das Flugzeug hob ab und ich wusste, dass mich nun nur noch 13 Stunden von einer unvergleichlichen Erfahrung trennten. Und diese 13 Stunden fühlten sich tatsächlich gut an. Denn ich wusste, dass die Tür, die sich durch meine Reise nach Südkorea öffnete, mir die Möglichkeit bieten würde, dem Ausweg aus meiner Identitätskrise ein ganzes Stück näher zu kommen.

* * *

Wenn ich heute nach meiner Herkunft gefragt werde, würde ich am liebsten mit »Südkorea« antworten. Denn Südkorea ist der Ort, an dem ich mich aktuell am ehesten zuhause fühle. Das verdanke ich in erster Linie der Reise, die mich nach meinen zwei missglückten Findungsreisen in die USA dorthin führte. Diese Reise bezeichne ich heute als die schönste Reise meines Lebens. Ich fühlte mich in Südkorea so wohl, dass ich bis heute Jahr für Jahr mehrere Male in die Hauptstadt Seoul zurückkehre. Zwischen den einzelnen Reisen arbeitete ich kontinuierlich an meinem Koreanisch und eignete mir Wissen über die Kultur und die Geschichte des Landes an. Mit jedem Wissen, das ich mir neu aneignete, fühlte ich mich dem Land zugehöriger. Ich war dabei, ein neues Leben in einem mir unbekannten Land zu beginnen, und die Erfahrungen, die ich dort machte, wurden von Mal zu Mal intensiver. Auf diese Weise wurde die Kultur, die ich einst als fremd und unbekannt wahrgenommen hatte, ein Teil von mir. Dabei half es mir sehr, dass ich nach einiger Zeit kaum noch als Tourist wahrgenommen wurde. Die Menschen vor Ort akzeptierten mich und ermöglichten es mir, endlich an einem Ort anzukommen – ein wunderschönes Gefühl. Umso trauriger machte es mich, dass in meinem Umfeld in Deutschland weiterhin negative Vorbehalte gegenüber asiatischen Menschen herrschten. Ich begann folgerichtig damit, die Menschen in meinem Umfeld über die verschiedenen asiatischen Länder und Kulturen aufzuklären und sie so empfänglicher für das Thema zu machen. Heute gibt es kaum jemanden in meinem Freundeskreis mehr, der nicht mindestens einen koreanischen Song in seiner Playlist hat. Für mich schließt sich damit auf besondere Art und Weise ein Kreis. Ich habe in Südkorea nicht nur meine Wahlheimat gefunden, sondern auf dem Weg dahin auch einiges über mich und die Lebenslüge der unmöglichen Veränderungen gelernt. Mein Leben lang hatte ich den Menschen um mich herum geglaubt, wenn sie mir gesagt hatten, dass meine Heimat nur in Deutschland oder den USA liegen könnte, und war damit unglücklich gewesen. Erst durch den Mut, diese vermeintlich unveränderbaren Gegebenheiten zu hinterfragen, ermöglichte ich es mir selbst, mich auf eine völlig neue Kultur einzulassen – und mit dieser glücklich zu werden. Dabei weiß ich natürlich, dass jedes Individuum einen ganz individuellen Bezug zu den unterschiedlichen Orten dieser Erde hat. Vielleicht wirst du eines Tages ebenfalls nach Südkorea reisen und es dort schrecklich finden. Vielleicht findest du dafür in den USA oder in Deutschland dein persönliches Glück. Doch genau das ist es ja, was uns als Individuen ausmacht. Dass wir so viel mehr sind als die vermeintlich festgelegten Wurzeln, die uns und unsere Identität angeblich ausmachen.

6.4 Zwischen Beruf und Berufung

Dass viele Menschen ihre Identität auf ihren Wurzeln oder der Zugehörigkeit zu einer bestimmten Kulturgruppe aufbauen, dürfte für niemanden ein Geheimnis sein. Nicht umsonst habe ich versucht, ausführlich aufzuzeigen, aus welchen Gründen es gefährlich sein kann, sich in diesem Bereich vor Veränderungen und Innovation zu verschließen. In unserer heutigen Gesellschaft gibt es neben unserer Herkunft jedoch eine weitere Art der Kategorisierung, von der sich viele Menschen ein Gefühl von Zugehörigkeit und Anerkennung erhoffen: unsere Berufe. Immerhin bestimmt unser Beruf einen Großteil unseres Alltags und sollte dementsprechend zu den eigenen Bedürfnissen und Interessen passen. Auffällig ist dabei, dass auch in der Berufswelt klar abgesteckte Pfade existieren, die für bestimmte Berufslaufbahnen zu begehen sind. Ein sehr gutes Beispiel hierfür sind Berufsausbildungen und Studiengänge. Möchtest du beispielsweise Arzt werden, ist deine Laufbahn bereits im Vorhinein bin ins kleinste Detail durchgeplant. Du benötigst einen bestimmten Schulabschluss mit einer bestimmten Note, wirst danach vorgegebene Module in einem vorgegebenen Studiengang abschließen und schlussendlich eine vorbestimmte Laufbahn im medizinischen Bereich hinlegen. Und das alles, damit du dich eines Tages *Arzt* nennen kannst. Dasselbe gilt im Übrigen für den Großteil aller Berufe. Ganz egal, ob du nun Müllmann, Lehrer oder Schaffner werden möchtest – für beinahe jeden Beruf gibt es so etwas wie eine Musterlösung, die dir den Einstieg in das jeweilige Berufsfeld ermöglichen soll. Das liegt in großen Teilen daran, dass diese jeweiligen Berufswege bereits bekannt sind und in der Vergangenheit von vielen verschiedenen Menschen eingeschlagen wurden. Es besteht also ein greifbarer Erfahrungsschatz, auf den bei der Gestaltung der jeweiligen Berufswege zurückgegriffen werden kann. Die Berufswege sind in diesen Berufsfeldern also – völlig unabhängig von der Persönlichkeit des Einzelnen – so gut vorhersehbar, dass bereits vorher abgesehen werden kann, mit welchen Einflüssen sich die jeweiligen Anwärter im Rahmen ihrer Laufbahn konfrontiert sehen werden. Das gilt für Erfolgserlebnisse wie Schwierigkeiten gleichermaßen. Im Grunde ist das einzige Berufsfeld, das sich diesem Muster erfolgreich entzieht, die Selbstständigkeit. Als Selbstständiger verfügst du über die Freiheit, unabhängig von externen Vorgaben Entscheidungen zu treffen und deine berufliche Laufbahn so individuell zu gestalten. In allen anderen Berufsfeldern weißt du im Grunde schon an dem Tag, an dem du dich für den jeweiligen Beruf entscheidest, welche Erfahrungen du in den nächsten Jahren machen wirst.

* * *

Meine ausführliche Auseinandersetzung mit den Charakteristiken verschiedener Berufsfelder hängt im Wesentlichen damit zusammen, wie wir als Gesellschaft mit dem Thema umgehen. In der Gesellschaft, in der wir leben, scheint es nämlich als normal zu gelten, sich schon vor Erreichen des zwanzigsten Lebensjahres für eine Laufbahn entscheiden zu müssen, aus der man in vielen Fällen nur schwer wieder herausfindet. Ich persönlich halte das für ziemlich fragwürdig. Wir befinden uns zu dem Zeitpunkt, zu dem sich die meisten Menschen für ihr späteres Berufsfeld entscheiden, noch mitten in der Findungs- und Entwicklungsphase. So viele Dinge, für die wir uns in diesem Stadium interessieren, verschwinden in den Folgejahren aus unserem Leben. Das liegt ganz einfach daran, dass wir uns insbesondere in dieser Phase unseres Lebens stetig weiterentwickeln und unsere Persönlichkeit noch dabei ist, sich herauszukristallisieren. Dabei ist es dann völlig normal, dass bestimmte Interessensschwerpunkte sich verlagern oder gänzlich aus dem Fokus geraten. Wieso sollte es dann ausgerechnet mit unserem Beruf anders sein? Noch skurriler erscheint das Ganze, wenn man sich einmal mit dem Ursprung des Begriffs *Beruf* auseinandersetzt. Der Begriff geht ursprünglich auf das altgriechische Wort κλῆσις zurück, das wörtlich übersetzt *fordern* bedeutet. Mit Martin Luthers Übersetzung der Bibel ins Deutsche wurde aus *fordern* dann *berufen.* Dieser Begriff setzt sich aus der Vorsilbe *be* sowie dem Verb *rufen* zusammen. Fraglich ist hierbei, in welchem Zusammenhang Letzteres zum späteren Begriff des *Berufs* stehen könnte. Schließlich wird durch die Verwendung des Begriffs ja die Existenz eines rufenden Akteurs postuliert. Gemäß der lutherischen Perspektive wird dieser Akteur der christliche Gott gewesen sein, der als Akteur zu bestimmten Taten aufruft. Diese Auslegung des Begriffs suggeriert also eigentlich, dass wir von irgendeiner Instanz dazu berufen werden, einem bestimmten Beruf nachzugehen. Der Prozess der Berufsfindung erhält vor diesem Hintergrund beinahe den Charakter einer schicksalhaften

Fügung, die mit unserem freien Willen und unseren persönlichen Interessen nicht mehr viel zu tun hat. Ich denke, dass diese Auslegung des Begriffs dennoch sinnvoll erscheint, wenn man Abstand von der Idee nimmt, dass es eine übernatürliche Instanz sein muss, die das Individuum zu einer bestimmten Tätigkeit aufruft. Vielmehr sollte man unser Selbst als den Akteur erkennen, der uns dazu beruft, bestimmten Tätigkeiten nachzugehen und anderen nicht. Wir werden also durchaus gerufen – jedoch nicht von einem Gott oder jemand Fremdem, sondern von uns selbst. Diesen Zusammenhang sollten wir unbedingt im Hinterkopf behalten, wenn wir uns im Anschluss fragen, was wir unter dem Begriff des *Berufs* eigentlich heutzutage verstehen. Inzwischen ist der Verweis auf jegliche Akteure nämlich gänzlich aus den gängigen Definitionsversuchen verschwunden. Stattdessen beschreibt der Duden einen Beruf beispielsweise als eine Tätigkeit, die ausgeübt wird, »um seinen Lebensunterhalt zu verdienen«. Der Beruf wird so von einem zielgerichteten Selbstzweck zu einem Mittel, das lediglich der Erfüllung eines höheren Zwecks, in diesem Fall der Erhaltung des Lebensunterhalts, dient. Dass ich diese Neuauslegung des Begriffs kritisiere, hat nicht etwa damit zu tun, dass ich den Erhalt des Lebensunterhalts nicht für wichtig halten würde. Natürlich ist es wichtig, den eigenen Lebensunterhalt zu erhalten. Allerdings sollte der Beruf dabei nicht von seiner ursprünglichen Definition entfernt und zum Mittel zum Zweck degradiert werden. Es ist nämlich sehr wohl möglich, Beruf und Berufung synonym zu verwenden. Und das sollte auch unser Anspruch sein. Ein Müllmann kann sich genauso zur Ausübung seines Berufs berufen fühlen wie ein Arzt oder ein Lehrer. Geht dieser Anspruch an die eigene Berufswahl innerhalb der Gesellschaft verloren, kann das für uns als Menschen eine große Gefahr mit sich bringen. Menschen würden aufhören, ihre Berufung zu ihrem Beruf machen wollen und stattdessen auf den Grundsatz vertrauen, dass der eigene Beruf ohnehin nur der Erhaltung des eigenen Lebensstandards dient.

* * *

Mir persönlich hat es sehr geholfen, einmal von außen auf unser Verständnis von Berufen und Berufungen zu blicken. So habe ich infolge meiner Auseinandersetzung mit dem Thema die Entscheidung getroffen, mich bei der Wahl meiner Berufe und Berufungen nicht mehr darauf zu fokussieren, welche Tätigkeit mir nun dabei hilft, meinen Lebensunterhalt zu sichern. Ich werde mich nicht mehr darauf reduzieren lassen, einen vorbestimmten Weg in irgendeinem Berufsfeld zu gehen. Stattdessen möchte ich mich mehr als das Individuum betrachten, das ich bin. Was ich damit sagen möchte: Mein Weg ist mein Weg und keiner wird ihn jemals genauso gehen können wie ich. Und genau das möchte ich dir auch raten. Lasse dich auch in deinem Berufsleben nicht von der Lebenslüge vereinnahmen, dass manche Dinge eben so sind, wie sie sind. Lass dir nicht erzählen, dass du irgendeinen vorbestimmten Weg gehen musst, um eines Tages in einem Beruf landen zu können, der deinen Lebensunterhalt sichern wird. Es gibt unzählige Menschen, die es geschafft haben, aus genau diesem Denkmuster auszubrechen und ihre tatsächliche Berufung außerhalb des ursprünglich für sie vorgesehenen Berufsweges zu finden. Es gibt ausgebildete Handwerker, die heute ein Restaurant leiten. Oder Ärzte, die heute als Künstler tätig sind. Oder, oder, oder. Ich verweise in diesem Kontext gerne auf die Lebensgeschichte von Peter Wohlleben. Dieser begann seine Laufbahn ebenfalls in einem vermeintlich vorgegebenen Berufszweig als Forstinspektor, bevor er seinen Fokus auf seine tatsächlichen Interessensschwerpunkte verlagerte und begann, sich als Förster und Autor für ökologisch und ökonomisch nachhaltige Waldwirtschaft einzusetzen. Heute ist Wohlleben mehrmaliger Bestseller-Autor und setzt sich im Rahmen von Fernsehauftritten für den Erhalt von Flora und Fauna ein. Ich durfte Peter Wohlleben inzwischen persönlich kennenlernen und halte seine Geschichte nach wie vor für eine der beeindruckendsten Lebensgeschichten, an denen ich je teilhaben durfte. Denn sie zeigt: Es besteht immer die Möglichkeit, sich von bestehenden Denkmustern zu lösen und einen neuen Weg zu gehen. Deswegen gilt auch in Bezug auf dein Berufsleben das, was ich schon bei der Analyse von *Father and Son* hervorgehoben habe: Dein Weg ist allein dein Weg. Niemand wird jemals den genau gleichen Weg gehen können. Somit gibt es auch niemanden, der weiß, wie du deinen Weg zu gehen hast. Und das völlig unabhängig davon, ob es sich bei deinem *Weg* um deine berufliche Laufbahn oder dein Leben als Ganzes handelt.

6.5 Das Gleichgewicht als Antrieb des Fortschritts

Vielleicht wird sich der eine oder andere Leser an dieser Stelle fragen, warum es mir so wichtig ist, die Lebenslüge der unmöglichen Veränderung in einer solchen Ausführlichkeit auseinanderzunehmen. Diese Frage lässt sich leicht beantworten: Es liegt daran, dass sie eine der gefährlichsten Lebenslügen überhaupt ist. Sie ist nicht nur Schuld daran, dass einzelne Menschen an der Weiterentwicklung ihrer Persönlichkeit gehindert werden, sondern auch eine riesige Blockade, wenn es um den Fortschritt und die Verbesserung unserer gesamten Spezies geht. Solange wir glauben, dass auch nur irgendwas *so ist, wie es ist* und wir es nicht verändern können, verschließen wir uns aktiv vor Wachstum und Weiterentwicklung. Das Gehen neuer Wege ist es nämlich, das Veränderungen einleitet. In dem Moment, in dem wir uns dazu entscheiden, bestehende Überzeugungen zu hinterfragen und neue Erkenntnisse anzustreben, legen wir auch den Grundstein für andere, um es uns nachzutun und ebenfalls zu wachsen. Zu diesem Prozess gehört es, auch eigene Überzeugungen zu hinterfragen und mit seinen Überlegungen dahin zu gehen, wo es wehtut. Ich selbst musste mir auch schon einige Male eingestehen, dass ich in Bezug auf bestimmte Missstände Teil des Problems war und selbst etwas verändern musste, wenn ich der Welt etwas Gutes tun wollte. Ein gutes Beispiel hierfür stellt die komplette Umstellung meiner Ernährung dar, die ich innerhalb der letzten Jahre durchführte. Nach über zwei Jahrzehnten als Fleischesser beschäftigte ich mich ausführlich mit dem Thema Veganismus und musste mir infolgedessen eingestehen, dass ich und meine Ernährungsweise Teil eines größeren Problems waren. Die logische Konsequenz war es, meine Ernährung radikal zu verändern und vollständig auf den Konsum von tierischen Produkten zu verzichten. Meine Entscheidung fußte vor allem auf der Prämisse, jedem Lebewesen mit Mitgefühl und Liebe zu begegnen, und ich fühlte mich schnell, als wäre ich von einer großen Last befreit worden. Ich war so begeistert von meiner neuen Lebensweise, dass ich augenblicklich begann, den Menschen in meinem Umfeld davon zu erzählen. Natürlich schwang dabei auch die Hoffnung mit, die Menschen, die mir nahestanden, von meinen neu gewonnenen Erkenntnissen zu überzeugen. Doch leider hatte ich damit keinen Erfolg. Anstatt der harmonischen Diskurse, die ich mir erhofft hatte, entwickelten sich schnell emotional aufgeladene Streitgespräche, in denen wild mit Argumenten um sich geworfen wurde. Eine Person äußerte die Überzeugung, dass bestimmte Tiere nur existierten, um gegessen zu werden, und ich mich mit meiner neuen Überzeugung nur über sie stellen wollte. Eine weitere behauptete, dass ich als Einzelner ohnehin nicht dazu in der Lage wäre, etwas Großes zu verändern und es daher sinnvoller wäre, nichts an seiner Lebensweise zu verändern. In dem Fall bliebe eben einfach alles, wie es ist. Insbesondere das letztere der beiden Argumente zeigt eindrucksvoll auf, warum es so gefährlich ist, bestimmte Gegebenheiten als unveränderbar zu verstehen. Und nicht nur das: In meinen Augen ist ein solches Verhalten nicht nur gefährlich, sondern auch unnatürlich. Der Glaube daran, dass bestimmte Dinge für die Ewigkeit so bleiben, wie sie jetzt sind, ist genauso unnatürlich wie der Glaube, die Zeit anhalten zu können. Selbst, wenn du dich dazu entscheidest, niemals etwas ändern zu wollen, wird alles um dich herum dennoch dem Pfad der Zeit folgen. Es obliegt dir selbst, dies ohne dein Zutun geschehen zu lassen oder selbst tätig zu werden und die Zukunft mitzugestalten.

* * *

Im Rahmen meiner Auseinandersetzung mit der Frage, *warum* so viele Menschen ein derart schwieriges Verhältnis zu Veränderungen und Fortschritt haben, setzte ich mich intensiv mit dem deutschen Philosophen und Psychologen Alfred Adler auseinander. Durch seine Erkenntnisse ermöglichte Adler mir einen völlig neuen Blickwinkel auf den Konflikt zwischen dem Menschen und der Veränderung. Adler postuliert grundsätzlich ein positives Menschenbild und ist der Meinung, dass in jedem Lebewesen evolutionär bedingt eine schöpferische Kraft verankert ist. Gleichwohl schreibt Adler den Minderwertigkeitskomplexen, die Menschen im Rahmen ihrer Sozialisierung annehmen, eine große Bedeutung zu. In Kombination sorgen diese beiden Sachverhalte für eine stetige Koexistenz von ebenjener Minderwertigkeit und dem Drang nach Überheblichkeit. Auf der einen Seite ist unser stetiges Bestreben, uns zu verbessern und andere Menschen in bestimmten Talenten und Fähigkeiten zu überbieten. Dieses Bestreben legt die Grundlage für so viele Dinge, die die Menschheit als Ganzes weiterbringen: Wissenschaft, Bildung, Medizin, Wirtschaft, Kunst und ..., und ..., und. Die Liste ist lang. Leider wirft das Streben nach Verbesserung und Entwicklung jedoch auch einen ebenso großen Schatten. Versteift sich der Mensch nämlich zu sehr auf den Anspruch, sich stetig zu verbessern und dabei besser zu sein als andere, können aus diesem Anspruch tiefgehende Minderwertigkeitskomplexe entstehen, die dann in einem direkten Gegensatz zum eigenen Entwicklungspotenzial stehen und dieses im schlimmsten Fall sogar hemmen. Um zu verstehen, was ich hiermit meine, musst du dich lediglich einmal mit den folgenden Sätzen auseinandersetzen:

- Der/Die kann das besser als ich.
- Ich werde niemals so gut sein wie der/die andere(n), also muss ich erst gar nicht starten.
- Ich werde sowieso keinen Erfolg haben, weil ich nicht an die anderen heranreiche.

Ich bin mir sicher, dass du einen dieser Sätze schon einmal gesagt – oder zumindest gedacht – hast. In einer Welt, in der Fehler und Mängel für jeden klar sichtbar sind, ist das auch völlig normal. Die Konkurrenzsituation, in der Menschen sich gegenüberstehen, ist in unserer Gesellschaft so omnipräsent, dass es nicht verwunderlich ist, dass Menschen tagtäglich von derartigen Minderwertigkeitskomplexen heimgesucht werden. Wie in so vielen anderen Bereichen geht es also auch hier wieder einmal darum, die richtige Balance zwischen zwei Extremen zu finden. Gelingt es uns nicht, eine gesunde Balance zwischen unseren Ambitionen und der kritischen Betrachtung unserer selbst zu finden, wird das langfristig in einer inneren Unruhe resultieren, die sich negativ auf uns und unser gesamtes Umfeld auswirken wird. Das eine Extrem wird uns dabei immer signalisieren, dass wir in dem, was wir machen, besser werden und andere übertrumpfen müssen. Unterdessen wird das andere Extrem dafür sorgen, dass wir mit dem, was wir bereits erreicht haben, nicht zufrieden sein werden. Mit dieser inneren Unruhe ist erst ab dem Punkt Schluss, ab dem es uns gelingt, diese beiden Extreme miteinander in Einklang zu bringen. Gelingt dies, verfügen wir über die perfekte Grundlage für gesunde Weiterentwicklung. Wir werden dazu in der Lage sein, uns realistische Ziele zu setzen, ohne unsere eigenen Talente und Fähigkeiten durch den ständigen Vergleich mit anderen herabzusetzen. Ein besseres Grundrezept für Fortschritt und Weiterentwicklung gibt es nicht.

* * *

Wer sich einmal mit dem Grundkonzept von menschlichem Fortschritt und Weiterentwicklung auseinandersetzt, wird sich irgendwann unweigerlich die Frage stellen müssen, welche Auswirkungen der Fortschritt auf uns als Menschheit hat. Bei mir war das der Fall, nachdem ich mir den Film *Marvel's Black Panther – Wakanda Forever* angesehen hatte. Inspiriert von den Inhalten des Films stellte ich mir die Frage, ob der Fortschritt nicht langfristig zum Untergang von Menschheit und Menschlichkeit führen könnte. Immerhin ist es eine seiner Begleiterscheinungen, dass bestimmte Entitäten mit kultureller Wertigkeit vergessen werden und aus unserem Alltag verschwinden. Was also, wenn unser Streben nach Fortschritt und Weiterentwicklung langfristig das zerstört, was uns als Menschheit eigentlich ausmacht? In meinen Augen hängt das maßgeblich davon ab, auf welche Art und Weise wir den Fortschritt forcieren und ermöglichen. Vor allem eine Charaktereigenschaft sorgt in meinen Augen häufig dafür, dass vermeintlich fortschrittliche Maßnahmen sich auf Sicht kontraproduktiv auf unser Leben auswirken: die Gier. Mit der Gier meine ich das unbändige Bestreben, das (oftmals finanzielle) Ausmaß des eigenen Fortschrittes schnellstmöglich zu maximieren – und das ohne Rücksicht auf Verluste. Da wir jedoch alle unter der Schirmherrschaft der Naturgesetze leben, geht durch gieriges Handeln zwangsläufig etwas verloren. Das wird insbesondere dann deutlich, wenn unser Fortschritt auf dem Rücken der Natur ausgetragen wird. Ein besonders gutes Beispiel hierfür ist die oft angeprangerte Überfischung der Meere. Der Fortschritt hat über Jahre hinweg dafür gesorgt, dass wir heutzutage die Möglichkeit haben, immense Mengen an Fisch binnen kürzester Zeit zu fangen. Auf kurze Sicht ist es sicherlich verlockend, schnellstmöglich so viele Fische zu fangen wie nur irgendwie möglich. Man gelangt dadurch zu einer großen Menge an Ressourcen, die den eigenen Nutzen auf verschiedene Arten und Weisen maximieren kann, beispielsweise durch den Verkauf oder das eigene Verwerten der Fische. Langfristig führt die Überfischung jedoch dazu, dass unzählige Arten aussterben und das Ökosystem somit aus dem Gleichgewicht gerät. Was das langfristig bedeutet, sollte jedem klar sein. Ebenso klar sollte es sein, dass Gier unter keinen Umständen der Antrieb für jegliche Art von Fortschritt sein darf. Denn letztlich basiert das Leben, das wir auf diesem Planeten führen, in erster Linie auf natürlichem Gleichgewicht. Das Gleichgewicht ist die Grundlage für unser Leben und der Grund dafür, dass es keinen anderen Planeten in unserem Sonnensystem gibt, auf dem diese Art des Lebens möglich ist. Begegnet man diesem Gleichgewicht nun mit Gier, sorgt diese unweigerlich dafür, dass aus dem Gleichgewicht ein Ungleichgewicht wird. Denn die Gier wird zwar den Fortschritt begünstigen, dafür jedoch Ressourcen mindern, der Natur schaden und kulturelle Güter und Werte zurückdrängen.

* * *

Was bleibt mir letztlich zu unserem Verhältnis zum Fortschritt und den Konsequenzen, die er mit sich bringt, zu sagen? Grundsätzlich bin ich der festen Überzeugung, dass es keinen Sinn macht, Angst vor dem Fortschritt zu haben und sich an veralteten Idealen und Überzeugungen festzuhalten. Allerdings ist es wichtig, dass wir als Menschheit den Fortschritt nur in der Form begünstigen, in der er uns und unseren Lebensraum nicht schädigt. Anstatt unseren Fortschritt auf der Basis von Gier und Zerstörung zu erlangen, sollten wir uns ihm auf dem ganz natürlichen Wege annähern. Mit dem natürlichen Weg meine ich den Zusammenschluss vieler Individuen zum Austausch von Erfahrungen und Wissen. Dieser demütige Ansatz war es, der es unseren Vorfahren ermöglichte, kontinuierlichen Fortschritt zu erlangen, dabei der Natur nahe zu sein und die eigene Spezies nicht als Zentrum der Welt zu verstehen. Gerade zu Beginn der Menschheitsgeschichte ging es nämlich nicht darum, jede Art des Fortschritts zwanghaft auf schnellstem Wege zu erreichen. Vielmehr war es an der Tagesordnung, sich gegenseitig über gemachte Erfahrungen auszutauschen und aus diesen Lehren für die Zukunft zu ziehen. Begegneten sich beispielsweise Vertreter zweier Stämme, die aus unterschiedlichen Lebensräumen stammten, tauschten diese sich über ihre jeweiligen Lebensumstände aus, um daraus Informationen zu gewinnen, von denen beide Stämme profitieren können. Das ist der Ansatz, den wir meiner Meinung nach auch heute noch verfolgen sollten. Anstatt unseren Fortschritt gierig und ungeduldig auf dem Rücken anderer Lebewesen auszutragen, sollten wir uns als Teil eines großen Ganzen sehen, das gemeinschaftlich das Ziel verfolgt, sich weiterzuentwickeln. Gelingt uns das, würden Veränderung und Fortschritt auf gesundem Wege erlangt werden, während kulturelle Güter und menschliche Werte die Möglichkeit hätten, weiterhin Raum einzunehmen und ausreichend mitzuwachsen. Die Menschheit könnte sich weiterentwickeln, während die Menschlichkeit mitwachsen könnte, anstatt auf der Strecke zu bleiben. Unter diesen Umständen muss auch niemand Angst vor dem Fortschritt haben.

* * *

Bei der genaueren Betrachtung der zahlreichen Lebensbereiche, die ich im Zusammenhang mit der Lebenslüge der unmöglichen Veränderung aufgeführt habe, wird schnell deutlich, dass das Problem in nahezu allen Fällen die gleiche Wurzel hat: den Fanatismus jener Personen, die Veränderungen kategorisch ausschließen und stur an bestehenden Überzeugungen und Idealen festhalten. Dieser Fanatismus ist es, der uns als Individuen voneinander entfernt und uns den Blick für all das Schöne nimmt, was das Fremde potenziell mit sich bringen kann. Dabei sollte es doch eigentlich das Normalste der Welt sein, offen für Neues zu sein und eigene Überzeugungen konstant zu hinterfragen. Das ergibt sich bereits aus der Definition des Begriffs *Überzeugung*. Dieser bezeichnet laut Wikipedia nämlich einen Glauben oder eine Meinung »mit einem hohen Grad an subjektiver Gewissheit und subjektiver Festlegung«. Allein die Verwendung des Begriffs *subjektiv* sollte deutlich machen, dass Überzeugungen grundsätzlich etwas sind, was vor allem das Individuum selbst betrifft und niemals von einem Individuum auf das andere übertragen werden kann. So schön es also sein mag, sich am Erhalt der eigenen Bräuche, Glaubenssätze und Traditionen zu erfreuen, darf dies nie dazu führen, dass man sich vor äußeren Einflüssen verschließt und anderen die eigenen Überzeugungen aufzwingt. Wie wichtig diese Abkehr vom Fanatismus sowie die damit einhergehende Offenheit für Neues sind, lässt sich in nahezu jedem Bereich unseres Lebens beobachten. Die Offenheit für Neues war es, die es uns ermöglicht hat, uns auf verschiedenen Gebieten weiterzuentwickeln und neue Techniken im Umgang mit verschiedenen Phänomenen zu entwickeln. Es ist kein Zufall, dass jährlich Weltrekorde aller Art eingestellt werden und sich unser Leistungsanspruch in allen Bereichen des Lebens stetig erhöht. Wenn wir als Menschheit fanatisch an veralteten Techniken und Überzeugungen festhalten würden, wäre dies gar nicht möglich. Spätestens seit dem Erlangen dieser Erkenntnis hege ich den Anspruch an mich selbst, meine Lebensentscheidungen frei von jeglicher Art des Fanatismus zu treffen. Dieser ist es nämlich, der unser Leben aus dem Gleichgewicht bringt und uns jede Art der Weiterentwicklung nimmt.

6.6 Die Lebenslüge der unmöglichen Veränderung

Dem aufmerksamen Leser wird inzwischen aufgefallen sein, dass es sich bei diesem Kapitel in gewisser Weise um das Herzstück dieses Buches handelt. Es gibt kaum eine Lebenslüge, mit der ich mich so intensiv beschäftigt habe wie mit jener, die besagt, dass bestimmte Dinge unveränderbar sein sollen. Und das aus gutem Grund. Ich sehe in dieser Lebenslüge die Wurzel für viele weitere Lebenslügen und die Ursache für viel Leid. Am gefährlichsten empfinde ich dabei die Tatsache, dass die Lebenslüge der unmöglichen Veränderungen aktiv dazu beiträgt, Menschen zu verängstigen. Solange dir Tag für Tag vorgehalten wird, dass du in bestimmte Schubladen passen musst und die von dir herbeigesehnten Veränderungen nicht möglich sind, wirst du automatisch Angst davor haben, dich gegen diese Überzeugungen zur Wehr zu setzen. Ich selbst musste das am eigenen Leib erfahren. Gerade in meiner Kindheit und Jugend war ich so etwas wie eine wandelnde Normabweichung. Ich wollte noch nie so sein wie alle anderen und wurde dementsprechend häufig von anderen als eigenartig empfunden. Ausgehend von dieser Angst entwickelte ich eine enorme Abhängigkeit von Bestätigung und positivem Feedback. Wenn es um Dinge ging, für die ich von meinem Umfeld gelobt wurde, war ich dazu in der Lage, ein unglaubliches Selbstvertrauen zu entwickeln und mir meiner Fähigkeiten bewusst zu werden. Ich war Kapitän einer sehr erfolgreichen Fußballmannschaft und scheute mich nie, offensiv aufzutreten und neue Freundschaften zu forcieren. Gleichzeitig handelte ich jedoch unglaublich zurückhaltend, wenn ich mich in Situationen befand, mit denen ich nicht vertraut war – und das sowohl in der Schule als auch zu Hause. Es mag unglaublich klingen, doch für den Jungen, der auf dem Fußballplatz den Rest seiner Mannschaft antrieb, war es eine absolute Qual, im Supermarkt eine Mitarbeiterin anzusprechen und um Hilfe zu bitten. Überhaupt traute ich mich bis zu meinem Auszug nur sehr selten, überhaupt mal allein einkaufen zu gehen. Das allein zeigt, wie abhängig ich bis zu einem gewissen Zeitpunkt von der Bestätigung meiner Umwelt war. Ich brauchte einfach die Sicherheit, dass ich in einem bestimmten Bereich gut war, um in diesem Bereich selbstsicher und mutig auftreten zu können. Und diese Sicherheit erlangte ich eben nur, wenn ich für das, was ich tat, gelobt und wertgeschätzt wurde.

* * *

Ironischerweise verdanke ich die Tatsache, dass ich meine Abhängigkeit von der Bestätigung meines Umfelds irgendwann gänzlich ablegte, ausgerechnet dem Umstand, dass mein Umfeld nun mal so war, wie es war. Ich wusste, dass es in meiner Familie üblich war, vorgegebenen Lebensentwürfen zu folgen, und niemand wirklich dazu bereit war, sich offen für Neues zu zeigen und Raum für Veränderung zuzulassen. Wann immer ich also nach Rat gefragt hätte, wäre mir schon im Vorfeld bewusst gewesen, dass sich die Antwort auf meine Frage an einem klar abgesteckten Rahmen orientieren würde, in dem für Veränderung und Wachstum kein Platz war. Wie sollte ich also mit meinen Fragen weiterkommen, wenn die Personen um mich herum sich sowieso grundsätzlich vor Fortschritt und Veränderung verschlossen? Die logische Konsequenz war es, außerhalb des mir bekannten Umfelds nach Antworten zu suchen und mir so selbst die Chance zu eröffnen, aus dem Kreislauf an sich ähnelnden Lebensläufen auszubrechen. In meinen Augen ist es auch kein Zufall, dass es in meinem Umfeld viele Menschen gab, die schon in jungen Jahren von zu Hause weggingen, um ihre Zukunft selbst zu gestalten. Ich halte das eher für einen klaren Fall von Ursache und Wirkung, in dem die Überzeugungen des Elternhauses dafür verantwortlich sind, dass Kinder und Jugendliche das Bedürfnis verspüren, aus einem limitierenden Kreislauf auszubrechen. Ein Verbleib im besagten Kreislauf würde nämlich nur dazu führen, dass man selbst eine eingeschränkte Sicht auf das Leben entwickelt und sich vor Neuem verschließt. Auch mich hätte dieses Schicksal ereilt, wenn ich nicht früh die Entscheidung getroffen hätte, auszubrechen und mich selbst kennenzulernen. Ich weiß, dass ich damit zum Teil eines Generationskonflikts wurde, in dessen Rahmen ich sicherlich auch Menschen aus meinem Umfeld verärgert habe. Die wenigsten meiner älteren Familienmitglieder werden Verständnis dafür haben, dass ich mich gegen den vermeintlich für mich vorgesehenen Weg entschieden habe und stattdessen nach Werten lebe, mit denen sie nichts anfangen können. In meinem Fall war dies aber notwendig, um mich selbst kennenzulernen und zu der Erkenntnis zu gelangen, wer ich eigentlich sein will. Und mit dieser Erkenntnis geht nun mal zwangsläufig die Erkenntnis einher, wer ich *nicht* sein will. Ohnehin ist die Erkenntnis das einzige Instrument, das du benötigst, um dich selbst zu ermächtigen und selbstbestimmt durchs Leben zu gehen. Arthur Schopenhauer, den ich schon einmal zitiert habe, hält hierzu in seiner *Theorie des gesamten Vorstellens, Denkens und Erkennens* fest: »So höchst verschieden aber auch die Grade des Verstandes bei den Thieren und den Menschen sind: so ist doch seine Formelle: Erkenntniß der Kausalität, Übergang von Wirkung zu Ursach und von Ursach zu Wirkung, nichts weiter. Alles, was man Klugheit, Penetration nennt, ist Schärfe, Schnelligkeit, Feinheit, der Anwendung jener einen Funktion; Stumpfheit in derselben ist Dummheit. (…) Ein Dummer versteht nicht den Zusammenhang der Naturerscheinungen, weder wo sie sich selbst überlassen operieren noch wo sie künstlich geleitet werden: darum glaubt er leicht an Wunder oder Zauberei. Im Leben versteht er nicht das Handeln Anderer aus ihren Motiven: daher ist er leicht zu intriguiren und zu mystifizieren. Was ihm abgeht ist aber nur das eine: Schärfe, Schnelligkeit, Leichtigkeit im Erkennen der Ursachen und Wirkung: d.h. eben Kraft des Verstandes«. Im Endeffekt bleibt es dir also selbst überlassen, dich der Kraft der Erkenntnis zu bedienen, um nicht mehr in vorgefertigten Denkmustern festzuhängen.

* * *

Ich bin im Rahmen dieses sehr langen Kapitels auf einige der zahlreichen Lebensbereiche eingegangen, in denen sich die

Lebenslüge der unmöglichen Veränderung schädlich auf uns und unser Leben auswirken kann. Letztendlich lassen sich die zahlreichen Erkenntnisse dieses Kapitels jedoch auf einen zentralen Leitsatz herunterbrechen: Jede Veränderung ist möglich, solange du sie dir ausmalen kannst. Es ist letzten Endes völlig egal, über welchen Bereich des Lebens wir sprechen – du wirst immer dazu in der Lage sein, etwas an deinen Lebensumständen zu ändern. Gegenteilige Aussagen kannst du derweil als Anreiz sehen, genau das unter Beweis zu stellen! Wenn jemand dir das Gefühl gibt, deine Lebensumstände besser beurteilen zu können als du, solltest du dich diesem Versuch unter keinen Umständen fügen. Erinnere dich lieber daran, dass es ohnehin niemals möglich ist, einen anderen Menschen vollends zu verstehen und Entscheidungen für ihn treffen zu können. Behauptet jemand, dass du deine Heimat nur in einem bestimmten Land oder auf einem bestimmten Kontinent finden kannst, ist das ebenfalls nichts, was du unbedingt glauben solltest. Erinnere dich stattdessen daran, dass dir die Welt offensteht und sich dein Empfinden von Heimat letztlich danach richtet, wo *du* dich am wohlsten fühlst. Diese Art, zu denken, lässt sich im weitesten Sinne auf alle Bereiche des Lebens übertragen. Ob es um deine Wurzeln, deine Familienplanung oder dein Berufsleben geht – wann immer du bemerkst, dass äußere Einflüsse dir den Eindruck vermitteln sollen, dass irgendeine von dir angestrebte Veränderung nicht realisierbar ist, solltest du dich umgehend auf die Kraft deiner eigenen Erkenntnis berufen und selbst entscheiden, wie du die Situation beurteilen möchtest.

7

DIE SECHSTE LEBENSLÜGE: DAS MULTITASKING

7.1 Die Idee des Multitaskings

Nachdem ich mich im letzten Kapitel intensiv mit Veränderungen auseinandergesetzt habe, möchte ich an dieser Stelle auf ein Phänomen zu sprechen kommen, das jede Art von Veränderung voraussetzt: Entscheidungen. Jede Veränderung, die du in deinem Leben erwirken möchtest, erfordert eine aktive Entscheidung für diese Veränderung. Kein Wunder also, dass es vielen Menschen schwerfällt, Entscheidungen zu treffen. Auch ich hatte lange Zeit große Probleme damit, bestimmte Lebensentscheidungen zu treffen – und das völlig unabhängig davon, ob ich dabei von anderen Menschen beeinflusst wurde oder nicht. Allein die Vorstellung, mich *für* das eine und *gegen* das andere Szenario zu entscheiden, lösten in mir Unbehagen aus. Doch warum war das so? Offenkundig verbirgt sich die Antwort auf diese Frage schon im Wort selbst. Wenn wir eine Ent***scheidung*** treffen, bedeutet das zwangsläufig, dass wir uns auch von einem möglichen Szenario ***scheiden*** müssen. Im Klartext bedeutet das: Wenn du das eine wählst, trennst du dich zwangsläufig vom anderen. Womöglich ist das auch der Grund, warum es vielen Menschen so schwerfällt, Entscheidungen zu treffen. Vor allem aber ist es die Grundlage der sechsten meiner insgesamt sieben Lebenslügen, des Multitaskings. Anders als der Großteil der bislang thematisierten Lebenslügen ist das Multitasking keine Lebenslüge, deren Charakter sofort ersichtlich wäre. Möglicherweise stellst du dir gerade sogar selbst die Frage, wie ich auf die Idee komme, das Multitasking als Lebenslüge zu bezeichnen. Tatsächlich handelt es sich beim Multitasking um eine Lebenslüge, die sich vergleichsweise langsam in unser Leben und unseren Alltag schleicht – und das so unbemerkt, dass wir sie ab einem gewissen Punkt als völlig normal empfinden. Doch was genau beinhaltet die Lüge des Multitaskings überhaupt? Um das zu begreifen, lohnt sich wieder einmal, sich mit der Definition des Begriffs hinter der Lüge auseinanderzusetzen. Die Online-Enzyklopädie *Wikipedia* beschreibt das Multitasking als »die Ausführung zweier oder mehrerer Aufgaben zur selben Zeit oder abwechselnd in kurzen Zeitabschnitten«. Wenn wir vom Multitasking als Fähigkeit sprechen, sprechen wir also von der Fähigkeit, mehrere Dinge zur gleichen Zeit zu tun. Doch was bedeutet das *wirklich*? Was bedeutet es überhaupt, etwas zu tun? Und wieso *wollen* wir Dinge überhaupt so schnell wie möglich und am besten zur gleichen Zeit tun?

* * *

Es war wieder einmal Arthur Schopenhauer, dessen Erkenntnisse sich bei meiner Suche nach Antworten als wichtige Stützen erwiesen. In seinem Werk *Über die Freiheit des menschlichen Willens* zeichnet Schopenhauer ein sehr detailliertes Bild davon, was es überhaupt bedeutet, einen »Willen« zu haben und diesem nachzugehen. Der eigene Wille wird, so Schopenhauer, unter der Berücksichtigung des »individuellen Charakters« von einer Reihe an inneren und äußeren Reizen ausgelöst. Das bedeutet, dass wir im Laufe unseres Lebens eine Reihe an Erfahrungen machen, die sich unmittelbar auf unsere Präferenzen auswirken. Somit fühlen wir uns – abhängig von unseren gemachten Erfahrungen – zu manchen Dingen hingezogen und zu anderen nicht. Ich würde zwar grundsätzlich jedem empfehlen, sich selbst einmal intensiv mit Schopenhauers Willensauslegung zu beschäftigen, denke aber, dass diese Definition ausreicht, um im Rahmen dieses Kapitels als Basis für meine weiteren Erkenntnisse zu dienen. Um zu veranschaulichen, inwieweit unser Wille mit unserer vermeintlichen Fähigkeit zum Multitasking zusammenhängt, möchte ich dich wieder einmal zu einem Gedankenexperiment einladen. Stelle dir hierzu einmal vor, wie du nach einem anstrengenden Arbeitstag zu Hause ankommst und dich auf dein Sofa fallen lässt. Du löst dich mental von allen Einflüssen deines Arbeitstages, denn nun beginnt der Teil des Tages, den wir Freizeit nennen. Während du es dir auf dem Sofa bequem machst, denkst du intensiv darüber nach, was du wohl mit dem Rest des Tages anfangen könntest. Du sehnst dich nach einer Aktivität, die dich glücklich macht und der verbleibenden Zeit deines Tages eine Bedeutung gibt. Du willst etwas tun, was dich erfüllt. Noch während du dir verschiedene Ideen durch den Kopf gehen lässt, macht dein *Wille* sich bemerkbar. Wie eine unsichtbare Kraft umgibt er dich und füttert dich mit Einflüssen, die deine Entscheidung beeinflussen könnten. Beinahe im Minutentakt setzt er dir Wünsche in den Kopf, die von allen Seiten an dir ziehen. Beinahe so, als würden sie dich davon überzeugen wollen, dich für sie zu entscheiden. Je länger du nachdenklich auf deinem Sofa sitzt, desto eher kommen deine verschiedenen Wünsche dir vor wie Seile, die aus allen möglichen Richtungen an dir ziehen. Da ist das eine Seil, das dich dazu bewegen möchte, Sport zu treiben und dich fit zu halten. Direkt daneben befindet sich ein Seil, das dich von der Idee überzeugen möchte, dir einen Film anzusehen und dich dabei ein wenig zu amüsieren. Ein anderes Seil möchte währenddessen, dass du dir nach dem harten Arbeitstag etwas Warmes und Leckeres zu essen machst. Wieder ein anderes möchte ein Buch lesen, ein anderes endlich das Zimmer aufräumen. Jedes einzelne Seil, durch das ein bestimmter Wunsch dich überzeugen möchte, erfordert eine andere Art des Handelns von dir. Ganz egal, von welchem Seil du dich letztlich überzeugen lässt – du wirst in jedem Fall aktiv werden müssen, um der jeweiligen Aktivität nachgehen zu können. Wenn du dich schon einmal in einer ähnlichen Situation befunden hast, wird dir klar sein, was nun passiert. Dein Gehirn setzt sich aktiv mit den einzelnen Wünschen auseinander, um zu bestimmen, welcher dich am ehesten zufriedenstellen wird. Es geht die einzelnen Szenarien durch und berücksichtigt dabei auch die verschiedenen Ausgänge, die die jeweiligen Situationen nehmen könnten. Dabei greift es bewusst auf die Informationen über dich und deine Präferenzen zurück, die du im Laufe deines Lebens schon angesammelt hast. Von diesen Informationen ausgehend entscheidest du dich schließlich für den Wunsch, den du dir nun tatsächlich erfüllen *willst*. Um es nach Schopenhauer zu halten: Du kannst dir vieles wünschen, aber nur eines wirklich wollen.

* * *

Ausgehend vom Beispiel des Feierabends, den du grübelnd auf dem Sofa verbringst, ergibt sich naturgemäß die Frage, was das alles mit dem Thema Multitasking zu tun hat. Um das zu erörtern, möchte ich einmal drei mögliche Interessensverteilungen aufzeigen, die in einem solchen Szenario für dich relevant sein könnten.

Fall 1: Eventuell bist du Sportler und strukturierst deinen Tag ohnehin rund um deine sportlichen Aktivitäten. In diesem Fall wirst du bereits so etwas wie eine Routine entwickelt haben und wissen, dass es dir am meisten nützen wird, dich auf den Weg zum Sport zu machen und anschließend etwas Nahrhaftes zu kochen. In diesem Fall müsstest du zwei unterschiedliche Interessen wahrnehmen, um die maximale Befriedigung zu erreichen.

Fall 2: Gehörst du eher zur Sorte Couch-Potato, wirst du vermutlich nicht auf die Idee kommen, dich aufzurappeln und ins Fitnessstudio zu fahren. Statt zu kochen, wirst du vermutlich eher etwas bestellen und anschließend den Abend vor dem Fernseher ausklingen lassen. Zum Buch wirst du hingegen wohl eher nicht greifen. Da es zu lange dauert, dieses durchzulesen, wird es erstmal weiter auf dem Nachttisch verstauben. In jedem Fall wirst du mit dem Essen und dem Fernsehen zumindest zwei unterschiedliche Interessen bedienen müssen, um einen befriedigenden Abend zu verbringen.

Fall 3: Möglicherweise fällst du in deinem Persönlichkeitsbild auch in keinen der beiden Extremfälle. In dem Fall könntest du zu der Sorte Mensch gehören, der es wichtig ist, Ordnung und Struktur zu wahren und etwas für die körperliche und mentale Gesundheit zu tun. Ist das der Fall, wirst du möglicherweise dazu neigen, die Wohnung aufzuräumen, etwas Gesundes zu kochen und im Anschluss den spannenden Roman zu Ende zu lesen, der auf dem Nachttisch auf dich wartet. Eventuell lässt du dir hierzu sogar ein warmes Bad ein. Unabhängig davon wirst du auch in diesem Fall mehrere Interessen und Wünsche wahrnehmen müssen, um abends zufrieden ins Bett gehen zu können.

Ich bin mir sicher, dass du in mindestens einer der drei Interessensverteilungen Züge deiner eigenen Persönlichkeit wiederfinden konntest. Vielleicht entsprichst du einem der drei Persönlichkeitstypen exakt, eventuell bist du aber auch eine Mischung aus allen. In jedem Fall wird durch die Betrachtung der einzelnen Szenarien eines klar: Es ist ganz natürlich, mehrere Dinge auf einmal zu wollen. Wir befinden uns tagtäglich in Situationen, in denen wir mehrere Interessen miteinander vereinen oder einen Kompromiss finden müssen, um Situationen zu unserer eigenen Zufriedenheit zu lösen. In solchen Situationen geht es dann darum, die Kontrolle über die Situation zu behalten und zu entscheiden, welches Interesse wir in diesem Moment auf welche Art und Weise befriedigen können. Doch warum ist das so? Woher kommt unser Drang, uns mit mehreren Dingen gleichzeitig zu befassen? Und ist das Multitasking wirklich die einzige Möglichkeit, um in dieser schnelllebigen Welt bestehen zu können?

7.2 Das Multitasking – eine erlernte Lebenslüge?

Ich bin bereits zu Beginn dieses Buches intensiv darauf eingegangen, inwiefern sich die Rolle eines Erwachsenen von der eines Kindes unterscheidet. Auch in Bezug auf das Multitasking lassen sich erhebliche Unterschiede im Verhalten von Kindern und Erwachsenen erkennen. Im Gegensatz zu Erwachsenen würden Kinder nämlich niemals auf die Idee kommen, mehrere Dinge gleichzeitig zu tun. Hast du schon einmal versucht, ein Gespräch mit einem Kind zu führen, das gerade vor dem Fernseher sitzt? In den meisten Fällen ist das nicht möglich, da das Kind sich voll und ganz auf das konzentriert, was gerade auf dem Bildschirm vor ihm passiert. Ähnlich verhält es sich mit Kindern, die gerade ein Bild malen oder mit dem Ball spielen. Dementsprechend würden auch die wenigsten Menschen auf die Idee kommen, einem Kind ein Buch vorzulesen, während es gerade bastelt oder malt. Denn anders als wir Erwachsenen empfindet ein Kind noch gar nicht den Drang, mehrere Dinge gleichzeitig zu machen, und tut dementsprechend immer nur das, was es zu einem bestimmten Zeitpunkt wirklich will. Das ändert sich in den meisten Fällen ab dem Punkt, ab dem immer mehr zeitintensive Verpflichtungen und Hobbys in das Leben des Kindes treten, also mit dem Älterwerden. Sobald das der Fall ist, bleibt dem Kind nicht mehr die Zeit, um wirklich alles zu tun, was es will. Stattdessen muss es nun Prioritäten setzen und sich zwischen einzelnen Wünschen entscheiden. Dabei spielen nun andere Fragen eine Rolle als im Kindesalter, als es nur darum ging, das zu machen, was man am meisten wollte. *Was will ich? Was darf ich wollen? Wofür habe ich überhaupt Zeit?* Diese Fragen stellte ich mir, als ich nach meiner Einschulung an den Punkt gelangte, an dem ich zwischen einzelnen Wünschen und Interessensgebieten abwägen musste. Die Einschulung betrachte ich aus dem Grund als einschneidendes Erlebnis, da mit ihr Pflichten auf mich zukamen, die vorher kein Bestandteil meines Lebens gewesen waren. Ich war nun nicht mehr dazu in der Lage, meine Freizeit rund um meine liebsten Hobbies und Beschäftigungen aufzubauen. Stattdessen war ich nun dazu gezwungen, den zeitlich festgelegten Besuch des Unterrichts sowie das Erledigen von Hausaufgaben in meine Tagesplanung zu integrieren. Um dennoch genug Zeit für die Aktivitäten zu haben, an denen ich Spaß hatte, begann ich schon früh damit, meine Hausaufgaben einfach während der Unterrichtsstunden zu erledigen, die ich für unwichtig hielt. Dafür bot sich insbesondere der Religionsunterricht an. Auch abseits der Schule begann ich schnell damit, verschiedenen Beschäftigungen gleichzeitig nachzugehen. Während ich mich früher beim LEGO-Spielen ganz auf die kleinen Steinchen konzentriert hätte, hörte ich nun parallel meine liebsten Hörspiele. Denn ich hatte einfach nicht mehr genügend Zeit, um beiden Aktivitäten getrennt voneinander nachzugehen.

* * *

Was ich mit den aufgeführten Beispielen veranschaulichen möchte, ist meine Kernthese, dass uns die Fähigkeit zum Multitasking in jungen Jahren aktiv antrainiert wird. Damit meine ich, dass von Seiten der Gesellschaft ein gewisser Druck herrscht, der uns dafür sensibilisieren soll, welche Dinge wir aufgrund ihrer Wichtigkeit wollen dürfen und welche nicht. Schon in der Schule wird uns auf diese Weise vor Augen gehalten, welche Prioritäten wir setzen müssen, um für das Leben als Erwachsener gewappnet zu sein. In einem besonders extremen Maße konnte ich das in Südkorea beobachten. Dort ist es ganz normal, dass sich Kinder parallel zu ihrem vorgegebenen Schulstoff selbstständig weiterbilden, um später eine bessere Chance auf einen Platz an den Elite-Unis zu haben. Wenngleich das hierzulande nicht in diesem Ausmaß geschieht, ist es durchaus so, dass auch wir im globalen Westen unseren Kindern schon früh einimpfen, welche Lebenswege mit einem lebenswerten Leben vereinbar sind und welche nicht. Als ich selbst noch zur Schule gegangen bin, hatte ich einige Mitschüler, deren Traum es war, eines Tages Müllmann oder Feuerwehrmann zu werden. Erfüllt hat sich diesen Traum niemand von ihnen. Das lag jedoch nicht etwa daran, dass sie von heute auf morgen keine Faszination mehr für das angestrebte Berufsbild aufbringen konnten. Die Verantwortung lag vielmehr bei der Gesellschaft, die ihnen das Gefühl vermittelte, einen Beruf ausgewählt zu haben, der sie zu unangenehmem Multitasking zwingen würde. Schließlich verdient ein Müllmann viel zu wenig Geld bei viel zu langen Arbeitszeiten und wird somit nie die Gelegenheit haben, seine Freizeit in ausreichendem Maße nach seinem *Willen* zu gestalten. Diese Denkmuster sind es, die bei Erwachsenen auch die Sichtweise auf das Multitasking prägen. Da wir im Rahmen unserer Kindheit über Jahre hinweg daran gewöhnt werden, dass wir unsere Zeit ohnehin nicht für die Dinge aufwenden können, die wir wirklich *wollen*, greifen wir zum Multitasking, um diesem Umstand entgegenzuwirken. Dabei gibt es zwei Arten des Multitaskings, auf die wir gleichermaßen zurückgreifen. Bei der ersten Art des Multitaskings geht es darum, mehrere Dinge gleichzeitig zu tun, um Zeit einzusparen. Diese eingesparte Zeit nutzen wir dann, um die Dinge zu tun, die wir wirklich tun *wollen.* Zur zweiten Art des Multitaskings greifen wir, um eigene Bedürfnisse und vermeintliche Pflichten auf einmal zu bedienen. Diese Art des Multitaskings halte ich für besonders tückisch. Schließlich ist es nicht wirklich logisch, mehrere unserer Interessen zeitgleich zu befriedigen, oder? Als Kinder wären wir ja auch nicht auf die Idee gekommen, zwei unserer Lieblingsaktivitäten gleichzeitig auszuüben. Woher kommt es also, dass wir im Erwachsenenalter mehrere unserer Interessen, die so unterschiedlicher Natur sind, in einen Zeitslot pressen und ihnen gleichzeitig nachgehen? Ich möchte behaupten, dass dieses Phänomen primär auf unsere gesellschaftliche Prägung zurückzuführen ist. Über Jahre hinweg wurden wir mithilfe von Lob, Tadel, Belohnung und Bestrafung so sehr konditioniert, dass wir gar nicht mehr dazu in der Lage sind, zwischen unserem freien Willen und unserem Pflichtbewusstsein zu differenzieren. Die Befriedigung eines vermeintlich »unwichtigen« Interesses fühlt sich somit häufig falsch an, da unser Unterbewusstsein uns daran erinnert, dass ja noch eine Pflicht darauf wartet, verrichtet zu werden. Um unserem Interesse nachgehen zu können, ohne dabei ein schlechtes Gewissen zu riskieren, greifen wir nun zu einer abgespeckten Version unserer Interessensausübung, bei der wir die Pflicht gleichzeitig erledigen. Ich bin mir sicher, dass auch du dich in dieser Art des Multitaskings wiederfindest. Schließlich gibt es eine Reihe an Beispielen dafür, wie sich das beschriebene Verhaltensmuster in der Praxis äußern kann. Vielleicht hörst auch du deinen Lieblingspodcast, während du dein Wohnzimmer aufräumst. Oder du isst, während du dir einen Film im Fernsehen ansiehst. Oder du telefonierst mit deinem besten Freund, während du dein Abendessen zubereitest. All das sind Szenarien, in denen du dein eigentliches Interesse mit einer vermeintlichen Pflicht kombinierst und somit einer Art des Multitaskings nachgehst, die ich für bedenklich halte. Das liegt daran, dass ein solches Verhalten in meinen Augen ausgesprochen unnatürlich ist. In dem Moment, in dem wir auf das Multitasking zurückgreifen, um vermeintliche Pflichten mit der Wahrnehmung unserer Interessen zu kombinieren, hindern wir uns selbst daran, unser volles Potenzial auszuschöpfen und uns auf die Dinge zu konzentrieren, die wir wirklich tun *wollen*. Dass das nicht förderlich ist, sollte klar sein. Immerhin zeigen uns allein unsere Kinder auf, dass man nur eine Sache bei vollem Verstand und maximalem Fokus *wollen* kann.

* * *

Ich bin mir sicher, dass einige Leser meinem Verständnis des Multitaskings grundsätzlich widersprechen. Vielleicht zählst auch du dich zu den Lesern, die felsenfest davon überzeugt sind, dass es ihnen absolut nicht schadet, mehrere Dinge gleichzeitig zu tun, und sie dabei sogar dazu in der Lage sind, sich auf all diese Dinge gleichermaßen zu konzentrieren. Im

Rahmen meines Versuchs, dich vom Gegenteil zu überzeugen, möchte ich auf eine Situation verweisen, die ich in dieser Form bereits mehrmals in meinem Alltag erlebt habe. Wenn ich längere Strecken mit dem Auto fahre, kommt es nicht selten vor, dass dabei ein spannendes Hörbuch läuft. Gerate ich nun jedoch in eine knifflige Verkehrssituation, pausiere ich mein Hörbuch für gewöhnlich und setze es erst fort, wenn sich die Verkehrslage beruhigt hat. Möglicherweise erkennst du dich in dieser Situation wieder – oder es fallen dir Situationen ein, in denen du dich ähnlich verhalten würdest. Dass wir uns in einer solchen Situation dazu entscheiden, das Multitasking von jetzt auf gleich zu beenden, liegt daran, dass wir unser Bewusstsein sonst daran hindern, sich voll und ganz auf die Situation zu konzentrieren, die in diesem Moment unsere volle Aufmerksamkeit erfordert. Solange dies nicht möglich ist, wird sich unser Bewusstsein abwechselnd auf die jeweils ausgeführten Aktivtäten konzentrieren, wodurch wir potenziell Gefahr laufen, großen Schaden zu verursachen. Im aufgeführten Beispiel könnte es unter diesen Umständen passieren, dass meine Reaktionszeit unter dem gleichzeitigen Hören des Hörspiels leidet und ich damit das Risiko eingehe, einen Verkehrsunfall zu verursachen. Ein solches Beispiel zeigt, dass wir grundsätzlich niemals dazu in der Lage sein können, uns zu 100 Prozent auf zwei unterschiedliche Dinge gleichzeitig zu konzentrieren. Die einzige Ausnahme stellen hierbei jene Dinge dar, die wir automatisiert, also unbewusst, tun. Das Automatisieren bestimmter Tätigkeiten eignen wir uns allerdings nur an, indem wir sie so oft wiederholen, bis sie von unserem Körper und unserem Geist verinnerlicht wurden. Dementsprechend bezeichne ich das Automatisieren auch als die »Königsdisziplin« des Tuns, die uns an die Grenze unseres Potenzials bringt. Sobald es uns gelungen ist, eine bestimmte Tätigkeit zu automatisieren, sind wir dazu in der Lage, diese Tätigkeit auszuüben, ohne aktiv darüber nachzudenken oder den Fokus unserer Aufmerksamkeit auf sie lenken zu müssen. Ein gutes Beispiel hierfür stellt das Tippen auf einer Handy- oder Laptop-Tastatur dar. Wenn wir auf dieser tippen, suchen wir nicht nach jedem Buchstaben einzeln. Wir denken lediglich an die Worte, die wir eingeben wollen, während unsere Finger den Rest quasi von selbst erledigen. Auch beim Spazierengehen gehen wir nicht jeden unserer Schritte gedanklich durch. Wir fokussieren uns lediglich auf unser Ziel, während unser Körper den motorischen Teil der Aktivität wie von allein ausführt. Da das Automatisieren verschiedener Tätigkeiten unseren Alltag ungemein erleichtern kann, ist es kein Wunder, dass auch an unseren Schulen aktiv darauf hingearbeitet wird, Kindern das Automatisieren bestimmter Prozesse näherzubringen. Allein das kleine Einmaleins wird bereits in der Grundschule so oft wiederholt, dass wir es irgendwann auswendig aufsagen können. Auf diese Weise geschult und optimiert kann das Automatisieren zu einer echten Allzweckwaffe im Alltag werden. Vor allem ist es aber eines: die einzige Art des Multitaskings, die ich nicht für bedenklich halte.

7.3 Die Lebenslüge des Multitaskings

Wie in den ersten sechs Kapiteln dieses Buches ist es auch in diesem Kapitel nicht mein Anliegen, eine Lebenslüge schlichtweg als solche zu enttarnen. Es geht mir vielmehr darum, auch im Zusammenhang mit der Lebenslüge des Multitaskings die Wahrheiten aufzudecken, die wir aus den Erkenntnissen des Kapitels ziehen können. Da wäre zum einen die Wahrheit, dass das gleichzeitige Wollen zweier Dinge unmöglich ist. Diese Wahrheit hat mir sehr dabei geholfen, die

Stimme der Autorität von der Stimme meines Willens zu unterscheiden und selbst die Entscheidung zu treffen, was ich wann tun will. Ich gerate dadurch nicht mehr so leicht in Situationen, in denen ich den Drang verspüre, das Bedienen eines Interesses mit dem Erfüllen einer vermeintlichen Pflicht zu vermischen. Dabei unterstützt mich auch die Wahrheit, dass automatisierte Handlungen die einzigen Handlungen sind, die sich für das Multitasking eignen. Mit dieser Wahrheit gehe ich sehr bewusst um. Ich achte penibel darauf, welche Tätigkeiten und Prozesse ich tatsächlich automatisiert beherrsche und kombiniere ausschließlich diese mit dem Verrichten von Pflichten oder dem Erfüllen eines weiteren Interesses. So bin ich beispielsweise beim Joggen oder während des Krafttrainings durchaus dazu in der Lage, mir Gedanken über berufliche oder private Probleme zu machen und nach Lösungen für diese zu suchen. Auch das Kochen von bereits bekannten Gerichten beherrsche ich automatisiert genug, um zeitgleich eine Serie auf dem iPad zu schauen oder ein Strategiespiel zu spielen. Abseits von diesen automatisierten Prozessen verzichte ich jedoch gänzlich darauf, mehrere Aktivitäten zwanghaft unter einen Hut zu bringen. Möglicherweise könntest auch du dir ein ähnlich gesundes Aktivitäten-Management aneignen, wenn du dir die im Rahmen dieses Kapitels gewonnenen Erkenntnisse zunutze machst. Hierzu musst du dir lediglich ins Gedächtnis rufen, dass es im Grunde genommen immer noch du bist, der die Kontrolle über sein Leben hat. Übernimm also das Ruder und sei mit der dir zur Verfügung stehenden Aufmerksamkeit bei der Sache, um deine Ziele im größtmöglichen Umfang zu erreichen. Gehe dabei jedoch bewusst mit deiner Aufmerksamkeit um und lass dir gegebenenfalls etwas mehr Zeit, wenn eine bestimmte Aktivität es erfordert. Und, und das ist am allerwichtigsten: Vertraue dir selbst und deinen Entscheidungen. Wenn du einer bestimmten Aktivität nachgehen willst, wird das gute Gründe haben. Lass dir nicht von gesellschaftlichen Zwängen einreden, dass du sie lieber mit einer anderen Aktivität verbinden solltest, um so der Lebenslüge des Multitaskings gerecht zu werden.

8

DIE SIEBTE LEBENSLÜGE: DER WETTLAUF DES LEBENS

8.1 Zeit

Du darfst noch fünf Minuten spielen. In fünfzehn Minuten ist der Fernseher aus. Wir müssen in einer halben Stunde los; sei bitte bis dahin fertig. Sei bitte in zwei Stunden wieder zu Hause. Bitte erledigt eure Hausaufgaben bis übermorgen. Nächste Woche schreiben wir eine Klassenarbeit. Gebt euch Mühe; in drei Monaten gibt es Zeugnisse. In den nächsten sechs Monaten entscheidet sich, auf welche weiterführende Schule du gehen darfst. Du machst nächstes Jahr deinen Abschluss; bewirb dich besser schon mal für einen Job. Weißt du schon, was du nach deiner Ausbildung in drei Jahren machen möchtest? Der Kredit ist super; mit dem hast du dein Haus in zwanzig Jahren abbezahlt. Noch dreißig Jahre arbeiten, dann kannst du in Rente gehen. Sie sind schwer krank; Ihnen bleiben noch fünfzehn Monate.

Ich bin mir sicher, dass du mit nahezu jedem dieser Sätze schon einmal in Berührung gekommen bist. Vielleicht wurden sie dir direkt ins Gesicht gesagt, vielleicht warst du aber nur Zeuge dessen, wie ein anderer Mensch mit ihnen konfrontiert wurde. Was dir dabei vermutlich nicht aufgefallen sein wird, ist die Tatsache, dass sich all diese Sätze um ein zentrales Phänomen drehen: die Zeit. Mit dieser hat auch die letzte meiner Lebenslügen, die ich als »Lebenslüge des Wettlaufs des Lebens« bezeichne, zu tun. In unserem Leben dreht sich nämlich nahezu alles um Zeit. Jeder möchte Zeit haben, niemand sie verlieren oder gar verschwenden. Vor dem Hintergrund, dass Zeit bekanntlich Geld ist und dieses vermeintlich die Welt reagiert, scheint es beinahe so, als wäre die Zeit das Maß aller Dinge auf diesem Planeten. Doch was ist Zeit eigentlich? In allen Redewendungen, die sich auf das Phänomen beziehen, stellen wir die Zeit als etwas dar, das leibhaftig und stellenweise gar lebendig zu sein scheint. Wenn wir beispielsweise sagen, dass die Zeit schnell vergangen ist, implizieren wir damit, dass die Zeit etwas ist, das kommen, gehen und stehenbleiben kann. Auch bei der Behauptung, wir hätten für etwas keine Zeit, schwingt die Überzeugung mit, dass es sich bei der Zeit um ein messbares Gut handelt, das man besitzen oder nicht besitzen könne. In meinen Augen zeichnet diese Betrachtung der Zeit ein Bild der Realität, das sich schädlich auf unsere Gesellschaft und unser Leben im Allgemeinen auswirkt. Solange wir die Zeit nämlich als messbares Gut ansehen, das wir uns im Rahmen unserer Möglichkeiten aneignen können, machen wir unser Leben dadurch zu einer Art Wettstreit, in dem es nur darum geht, wer seine Zeit am sinnvollsten nutzt und sich dabei den größtmöglichen Wohlstand erarbeitet. Dieser Wohlstand kann dann eingesetzt werden, um sich die verbleibende Zeit so schön wie möglich zu gestalten. Das finde ich insofern bedenklich, als dass jeder Wettstreit neben den Gewinnern auch Verlierer mit sich bringt. Das wären in diesem Fall jene Menschen, die nicht mit dem von der Gesellschaft vorgegebenen Zeitrahmen mithalten können und somit langfristig auf der Strecke bleiben. Diese Menschen können nur schwer in einer Welt bestehen, in der es nur darum geht, wer am schnellsten fertig ist, die meisten Punkte ergattern konnte oder am Ende das objektiv beste Ergebnis erzielt hat. Denn genau das sind ja die Dinge, die wir in unserer Gesellschaft als wertvoll erachten. Wir halten es für einen Erfolg, ein 100.000 Euro teures Auto zu besitzen, in dem wir auf unser Leben gerechnet vielleicht ein Jahr verbringen. Gleichzeitig scheinen wir kein Problem damit zu haben, einen Lebens- und Ernährungsstil zu verkörpern, der uns schneller altern lässt, uns psychisch und physisch krank macht und unsere Organe von innen zerstört. Während wir all diese Dinge ausblenden, konzentrieren wir uns vollends auf den vermeintlichen Wettlauf gegen die Zeit, als den wir unser Leben betrachten. Alles muss schneller, besser, teurer sein und so dafür sorgen, dass uns die bestmögliche Zukunft offensteht. Kann das gesund sein? Und wenn sich alles nur um die Zukunft dreht – was ist dann eigentlich mit der Gegenwart?

8.2 Zwischen Vergangenheit, Gegenwart und Zukunft

Je länger ich mich mit dem Wettlauf gegen die Zeit beschäftigte, in dem wir uns als Gesellschaft vermeintlich befinden, desto größer wurde meine Überzeugung, aus diesem ausbrechen zu wollen. Und das gelang mir tatsächlich. Dafür musste ich mich jedoch zunächst damit auseinandersetzen, was Zeit *wirklich* war. Wie ich bereits mehrmals aufgezeigt habe, wird uns die Zeit von der Gesellschaft als messbares Gut verkauft, um dessen Besitz wir uns mit anderen Menschen streiten müssen. Wir müssen schneller und besser sein als andere, um schlussendlich mehr Zeit für die Dinge zu haben, die uns tatsächlich glücklich machen. So zumindest die Idee. Von diesem Denken wollte ich jedoch um jeden Preis wegkommen. Dafür musste ich aber zunächst damit beginnen, die Zeit als das zu betrachten, was sie tatsächlich ist: Bewegung. Ja, richtig gelesen. Unabhängig von gesellschaftlichen Einflüssen ist die Zeit nichts weiter als Bewegung. Damit meine ich, dass die Zeit im Grunde nichts anderes ist als das permanente, immerwährende und niemals endende Voranschreiten von Moment zu Moment. Sie ist nicht greifbar und nicht zuverlässig messbar. Diese These wird auch von wissenschaftlicher Seite aus gestützt. Die Zeit, die wir kennen, kann aufgrund ihrer physischen Nichtexistenz nämlich nicht bemessen werden – anders als beispielsweise die Gravitation, Schallwellen oder die Temperatur. Das bedeutet, dass die Zeit nur subjektiv wahrgenommen werden kann und dementsprechend eine erfundene, rein abstrakte Richtlinie benötigte, um definiert werden zu können. Hieraus entstand unsere zerstörerische Richtlinie der Zeit, die keine wirkende Kraft besitzt, uns jedoch nichtsdestotrotz stärker beeinflusst als Gravitation, Temperatur und Schallwellen zusammen. All das ändert jedoch nichts daran, dass es schließlich vom handelnden Individuum allein abhängig ist, wie es Zeit wahrnimmt. Auch das wirst du aus deinem Alltag kennen. Wenn du in etwas vertieft bist, fällt es dir leicht, die Außenwelt auszublenden und das Voranschreiten der Zeit nicht mehr so intensiv wahrzunehmen. Gibt es jedoch gerade nichts, was deine volle Aufmerksamkeit erfordert, ist dies nicht so einfach möglich. Dementsprechend kommt es dir in Momenten, die du als langweilig oder wenig spannend empfindest, so vor, als würde die Zeit langsamer vergehen. Umgekehrt vergeht die Zeit gefühlt schneller, wenn du dich in einer Situation befindest, in der dauernd etwas

Neues geschieht. Dieser Effekt lässt sich schon beim Blick auf den typischen Verlauf eines Jahres beobachten. Während sich die Sommermonate, die wir oft als »Sommerloch« bezeichnen, teilweise unglaublich lang anfühlen, scheint es zum Ende des Jahres, als würde die Zeit wie im Flug vergehen. Kein Wunder, wo wir doch aufgrund der Feiertage von Termin zu Termin rennen und eine Erledigung der anderen folgt. Wir lernen also: Zeit ist auf eine gewisse Weise immer subjektiv. Nicht umsonst heißt es auch beim schon mehrfach von mir erwähnten Philosophen Arthur Schopenhauer: »Die Uhr misst die Zeit, aber sie macht sie nicht.«

* * *

Mit unserem Verständnis des Zeitbegriffs steht und fällt natürlich auch unser Bezug zu unserer Zeitrechnung. Fernab von Tagen, Monaten und Jahren unterteilen wir diese bekanntlich ganz simpel in Vergangenheit, Gegenwart und Zukunft. Hieraus ergibt sich naturgemäß die Frage, welchen Wert wir diesen drei Zeiteinheiten beimessen. Vermutlich wirst du dir schon denken können, dass ich auch in unserer Betrachtung von Vergangenheit, Gegenwart und Zukunft einige Schwachstellen sehe. Um zu veranschaulichen, wo diese liegen, möchte ich an dieser Stelle gerne einen fiktiven Dialog zwischen einem Mönch und seinem Meister anführen. Die Grundidee des Dialogs geht ursprünglich auf einen anderen Urheber zurück, allerdings kann ich mich zu meinem Leidwesen weder an den Urheber, dem dennoch mein Dank gebührt, noch an alle Details des Dialogs erinnern. Dementsprechend muss ich den Dialog leider auch dahingehend umschreiben, als dass ich nur den harten Kern, an den ich mich erinnere, übernehme, und den Rest anhand meiner noch vorhandenen Erinnerungen zu vervollständigen.

Mönch: »Meister, sollen wir Geistliche nicht nach der Vielfalt des Lebens und der Welt suchen und uns daran erfreuen?«

Meister: »Ganz richtig, mein Lehrling. Da hast du gut aufgepasst!« Mönch: »Warum laufen wir dann bei unserem täglichen Spaziergang immerzu den gleichen Weg ab? Wir könnten die Zeit doch nutzen, um neue Wege zu suchen und darin Neues zu entdecken!«

Meister: »Dass wir täglich die gleiche Route laufen, hat einen guten Grund. Wir gehen dabei auf unseren eigenen Fußspuren und alles um uns herum scheint gleich zu sein. Diese vermeintliche Eintönigkeit kann uns dazu verleiten, nicht mehr so aufmerksam auf unsere Umgebung zu achten wie am Vortag. Dabei bietet uns jeder Tag die Möglichkeit, unseren Fokus auf etwas Neues zu lenken. Heute achtete ich beispielsweise verstärkt auf den Wind und bemerkte, wie unterschiedlich er sich auf die verschiedenen Pflanzen auswirkt. Und gestern erfreute ich mich an der Vielfalt der Bienen, die hier rund um ihren Bienenstock arbeiteten. Wobei arbeiten dafür vermutlich das falsche Wort ist.«

Mönch: »Meister, ich verstehe nun. Egal, wie bekannt mir ein Ort erscheint, ich kann immer etwas Neues entdecken. Richtig?«

Meister: »Das ist nur die halbe Wahrheit. In erster Linie bestimmst du die Erfahrung, die du machen möchtest. Du kannst ein und denselben Apfel essen, ihn verschlingen oder genießen. Genauso kannst du auf einem und demselben Weg spazieren, laufen oder rennen. Das grundsätzliche Resultat bleibt bei beiden Beispielen das gleiche. Der Apfel wird gegessen und der Weg zurückgelegt sein. Doch die Erfahrung, die du auf dem Weg zu diesem Resultat machst, bestimmst du allein.«

In meinen Augen veranschaulicht der Dialog auf beeindruckende Art und Weise, dass Zeit letztendlich relativ ist und es lediglich darum geht, wie der Einzelne die erlebte Zeit wahrnimmt. Es geht darum, *was* der Einzelne aus der Zeit mitnimmt. Und die Zeit, um die es letztlich geht, spielt sich immer im Moment selbst, also in der Gegenwart, ab. Es geht nicht darum, was am Vortag passiert ist oder am Folgetag passieren wird. Es geht nur um die Gegenwart. Denn das Leben ist letzten Endes kein Marathon oder ein Wettrennen mit einer klaren Rennstrecke, sondern eine Serie an einzelnen Momenten, die sich lediglich im Hier und Jetzt abspielen. Meine heutige Perspektive auf diesen Sachverhalt habe ich neben diesem Dialog auch dem Buch *The Courage To Be Disliked* von Ichiro Kishimi und Fumitake Koga zu verdanken. In diesem gehen die beiden Autoren so weit, zu behaupten, dass Vergangenheit und Zukunft gar nicht existent sind. Als ich beim Lesen des Buches erstmals mit dieser Behauptung konfrontiert wurde, klappte ich es instinktiv zu, um eine Pause einzulegen. Die Worte, die ich gerade gelesen hatte, wühlten mich nachhaltig auf. Wie konnte es sein, dass all das Vergangene in der Gegenwart keine Bedeutung haben sollte? Wie konnte es sein, dass die Zukunft im Hier und Jetzt keine Rolle spielte? Mir war, als würde mein Weltbild in sich zusammenfallen. Ein ähnliches Gefühl hatte ich schon beim Aufdecken anderer Lebenslügen erlebt. Doch diesmal fühlte sich das Ganze anders an. Ich hatte immer mit der Überzeugung gelebt, meine Vergangenheit im

Hinterkopf und meine Zukunft vor Augen haben zu müssen. Wenn das, was ich gerade gelesen hatte, wahr sein sollte, würde all das von jetzt auf gleich keinen Wert mehr haben.

* * *

Um meine Sicht auf die Dinge zu schärfen und ein übergeordnetes Verständnis von Vergangenheit, Gegenwart und Zukunft zu erlangen, tat ich etwas, das mir bereits zuvor mehrmals zu wichtigen Erkenntnissen verholfen hatte: Ich begab mich gedanklich zurück in meine Kindheit. Ich dachte intensiv darüber nach, ob sich mein Bezug zu Vergangenheit, Gegenwart und Zukunft seit meiner Kindheit verändert hatte. Und tatsächlich: Als ich ein Kind war, war ich noch frei von jeglichen äußeren Einflüssen und konzentrierte mich in meinem Handeln stets auf die Gegenwart. Für mich spielte es keine Rolle, was in der Vergangenheit geschehen war oder in der Zukunft geschehen würde. Ich lebte jeden einzelnen Moment und jeder einzelne Moment lebte mich. Natürlich gab es Komponenten, die mich in meinem Handeln einschränken wollten – beispielsweise meine innere Stimme der Vernunft oder die Erziehungsmaßnahmen meiner Mutter –, doch letztendlich setzte sich mein kindliches Bedürfnis nach Freude und Spaß in den allermeisten Fällen durch. Je älter ich jedoch wurde, desto stärker wich ich von diesem Verhaltensmuster ab. Ein besonders gutes Beispiel hierfür stellt mein Bezug zum Teamsport dar. Ich hatte bereits mein ganzes Leben lang Spaß daran, mich sportlich zu betätigen, und die verschiedenen Teamsportarten hatten es mir besonders angetan. Ich ging schon im Kinder- und Jugendalter verschiedenen Teamsportarten nach, ehe ich im Erwachsenenalter mich für Volleyball zu interessieren begann. Wäre das bereits im Kindesalter passiert, hätte ich mich vermutlich umgehend bei einem Verein angemeldet und die ersten Teamtrainings besucht. Ich hätte die Gemeinschaft im Team genossen und Spaß daran gehabt, etwas Neues zu lernen und meinen Körper an neue Grenzen zu treiben. Als Erwachsener stand ich der Sache deutlich skeptischer gegenüber. Anstatt mich auf die positiven Aspekte zu konzentrieren, die das Volleyballspielen im gegenwärtigen Moment mit sich bringen würde, schwirrten in meinem Kopf die verschiedenen Risiken umher, denen ich mich potenziell aussetzen würde. So entstand in meinem Kopf eine ganze Liste an Argumenten, die gegen eine Mitgliedschaft in einem Volleyballverein sprechen würden:

1. Das Spielen im Verein kostet Zeit, die ich anders nutzen könnte.
2. Es besteht eine hohe Verletzungsgefahr.
3. Es kann sein, dass ich mich nicht mit meinen Teamkameraden verstehe.
4. Ich weiß nicht, ob ich überhaupt gut genug bin, um mit den anderen mitzuhalten. Möglicherweise nehmen die anderen mich deshalb nicht ernst.
5. Es kostet Geld, dessen Investition sich möglicherweise nicht lohnt.
6. Die Verpflichtungen, die mit der Zugehörigkeit zu einem Team einhergehen, könnten mich ungewollt einschränken.
7. Vielleicht macht es mir doch keinen Spaß.

Die Horrorszenarien, die ich mir rund um mein potenzielles neues Hobby ausmalte, spielten sich allesamt im Konjunktiv ab und waren rein spekulativer Natur. Objektiv betrachtet wusste ich natürlich, dass es sehr unwahrscheinlich war, dass diese Szenarien Realität werden würden. Dennoch schienen sie beängstigend genug zu sein, um mich davon abzuhalten, direkt zum ersten Training zu fahren und loszulegen. Mir war, als würde mein vorausschauendes Denken mich vor einer ungewissen und unbekannten Situation, die in der Zukunft liegt, bewahren wollen. Diese Art zu denken ist in meinen Augen destruktiv. Es dreht sich viel zu sehr darum, was passieren *könnte*. Es setzt den Fokus viel zu sehr auf Szenarien, die in der Zukunft liegen, und bremst uns somit präventiv in unserem Handeln. Unser Gespür für die Gegenwart geht derweil bedauerlicherweise verloren.

* * *

Anhand der bisher von mir zusammengetragenen Erkenntnisse könnte man nun leicht zum Fehlschluss kommen, dass es grundsätzlich richtig sei, Vergangenheit und Zukunft in seinem Handeln auszublenden und sich ausschließlich auf die Gegenwart zu konzentrieren. Wie sich anhand meines im letzten Kapitel aufgeführten Beispiels der Überfischung aufzeigen lässt, ist das mitnichten der Fall. Wie so häufig geht es auch in diesem Kontext wieder um das Thema Balance. Denn auch ich möchte im Rahmen dieses Buches keine auf radikalen Maximen basierte Ethik vertreten, die die Komplexität von Einzelfällen nicht ausreichend berücksichtigt. Welch großen Schaden eine solche Ethik anrichten könnte, zeigt ein Fall aus meinem unmittelbaren räumlichen Umfeld. Wie einige wissen werden, bin ich in Stuttgart, der Landeshauptstadt Baden-Württembergs, aufgewachsen. Dort wurde im Jahr 2022 mit der Umsetzung eines Bauprojekts begonnen, das einen hochmodernen unterirdischen Bahnhof erschaffen und damit das Leben der Reisenden erleichtern soll. Ursprünglich sollte das Projekt, das 1994 vorgestellt wurde, bis 2021 abgeschlossen sein, inzwischen geht man eher von einer Fertigstellung im Jahr 2026 aus. Während man ursprünglich mit Kosten in

Höhe von rund 2,5 Milliarden D-Mark kalkuliert hatte, belaufen sich diese inzwischen bereits auf knapp 10 Milliarden Euro – Tendenz steigend. Ich bin mir sicher, dass sich die Verantwortlichen des Projekts im Vorfeld einige Fragen rund um dessen Umsetzung gestellt haben werden. Ich selbst habe auch schon versucht, mich in die Rolle der handelnden Personen zu versetzen und darüber nachzudenken, ob ich mich ebenfalls für eine Umsetzung des Projekts in dieser Form entschieden hätte. Dabei bin ich zu dem Schluss gekommen, dass dies grundsätzlich davon abhängt, aus welchem Blickwinkel man das Ganze betrachtet. Ich habe im Rahmen dieses Buches mehrfach darauf verwiesen, dass ich es für wenig sinnvoll halte, seinen Fokus ausschließlich auf die Zukunft zu verlagern und dabei die gegenwärtigen Bedürfnisse seines Selbst zu vernachlässigen. Richtet man sich rein nach dieser Prämisse, könnte man die Umsetzung eines milliardenschweren Bauprojekts problemlos mit dem Argument rechtfertigen, dass es zum gegenwärtigen Zeitpunkt zur Bedürfnisbefriedigung beitrage und es keinen Sinn mache, sich mit den langfristigen Folgen zu beschäftigen. Der Fall könnte somit mit meinem zuvor aufgeführten Beispiel des Volleyballspielens gleichgesetzt und ad acta gelegt werden. In der Praxis gestaltet sich das Ganze jedoch weitaus komplizierter. Das liegt daran, dass es sich im Falle des Bauprojekts um einen Sachverhalt handelt, von dem eine große Menge an Lebewesen betroffen ist, die über das persönliche Umfeld hinausgeht. Gerade in solchen Fällen ist es wichtig, die richtige Balance zwischen dem Fokus auf die eigene Gegenwart und der Berücksichtigung fremder Bedürfnisse zu finden. Das Zauberwort lautet in solchen Fällen *Moral*. Diese sollte bei Entscheidungen, die das Leben und den Lebensraum anderer Lebewesen betreffen, stets allgegenwärtig sein und uns daran hindern, unüberlegt zu handeln und dabei möglicherweise anderen Lebewesen zu schaden. Im

Falle des von mir erwähnten Bauprojekts hätte also mithilfe eines gewissen hedonistischen Kalküls bestimmt werden müssen, inwiefern die Umsetzung des Projekts anderen Lebewesen schadet – beispielsweise durch die Einflussnahme auf deren Lebensraum oder steuerliche Belastungen. Ebenfalls hätte kritisch hinterfragt werden müssen, inwiefern sich hinter der vermeintlichen Befriedigung gegenwärtiger Bedürfnisse eigentlich eine sich in der Zukunft realisierende Gewinnabsicht verbirgt. Grundsätzlich gilt also auch bei unserem Verständnis von Vergangenheit, Gegenwart und Zukunft: Es kommt auf die Balance an. Es ist essenziell, Entscheidungen anhand der gegenwärtigen Gegebenheiten zu treffen. Entscheidungen zu treffen, weil du dir von ihnen in der Zukunft einen Gewinn oder Nutzen versprichst, der aktuell noch völlig in den Sternen steht, ist Schwachsinn. Tust du das, handelst du nicht anders als der angehende Volleyballspieler, der aus Angst vor herbeifantasierten Folgen darauf verzichtet, sich im Verein anzumelden – mit dem Unterschied, dass du dann nicht aus Angst, sondern aus Gier handelst. Auf genau diesem von Gier getriebenen Denkmuster basieren so viele der Phänomene, die uns den gesunden Umgang mit der Zeit erschweren. Diesem Denkmuster »verdanken« wir es, dass wir unsere Zeit in Monatslöhnen abwiegen und somit das Gespür für den Wert unserer Arbeit verlieren. Diesem Denkmuster »verdanken« wir es, dass wir im Kindergarten auf die Schule, in der Schule auf das Berufsleben und im Berufsleben auf die Rente vorbereitet werden. Diesem Denkmuster »verdanken« wir es, dass wir in unserem Leben immerzu gierig oder ängstlich auf die Zukunft blicken, anstatt bewusst in der Gegenwart zu leben. Es ist also zwingend notwendig, sich von diesem Denkmuster zu lösen und sich in seinen Entscheidungen auf gegenwärtige Gegebenheiten zu fokussieren. Dennoch solltest du diese zwangsläufig an eine Berücksichtigung deines moralischen Kompasses knüpfen. Denn ohne Vernunft und Moral – und das haben die in diesem Kapitel aufgezeigten Beispiele gezeigt – ist auch die stärkste Konzentration auf die Gegenwart nichts wert.

* * *

Dank meines neuen Verständnisses der Zeit sowie der mit ihr in Verbindung stehenden Phänomene wie Vergangenheit, Gegenwart und Zukunft war ich bald dazu in der Lage, mein eigenes Verhalten zu hinterfragen und zu verändern. Das begann bereits damit, dass ich aufhörte, Entscheidungen und Aktivitäten in die Zukunft zu vertagen. Diese Änderung würde ich auch dir als Leser wärmstens ans Herz legen. Es macht nämlich überhaupt keinen Sinn, Entscheidungen von zeitlichen Faktoren abhängig zu machen und sich deshalb davon abhalten zu lassen, Dinge tatsächlich zu *tun*. Wünschst du dir heute eine Versöhnung mit einer Person? Dann gehe diese *heute* an. Hast du vor, mehr Zeit in der Natur zu verbringen? Dann beginne *heute* damit, deine Gewohnheiten zu ändern. Geh raus, lauf durch den Wald, setz dich in einen Park oder leg dich einfach Mal in die Sonne. Du wirst erstaunt sein, wie lange sich dreißig Minuten in der Natur anfühlen können, wenn du dabei nicht permanent die Zeit im Blick hast. Wobei es eigentlich kaum eine Rolle spielt, auf welchen Lebensbereich sich deine Wünsche und Träume beziehen: Wenn du das Bedürfnis verspürst, deinem Leben einen positiven Impuls zu geben, tu es! Möchtest du ein Instrument spielen, singen, malen oder eine neue Sportart ausprobieren? Dann beginne noch heute damit! Die Frage, ob das wirklich sinnvoll wäre, brauchst du dir gar nicht zu stellen. Letzten Endes füttern nämlich all diese neuen Erfahrungen deinen Intellekt mit Informationen, Wissen und Material, von dem du heute und in Zukunft profitieren kannst. Um das zu unterstreichen, möchte ich an dieser Stelle auf ein Zitat von Konfuzius verweisen, das eindrucksvoll verbildlicht, was für eine wichtige Rolle die Erfahrung in unser aller Leben spielt:

»Die Erfahrung ist wie eine Laterne im Rücken;
sie beleuchtet stets nur das Stück Weg,
das wir bereits hinter uns haben.«

8.3 Das Leben als Wettlauf

Mit der Idee, dass es sich beim Leben um einen Wettlauf handelt, wurde ich schon sehr früh konfrontiert. Schon als Kind war ich durch die Einflüsse meiner Umgebung felsenfest davon überzeugt, dass das Leben ein Wettlauf ist, in dem jeder für sich und seine eigenen Interessen antritt. Schon als Kind stellte sich mir jedoch eine enorm wichtige Frage: Wenn das Leben ein Wettlauf ist, wer wertet dann? Und vor allem: *wie?* Wie soll man einen Wettlauf bewerten, in dem jeder Teilnehmer den Wettbewerb an einem anderen Ort und zu einem anderen Zeitpunkt beginnt? Es kann wohl kaum darum gehen, wie schnell der Einzelne läuft, wenn jede Person eine völlig unterschiedliche Ausgangslage hat, oder? Je genauer ich hinsah, desto eher erschien mir das Leben wie eine Art Ligasystem, in dem der Abschluss eines einzelnen Rennens zur Teilnahme am nächstgrößeren Wettlauf berechtigt. Insbesondere durch das Verhalten der Erwachsenen um mich herum wurde mir wieder und wieder verdeutlicht, wie wichtig es sei, an diesen Wettläufen teilzunehmen und kontinuierlich in meiner Liga aufzusteigen. Ob ich das überhaupt wollte, stand dabei nie zur Debatte. Ohne mich nach meinem Einverständnis zu fragen, wurde mir eine metaphorische Teilnehmernummer verpasst, unter der ich nun in der für mich vorgesehenen Liga um mein Leben laufen durfte. Dabei wurden mir weder die Regeln erklärt, noch wurde ich darauf hingewiesen, wie und wo ich das Ziel des Wettlaufs erreichen würde. Die DNA des Kapitalismus war somit in mein Leben getreten, und ich hatte mich verpflichtet, ihr auf Lebzeiten hinterherzurennen. Erst durch den Kindergarten, dann durch die Schule, und dann durch den Job. Wo andere die Religion hatten, der sie stumpf hinterherliefen, hatte ich die Idee eines Wettlaufs, den es unbedingt zu gewinnen galt. Womit wir wieder bei meiner Ausgangsfrage wären: Wer wertet diesen Wettkampf, der offensichtlich so schwer zu werten ist wie kaum ein anderer? Die Antwort auf diese Frage ist eigentlich recht simpel. Die Richter des Wettlaufs sind wir alle. Ja, richtig gehört. Alle Teilnehmer des Wettlaufs sind befugt, über die anderen Teilnehmer zu richten. Denn genau davon lebt und nährt sich dieser Wettlauf. Davon, dass wir einander anstacheln und verurteilen, voreinander protzen und uns gegenseitig beneiden. Genau dieses Verhalten triggert in uns jene menschlichen Instinkte, die aktiv werden, wenn es um die Sicherung unseres Lebensraumes geht. Das mag krass klingen, doch es stimmt. Wir sind so sehr in der Idee des Wettlaufs gefangen, dass wir es schon als eine Bedrohung unseres Lebensraumes sehen, wenn einer anderen Person etwas schneller oder besser gelingt als uns. Unsere Instinkte treiben uns dann dazu an, dieser Person überlegen sein zu wollen, sodass wir alles in Bewegung setzen, um sie zu übertrumpfen. Ich bin schon in einem der vorherigen Kapitel darauf eingegangen, inwiefern Überlegenheitstrieb und Minderwertigkeitskomplexe zusammenhängen. Im Rahmen unseres vermeintlichen Wettlaufs greift die Dynamik dieses Dualismus erneut. Wann immer wir uns mit anderen Teilnehmern des Wettlaufes vergleichen, greift einer der beiden Mechanismen. Die Mechanismen befruchten sich dabei gegenseitig: Die Überlegenheit bestätigt unser Tun, während die Minderwertigkeit uns dazu animiert, besser zu werden. So entsteht ein Kreislauf, in dessen Mitte wir uns als sich stets weiterentwickelnde Menschen befinden. Der Ablauf unserer Entwicklung ist dabei immer derselbe: Erst identifizieren wir ein Problem, das uns in eine negative Stimmung versetzt. Um aus dieser zu entkommen, arbeiten wir an Lösungen, deren Umsetzung uns das positive Gefühl gibt, wertvoll zu sein. Dieses Gefühl hält an, bis wir auf das nächste Problem treffen und der Kreislauf von vorne beginnt. Und so geht es dann ewig weiter. Oder …?

* * *

Mein persönlicher Wettlauf begann bei Runde 1995. Anders als Milliarden an Wettlaufteilnehmern, die in den Generationen vor mir geboren und längst verstorben waren, musste ich den Wettlauf nicht ohne Hilfsmittel starten. Das hatte ich dem Fortschritt der Welt, in die ich hineingeboren wurde, zu verdanken. Trotzdem gab es um mich herum – also im Kindergarten, der Grundschule oder meinem Freundeskreis – einige Kinder, die noch bessere Ausgangslagen hatten als ich. Diese Kinder hatten meist Eltern, die von klein auf alles dafür taten, ihre Kinder auf den anstehenden Wettlauf vorzubereiten. Sich mit diesen Kindern zu messen war besonders schwer, da sie durch die Vorbereitung ihrer Eltern, die oft selbst sehr erfolgreiche Wettlaufteilnehmer waren, einen erheblichen Wettbewerbsvorteil hatten. Es war beinahe so, als wären sie mir mehrere Runden voraus, während ich noch mehrere Kilometer hinterherhinkte. Diese Kilometer galt es aufzuholen, während der Wettlauf im Laufe meiner Kindheit ein immer wichtigerer Bestandteil meines Lebens wurde. Das Tempo, mit dem ich mithalten musste, erhöhte sich von Tag zu Tag und es kamen immer wieder neue Phänomene dazu, die von jetzt auf gleich an Relevanz gewannen. Wenngleich ich einige dieser Phänomene für unglaublich unwichtig und uninteressant hielt, blieben mir nur zwei Optionen. Ich konnte mich dem Wettlauf unterwerfen und mein Verhalten dem meiner Umgebung anpassen oder mich damit abfinden, dass ich den Anschluss zu den anderen verlieren und damit zum Außenseiter werden würde. Obwohl ich mein Möglichstes tat, um Letzteres zu verhindern, kam es nicht selten vor, dass ich der Einzige in der Klasse war, der einen bestimmten Trend nicht kannte oder verstand. Solche Situationen beeinflussten mein Leben schon deshalb stark, weil sie mich vom Rest der Gleichaltrigen abschnitten. Wenn du immer wieder der Einzige bist, der nicht an etwas teilhaben kann, ist es unmöglich, ein tiefes Gefühl von Zugehörigkeit zu verspüren. Das wirkte sich natürlich auch auf den Wettlauf aus, an dem ich nach wie vor teilnahm. Während ich noch dabei war, zu den anderen aufzuschließen, begaben diese sich als Gruppe bereits zur nächsten Etappe, die es zu meistern galt. Spätestens durch solche Erfahrungen begriff ich, wie nützlich es für das Bestehen im Wettlauf sein konnte, zumindest vorübergehend Teil einer Gruppe zu sein. Die Zugehörigkeit zu einer Gruppe konnte das eigene Ansehen bei den Konkurrenten stärken und dafür sorgen, dass man schneller vorankam. Je größer die Gruppe, desto stärker verbesserte sich die eigene Ausgangssituation. Dennoch brachte die Zugehörigkeit zu solch einer Gruppe nicht nur Positives mit sich. Da man nach wie vor in einer Konkurrenzsituation zu den anderen Gruppenmitgliedern stand, konnte man sich von ihnen keine aufrichtige Freundschaft erhoffen. In den Gruppen, denen ich mich im Laufe des Wettlaufs anschloss, ging es nicht darum, einander zu vertrauen und tiefgehende Verbindungen aufzubauen. Es ging vor allem darum, voneinander zu profitieren und die eigene Ausgangslage für den Wettlauf des Lebens zu verbessern. Aus heutiger Sicht würde ich die Gruppen, denen ich zeitweise angehörte, somit eher als eine Art Zweckgemeinschaft beschreiben, in denen die einzelnen Mitglieder nur Mittel zum Zweck waren. Insbesondere im Jugendalter konnte ich aktiv beobachten, wie die Grüppchenbildung um mich herum immer größere Gruppen hervorbrachte. Jeder wollte sich einer Gruppe anschließen, sich wichtig fühlen und nach außen hin das Bild vermitteln, *dazuzugehören*. Für echte und lebendige Freundschaften, die Pflege und ehrliche Kommunikation benötigen, war in diesem Rahmen kein Platz.

* * *

Einer der wenigen echten Gradmesser für meinen Fortschritt im Wettlauf des Lebens war mein Alter. Gerade im Jugendalter war es beinahe an der Tagesordnung, dass man Menschen, die man gerade neu kennengelernt hatte, nach ihrem Alter oder ihrem Geburtsjahr fragte. Damals war das für mich ganz normal und ich hinterfragte den Prozess nicht groß. Heute weiß ich, dass deutlich mehr hinter der Frage nach dem Jahrgang steckte als das bloße Interesse am Alter des Gegenübers. In einem sozialen Gefüge, in dem es primär darum geht, schneller, besser und stärker zu sein als andere, ist das Alter das ideale Mittel, um sich mit anderen zu vergleichen. Wir alle wissen, dass wir als Gesellschaft eine gewisse Erwartungshaltung an Menschen innerhalb bestimmter Altersgruppen haben. Mit 7 Jahren sollte man in der Grundschule sein, mit 18 sein Abi haben und mit spätestens 25 von zu Hause ausgezogen sein. Auf einer deutlich detaillierteren Skala bewegten sich die Erwartungen, die wir als Jugendliche aneinander hatten. Mit jedem Lebensjahr, das unser Gegenüber bereits abgeschlossen hatte, gingen gewisse Erwartungen einher, die wir an den Menschen dahinter hatten. In dem Moment, in dem unser Gegenüber sein Alter preisgab, konnten wir uns dementsprechend anhand dieser Erwartungen mit der jeweiligen Person vergleichen. Dabei galten die diejenigen, die sich unter dem geltenden Maßstab bewegten, als zurückgeblieben. Diejenigen, die über ihm lagen, waren unterdessen ihrer Zeit voraus und galten als Überflieger. Zu diesen sollte man aufschauen und sich mit ihnen messen. Auf diese Weise wurde die Zeit, die ja vermeintlich unser Freund und Begleiter sein sollte, zum Hauptwerkzeug, um Druck auf uns auszuüben und uns dazu zu animieren, uns ständig miteinander zu messen. Ein extremes Ausmaß erreichte diese Dynamik des ständigen Wettkampfs ab dem Punkt, ab dem Statussymbole eine immer größer werdende Rolle in unserem Leben spielten. Was früh mit Spielzeug, Klamotten oder Spielekonsolen begann, erreichte mit dem Erreichen unserer Volljährigkeit seinen vorläufigen Höhepunkt. Ab diesem Zeitpunkt waren wir vermeintlich unabhängig und somit nicht mehr an äußere Limitierungen gebunden, was den Besitz und das Zurschaustellen von Statussymbolen anging. Ein bestimmtes Statussymbol stand dabei besonders im Fokus: das Auto. Noch heute halte ich die Bedeutung, die wir unseren Autos in unseren späten Teenie-Jahren beigemessen haben, für absurd. Dabei scheint alles auf den ersten Blick so harmlos zu sein. Ein Auto ist zunächst einmal nichts anderes als ein Fahrzeug, das dich schneller und unabhängiger von A nach B bringt als der Bus, das Fahrrad oder die eigenen Beine. Kein Wunder also, dass wir uns als Teilnehmer des ewigen Wettlaufs Leben danach sehnten, ein solches Fahrzeug zu besitzen. Dabei war es zu Beginn erst einmal egal, welches Auto der Einzelne fuhr. Als Fahranfänger war es die Hauptsache, überhaupt einen Wagen zu besitzen. Die knapp zweieinhalbtausend Euro, die man dafür mindestens hinlegen musste, waren für Jugendliche in meinem Alter sehr viel Geld gewesen und so nahmen es sich die meisten von uns vor, ihren ersten Wagen so lange zu fahren, wie es nur möglich sein sollte. Hätte ich mein Leben unabhängig von den Menschen um mich herum gelebt, hätte es mir vermutlich auch keine Schwierigkeiten bereitet, dieses kollektive Vorhaben für mich in die Tat umzusetzen. Durch die eingangs erwähnten Gruppenkonstellationen gestaltete es sich jedoch für viele von uns schwierig, ihr Vorhaben in die Tat umzusetzen. Schon ab dem Moment, in dem die ersten aus der Clique mit dem Autofahren begannen, fing der interne Konkurrenzkampf wieder an. Diesem war ich von Beginn an nicht wirklich gewachsen. Im Gegensatz zu mir konnten sich einige andere Jugendliche nämlich darauf verlassen, dass ihre Eltern frühzeitig Geld für den Führerschein sowie das erste Auto beiseitegelegt hatten. Diejenigen, für die das galt, hatten somit wieder einmal einen erheblichen Wettbewerbsvorteil, der sich stark auf die Dynamik innerhalb der Gruppe auswirkte. Aus dem Auto, das eigentlich nichts weiter als ein Gebrauchsgegenstand war, wurde ein Statussymbol, über das wir unseren Wert innerhalb der Gruppe definierten. Plötzlich ging es nicht mehr darum, ein Auto zu haben, das einen sicher von A nach B bringt. Es ging darum, das *schnellste, schönste* oder *teuerste* Auto zu haben. Statt weiterhin das Vorhaben zu vertreten, das erste Auto so lange wie möglich zu fahren, nährte man nun durch die neidischen Blicke auf die anderen das eigene Minderwertigkeitsgefühl. Auf einmal war es egal, ob das eigene Auto noch gut in Schuss oder günstig im Unterhalt war. Man wollte mit den anderen mithalten und sehnte sich danach, dem Rest der Gruppe eines Tages ein neueres, schnelleres, teureres und schöneres Auto präsentieren zu können. Da war er also wieder: der aus unseren Minderwertigkeitskomplexen erwachsene Überlegenheitsdrang.

8.4 Das innere Kind im Wettlauf des Lebens

Es ist kein Zufall, dass ich mich so intensiv damit befasst habe, wie sich so ein simples Objekt wie das Auto auf das Konkurrenzdenken einer ganzen Altersgruppe auswirken konnte. Abgesehen davon, dass ich im weiteren Verlauf des Buches noch einmal auf das Beispiel des Autos zu sprechen kommen werde, steht das Auto in diesem Zusammenhang sinnbildlich für all die verschiedenen Statussymbole, die uns in unserer Balance zwischen Minderwertigkeitskomplexen und Überlegenheitsdrang beeinflussen. Was im von mir beschriebenen Beispiel das Auto ist, können in einem anderen Zusammenhang genauso das neueste Smartphone, eine teure Luxusuhr oder ein gut bezahlter Job sein. Fakt ist: Solange wir uns im endlosen Wettlauf des Lebens befinden, werden wir immer nach Möglichkeiten suchen, um uns mit anderen Wettlaufteilnehmern zu vergleichen und diese anhand ihrer Leistungsklasse zu kategorisieren. Als Teilnehmer des Wettlaufs können wir uns dieser Begleiterscheinung nicht entziehen. Jedoch ist es uns überlassen, wie wir mit ihr umgehen möchten. Es wird sicherlich Menschen geben, die sich als Teilnehmer des Wettlaufs wohlfühlen und Spaß daran haben, stets nach der nächsten Gelegenheit zu suchen, um den eigenen Überlegenheitsdrang zu befriedigen. Bei mir war das nie der Fall. Für mich fühlte sich das Ganze eher an wie ein Wettlauf auf einer endlos in die Breite ausgedehnten Tartanbahn, dessen einzelne Teilnehmer kontinuierlich in Richtung einer unbekannten und ungewissen Ziellinie liefen, rannten und sprinteten. Es kam mir nicht einmal so vor, als könnte ich diesem mir völlig unbekannten Ziel durch eine Erhöhung meiner Geschwindigkeit in irgendeiner Art und Weise näherkommen. Wenn ich einmal das

Tempo anzog, kam es mir lediglich so vor, als würde ich *mehr* rennen als vorher. Auch um mich herum sah ich im Grunde ausschließlich Menschen, denen die Struktur des Wettlaufs zu schaffen machte. Selbst die vermeintlich erfolgreichsten Teilnehmer wirkten völlig ausgelaugt. Es schien, als stünden sie komplett unter der Kontrolle der Zeit – stets mit dem Ziel vor Augen, schnellstmöglich die bestmöglichen Ergebnisse zu erzielen. Nur um ihren vermeintlich erstrebenswerten Lebensstandard zu erhalten, sprinteten sie von Runde zu Runde. Von Ruhe war dabei keine Spur. Ich meine, wie hätte ihre Seele auch zur Ruhe kommen können, wenn allein der Erhalt der aktuellen Lebensumstände tagtägliches Sprinten erforderte?

* * *

Je länger ich mich zu den Teilnehmern des Wettlaufs des Lebens zählte, desto größer wurde mein Bedürfnis, endlich aus diesem auszubrechen und in Freiheit zu leben. Ich wollte nicht mehr um mein Leben sprinten, um irgendwann einmal eine Ziellinie zu erreichen, unter der ich mir nichts vorstellen konnte. Vielmehr sehnte ich mich danach, mein inneres Kind herauszulassen und einfach mal wieder Spaß zu haben. Als *inneres Kind* betrachte ich den Teil meiner selbst, der die Welt der Erwachsenen mit all ihren Regeln und Strukturen verachtet und die Emotionen und Aktivitäten liebt, die mich im Laufe meiner Kindheit so erfüllten. Mein inneres Kind lebt frei von all den Verpflichtungen, die mit voranschreitender Zeit in sein Leben getreten sind. Denn die Zeit und die mit ihr einhergehenden Veränderungen waren es, die mich immer weiter von meinem inneren Kind entfernt hatten. Sekunde für Sekunde. Minute für Minute. Stunde für Stunde. Tag für Tag. Woche für Woche, Monat für Monat, Jahr für Jahr. Zum Glück gibt es einen ganz einfachen Trick, um sich von jeglichen zeitlich bedingten Veränderungen zu lösen und seinem inneren Kind für einen Moment näherzukommen. Falls du das ebenfalls erleben möchtest, würde ich dich an dieser Stelle wieder einmal zu einem Gedankenexperiment einladen. Stelle dir dein Leben hierzu einmal ohne jegliche zeitliche Faktoren vor. Stell dir vor, dass du dazu in der Lage bist, die Zeit anzuhalten – und mit ihr jegliche physische und transzendentale Bewegung. Mitten in den von dir erschaffenen Stillstand darfst du dann einen Raum bauen, in den sich lediglich die Menschen begeben dürfen, denen du Einlass gewähren möchtest. Außerdem wirst du im besagten Raum nur die Dinge tun, die du auch wirklich tun möchtest. Keine Zwänge, keine Verpflichtungen, kein Multitasking. Die Zeit spielt dabei überhaupt keine Rolle. Da sie nicht vergehen kann, kannst du auch nicht den Punkt erreichen, an dem du für irgendetwas, was du dir vorgenommen hast, keine Zeit mehr hast. Du hast im wahrsten Sinne des Wortes alle Zeit der Welt. Die Frage, die sich dir nun stellt, sollte also klar sein: Was genau tust du in einer solchen Situation? Wie sieht dein Raum aus? Befinden sich neben dir noch weitere Personen darin? Wenn ja, wer? Und welchen Aktivitäten würdest du in deinem Raum nachgehen? Welchen Dingen würdest du mehr Aufmerksamkeit widmen? Mit wem würdest du etwas länger und unbeschwerter Zeit verbringen? Sobald du dir diese Frage beantwortet hast, weißt du, welche Bedürfnisse dein inneres Kind hat. Den Begriff *inneres Kind* verwende ich in diesem Zusammenhang bewusst. Im Gegensatz zu uns Erwachsenen leben Kinder nämlich in genau dem Raum, den ich dich gerade im Rahmen eines Gedankenexperimentes habe erschaffen lassen. Kinder sind frei von jeglichem Zeitgefühl. Für Kinder ist gestern vergangen und morgen egal. Sie leben im Hier und Jetzt und wollen spielen, lesen, essen, tanzen, Fahrrad fahren, ihre Freunde treffen, lange draußen bleiben und so lange aufbleiben, bis ihre Augen zufallen. Deshalb sind sie Pioniere, wenn es darum geht, erfüllt und glücklich zu leben. Mein inneres Kind meldete sich häufig, um sein Bedürfnis mitzuteilen, endlich aus dem Wettlauf des Lebens auszubrechen. Es hatte keine Lust mehr, sich mit den anderen Teilnehmern zu messen, und wollte aus dem so destruktiven System entfliehen. Da ich jedoch noch weit davon entfernt war, dieses destruktive System zu durchschauen und als solches anzuerkennen, sollten die Wünsche meines inneren Kindes bis auf weiteres ein Traum bleiben.

8.5 Der Weg ist das Ziel

Mit der Erkenntnis, dass mein inneres Kind keinerlei Interesse daran hatte, an einem *Wettlauf des Lebens* teilzunehmen, stellte sich mir eine weitere, viel wichtigere Frage: Was war es, das mich als Erwachsenen dazu bewog, noch immer Teilnehmer dieses Wettlaufs zu sein? In meinen Augen benötigt es nur zwei Wörter, um diese Frage zu beantworten: *Hoffnung* und *Verzweiflung*. Unter dem Begriff der Hoffnung verstehen wir gemeinhin eine zuversichtliche emotionale Ausrichtung mit Blick auf die Zukunft. Jemand, der *Hoffnung* hat, blickt optimistisch in die Zukunft und ist davon überzeugt, dass diese etwas Positives für ihn bereithält. Als *Verzweiflung* bezeichnet man derweil einen emotionalen Zustand, der von Aussichtslosigkeit und Hoffnungslosigkeit geprägt ist. Wer *verzweifelt* ist, steht der eigenen Zukunft ratlos gegenüber und hat keine positive Erwartungshaltung an diese. Während ich mit den einzelnen Definitionen der beiden Begriffe nicht viel anfangen kann, ist es das Zusammenspiel aus beiden, das mich fasziniert. In meinen Augen gehen Hoffnung und Verzweiflung nämlich zwangsläufig Hand in Hand. Das Gefühl von Verzweiflung kann nicht entstehen, wenn zuvor nicht gehofft wurde. Umgekehrt sind die negativen Gefühle, die die Verzweiflung mit sich bringt, Nährboden für das Schöpfen neuer Hoffnung. Was diese beiden Mechanismen verbindet, ist die Tatsache, dass beide rein zukunftsorientiert sind. Das ist in meinen Augen hochgradig gefährlich. Denn solange man voller Hoffnung oder Verzweiflung in die Zukunft schaut, hindert man sich selbst daran, im Hier und Jetzt die nötigen Schritte zu unternehmen, um die gegenwärtige Situation tatsächlich zu verbessern. Das lässt sich auch anhand des Beispiels belegen, das ich im Rahmen dieses Kapitels als *Wettlauf des Lebens* bezeichnet habe. Solange die Teilnehmer die *Hoffnung* haben, in der *Zukunft* für ihre Mühen belohnt zu werden, werden sie unermüdlich weiterrennen. Das unterscheidet sie eben auch vom inneren Kind, das vollkommen unabhängig von Hoffnung und Verzweiflung handelt und sich somit auf das Hier und Jetzt konzentrieren kann. Dass das innere Kind – oder vielmehr Kinder im Allgemeinen – somit per Definition *hoffnungslos* ist, halte ich übrigens für etwas Positives. Denn wer seinen Tag nicht damit verbringt, permanent an seine Zukunft zu denken, hat die Möglichkeit, seinen Fokus auf das Hier und Jetzt und somit auf das zu lenken, was er unmittelbar lenken und beeinflussen kann.

* * *

Letzten Endes führt uns die Metapher rund um den Wettlauf des Lebens zu einer Erkenntnis, die ursprünglich von Konfuzius aufgestellt wurde und heute so inflationär verwendet wird wie kaum eine andere. Der Weg ist das Ziel. Ich bin mir sicher, dass der eine oder andere Leser beim bloßen Anblick dieser fünf Worte mit den Augen rollen wird. Wenn es um den Wettlauf des Lebens geht, sind es jedoch genau diese fünf

Worte, die es zu begreifen gilt. Das Leben kann nämlich niemals ein Wettlauf mit einem Startschuss und einem Ziel sein. Genauso wenig kann es ein Marathon oder ein Dauerlauf sein. Denn für all das benötigt es ein klar definiertes Ziel, das es zu erreichen gilt. Und dieses gibt es nicht. Wenn wir den Verlauf unseres Lebens also unbedingt irgendwie verbildlichen wollen, dann ist es eine Serie an einzelnen Punkten, die sich ausschließlich im Hier und Jetzt abspielen. Es ist nichts wert, sein Leben permanent auf die utopische Vorstellung einer Zukunft auszurichten, von der man nicht einmal weiß, wie sie aussieht und wann man sie erreicht. Deutlich erfüllender ist es, das Leben an sich, also das gegenwärtig Erlebte, als solches anzuerkennen und auszukosten. Das zeigt sich im Gesamtkontext des Lebens ebenso wie im Detail. Ich bin zu Beginn des Kapitels darauf eingegangen, wie mein Umfeld und ich unsere Autos zu Statussymbolen hochstilisierten und dabei permanent versuchten, die Autos der jeweils anderen zu übertrumpfen. Schon damit saßen wir einem folgenschweren Irrtum auf. Denn selbst in dem Wettlauf, in dem wir uns wähnten, hat ein Auto keinen großartigen Nutzen. Es bringt dich zwar innerhalb von wenigen Minuten zum Supermarkt, kostet dich aber dafür all die intensiven Erfahrungen, die du hättest machen können, wenn du den Weg zu Fuß zurückgelegt hättest. Was ich damit sagen will: Es geht im Leben nicht darum, möglichst schnell voranzukommen. Es ist deutlich erfüllender, seinen eigenen Weg bewusst zu erleben und seine Sinne für die Ereignisse der Gegenwart zu schärfen. Genauso wie eine schnelle Fahrt im Auto all die Einflüsse ausblendet, die sich außerhalb des Autos befinden, blendet ein zu geschwindigkeitsreiches und zukunftsorientiertes Leben all die Einflüsse aus, die die Gegenwart bereithält. Mit zu viel Geschwindigkeit im Gepäck denkst du nur noch daran, so schnell wie möglich von A nach Z zu gelangen. All die Erfahrungen, die die 24

Buchstaben dazwischen bereithalten, wirst du in diesem Fall niemals machen. Wäre das nicht schade? Wäre es nicht schade, als Schnellster durch all die schönen Landschaften zu sprinten, die es auf dieser Welt zu erkunden gibt? Wäre es nicht deutlich schöner, es langsamer angehen zu lassen und dafür all die Einflüsse zu erkunden, die diese Landschaften für uns bereithalten? In jedem Fall kannst du dir sicher sein: Die Teilnahme am Wettlauf des Lebens wird nicht in der Utopie enden, die sich viele von ihr erhoffen. Ganz im Gegenteil. Wer sein Leben lang am Wettlauf des Lebens teilnimmt, wird eines Tages ziemlich einsam mit den letzten aller Egoisten über die Tartanbahn rennen. Und rennen. Und rennen. Und rennen. Ein Ziel erreichen wird er allerdings nie. Denn das Ziel des Lebens ist es sicherlich nicht, auf einer vorgegebenen Strecke der Schnellste, Stärkste, Klügste, Wohlhabendste oder Anerkannteste zu sein.

* * *

Ich selbst gelangte zu einem Zeitpunkt zu der Erkenntnis, nicht mehr am Wettlauf des Lebens teilnehmen zu wollen, zu dem es eigentlich besser kaum hätte laufen können. Nachdem ich ursprünglich als Azubi in einem kleinen, aber erfolgreichen Stuttgarter Modeunternehmen begonnen hatte, durfte ich bereits nach vier Monaten alle administrativen Bereiche leiten. In diese Position war ich geraten, indem ich einfach nur ich selbst gewesen war. Ich hatte mich nicht darum bemüht, bestimmten Erwartungen zu entsprechen, sondern lediglich darauf vertraut, dass der Besitzer der Firma mein Potenzial und meinen Ehrgeiz erkennen würde. Und das tat er. Er begann schon früh damit, mir freie Hand zu lassen und wir wurden mit der Zeit zu einem echten Dreamteam, das den Erfolg förmlich anzog. Mein Tagesablauf war dabei immer derselbe. Mein Wecker klingelte um fünf Uhr morgens und ich erschien pünktlich um sechs auf der Arbeit. Dort verbrachte ich auch den größten Teil des Tages, bevor ich um zehn Uhr abends wieder zu Hause ankam, mich fertigmachte und schlafen ging. Was für viele sicherlich wie der blanke Horror klingt, machte mir damals riesigen Spaß. Ich genoss jeden Moment und halte die Zeit noch heute, knapp acht Jahre später, für die vielleicht aufregendste Zeit meines Lebens. Ich weiß, dass sich das auf den ersten Blick mit vielem zu beißen scheint, was ich im Rahmen dieses Buches von mir gegeben habe. Schließlich klingt ein Leben, das sich ausschließlich um die Arbeit dreht, nicht gerade nach Gleichgewicht. Allerdings war es tatsächlich so, dass der Arbeitsalltag mich so sehr erfüllte, dass ich voll und ganz mit mir und meinem Leben im Reinen war. Meine Begeisterung für mein Berufsfeld ging sogar so weit, dass ich mich nach nur einem Jahr von meinem Arbeitgeber löste, um mich in der Vermarktung von Künstlerinnen und Künstlern selbstständig zu machen. Ich mochte mein Arbeitsumfeld zwar, wollte jedoch noch freier in meinem Schaffen sein und mich unabhängig von anderen Menschen weiterentwickeln. Ab diesem Punkt war es dann auch endgültig um mich geschehen. Als selbstständiger Social-Media-Manager hatte ich keine Vorgesetzten mehr, die mich auch nur irgendwie lenkten oder einschränkten und durfte meine eigenen Ideen und Fähigkeiten nutzen, um anderen zu helfen und ihr Leben zum Besseren zu verändern. Ich fühlte mich wertvoll, anerkannt, wichtig und gewollt. Dennoch gab es in meinem Umfeld einige Menschen, die versuchten, mir ins Gewissen zu reden. Diese waren fest davon überzeugt, dass ich mit meinem Arbeitseifer nur dem Geld hinterherlief und auf lange Sicht zum Scheitern verurteilt war. Eigentlich war ich immer sicher gewesen, dass mich nichts von den anderen arbeitstüchtigen Menschen in meinem beruflichen Umfeld unterschied. Doch je häufiger meine Freunde und Familienmitglieder mir ins Gewissen redeten, desto eher geriet ich ins Zweifeln. War ich möglicherweise wirklich vom beruflichen Erfolg geblendet worden und von meinem Weg abgekommen? Ich beschloss, ein wenig aufmerksamer durchs Leben zu gehen und mir mein berufliches Umfeld etwas genauer anzusehen. Und tatsächlich: Je genauer ich hinsah, desto stärker war ich davon überzeugt, dort total fehl am Platz zu sein. Während es mir wirklich darum ging, Berufung und Beruf zu vereinen, schien der Großteil meiner Kollegen und Geschäftspartner andere Motive zu haben. Ich begann, die einzelnen Menschen und ihre Handlungen zu analysieren und sah urplötzlich all jene Eigenschaften, die mir immer schon zuwider waren: Geldgier, Erfolgssucht und Größenwahn. Den meisten Menschen in meinem Umfeld schien es lediglich darum zu gehen, finanziell gut dazustehen und ihren erwirtschafteten Wohlstand zu erhalten. Wenn sie dafür ihre eigenen Prinzipien über Bord werfen mussten, taten sie das eben. Ihr Verhalten spiegelte all das wider, was ich bereits im Rahmen meiner Analyse des Wettlaufs des Lebens angeprangert habe. Die Menschen, mit denen ich so lange gearbeitet hatte, zeigten bei genauerem Hinsehen kaum Interesse an tiefergehenden Freundschaften und echten Emotionen. Dafür führten sie reihenweise unsinnige Gespräche mit uninteressanten Menschen, um noch erfolgreicher und noch reicher zu werden. Mit dieser Erkenntnis setzte auch die Kritik an meiner eigenen Person ein. Ich hatte mir jahrelang eingeredet, dass ich im Rahmen meines Jobs wirklich für *mich* und den *gegenwärtigen Moment* gehandelt hatte. Doch wenn ich ehrlich bin, war das nicht der Fall. Es kam nicht selten vor, dass ich meine eigenen Bedürfnisse zugunsten des beruflichen Erfolgs ausblendete oder ihre Erfüllung in die Zukunft vertagte. Ganz nach dem Motto: Irgendwann wird schon Zeit dafür sein. Dabei legte ich eine erstaunliche Art der

Doppelmoral an den Art. Wenn es um berufliche Erledigungen und vermeintliche Pflichten ging, lebte ich getreu dem Motto *Was du heute kannst besorgen, das verschiebe nicht auf morgen.* Ging es jedoch um mich und meine eigenen Bedürfnisse, hatte ich offensichtlich kein Problem damit, diese auf *morgen* zu verschieben. Dass ich mich dabei trotz des immensen beruflichen Erfolges einsam und unglücklich fühlte, ignorierte ich. Und das immer unter dem Vorwand, dass irgendwann schon der Tag kommen würde, an dem ich mich endlich um mich und meine Bedürfnisse kümmern könnte. Doch der Tag kam nicht. Und je mehr ich darüber nachdachte, desto klarer wurde mir, dass er auch nie kommen würde. Es sei denn, ich würde es endlich schaffen, den Wettlauf des Lebens endgültig hinter mir zu lassen.

* * *

Die Entscheidung, den Wettlauf des Lebens zu durchbrechen und mit meinem vermeintlich erfolgreichen Berufsleben abzuschließen, traf ich im Jahr 2022 und somit knapp sieben Jahre, nachdem meine berufliche Laufbahn mich in Richtung Selbstständigkeit geführt hatte. Der Tag, an dem ich zur Erkenntnis gelangte, meine Bedürfnisse über sieben Jahre hinweg hintenangestellt zu haben, war ein sehr schmerzhafter Tag. Ich dachte an all die Opfer, die ich meiner Arbeit wegen gebracht hatte, dachte an all die Möglichkeiten, die mir verwehrt geblieben waren, und an all die vergeudeten Momente, die ich nicht mehr erleben würde. So weh es mir auch tat: Ich musste mir eingestehen, dass mich mein Lebensstil circa 2.555 Tage meines Lebens gekostet hatte. 2.555 Tage, die ich niemals zurückbekommen würde. Während ich damit haderte, einen so großen Teil meines Lebens scheinbar verschenkt zu haben, begann ich, zu hinterfragen. Ich fragte mich, was überhaupt dazu geführt hatte, dass ich mich sieben Jahre lang so tief in die Arbeit gestürzt hatte, dass ich mich selbst dabei vergessen hatte. Vor allem aber fragte ich mich, ob ich genau das irgendwie hätte verhindern können. Zu meiner großen Erleichterung lautete die Antwort auf die letzte Frage: *Nein*. Es war ja nicht so gewesen, dass ich von jetzt auf gleich etwas anderes im Leben hatte tun wollen. Es waren die Erfahrungen der letzten sieben Jahre, die mich an den Punkt gebracht hatten, an dem ich jetzt stand. Die Fehler, die ich in diesen sieben Jahren gemacht hatte, hatte ich machen *müssen*, um diesen Punkt überhaupt erreichen zu *können*. Sie waren notwendig gewesen, um mir den Erfahrungsschatz zu liefern, mit dessen Hilfe ich nun mein Leben hinterfragte. Und diesen Erfahrungsschatz erhältst du eben nicht durch das Lesen irgendeines Buches oder durch andere Einflüsse von außen. Bestimmte Erfahrungen musst du selbst gemacht haben, um aus ihnen lernen zu können. In meinem Fall musste ich sie machen, um über *mich* und *mein Leben* zu lernen. Denn dank all der negativen Erfahrungen, die ich in diesem Buch verarbeitet habe, fahre ich heute nicht mehr ziellos durch die nahezu endlosen Gewässer des Lebens. Anstatt rast- und ziellos in Richtung einer ungewissen Zukunft zu sprinten, lebe ich heute deutlich bewusster und versuche, meinen Fokus stets auf die Gegenwart zu lenken. Ich sehe das Leben nicht mehr als Wettlauf. Ich sehe es eher als eine Art Puzzle, das man in beliebiger Reihenfolge zusammensetzen kann. Mit jedem Teil, das du zusammensteckst, nimmt deine Erkenntnis Form an, nimmt dein Leben Form an, nimmst *du* Form an. Dabei ist es egal, ob du dich wie ich vom Rand in Richtung Mitte bewegst oder umgekehrt. Die Hauptsache ist, dass du stets den Willen am Leben erhältst, das Puzzle eines Tages fertigzustellen. Abschließen möchte ich das Kapitel rund um die letzte und vielleicht größte Lüge des Lebens mit einem Zitat des französischen

Schriftstellers Denis Diderot. Dieses zieht ein nahezu perfektes Resümee zu den Erkenntnissen, die ich im Zusammenhang mit dem Wettlauf des Lebens gewinnen konnte:

»Wenn man einen falschen Weg einschlägt, verirrt man sich umso mehr, je schneller man geht.«

9

EPILOG

Es scheint so, als wäre nun der Moment gekommen, dieses Buch zu einem Abschluss zu bringen. Aus mir nahezu unerklärlichen Gründen fiel es mir eine ganze Zeit lang schwer, das zu tun. Möglicherweise lag das daran, dass ich Angst davor hatte, die vielen Gedanken, die ich im Rahmen des Schreibprozesses zu Papier gebracht hatte, endgültig zu besiegeln. Vielleicht brauchte ich aber auch einfach nur einen Impuls, der mich dazu bewog, diesen Schlussteil endlich zu verfassen. Einen solchen Impuls erlebte ich vor wenigen Tagen, als an einem Tag gleich zwei der wichtigsten Personen, die je Teil meines Lebens waren, von uns gingen. Wie bei so vielen Personen, die in jungen Jahren sterben, war es im Fall der ersten Person eine unheilbare Krankheit, die ihr in kürzester Zeit jede Energie aus dem Körper zog. Der Schmerz, den dieser tragische Verlust in mir auslöste, ist mit keinem anderen Gefühl auf der Welt zu vergleichen. Ihr gesamter Krankheitsverlauf – von der Diagnose bis zum Tod – führt mir auf schmerzhafte Art und Weise vor Augen, wie stark Emotionen sein können, wenn sie über die eigene Person hinausgehen und mit nahestehenden Menschen geteilt werden. Der Tod der zweiten Person rief mir währenddessen in Erinnerung, wie vergänglich die Emotionen und Erlebnisse sind, mit denen wir im Laufe unseres Lebens in Berührung kommen. Als sehr guter Freund von mir war er einer der Menschen, mit dem ich unglaublich tiefgründige Gespräche rund um das Leben und seinen Sinn führen konnte. Doch leider werde ich nun nicht mehr die Möglichkeit haben, all die Rätsel der Menschheit mit ihm gemeinsam zu lösen. Es ist nämlich eine Lüge, dass wir noch alle Zeit der Welt haben, um die Dinge zu tun, die wir uns vorgenommen haben. Es ist eine Lüge, dass uns noch genug Zeit bleibt, um die Veränderungen und Verbesserungen, die wir uns vorgenommen haben, auf einen späteren Zeitpunkt zu vertagen. Es ist eine Lüge, dass die Zeit Wunden heilt, Erfolge bringt, Streits beendet, Lösungen zum Vorschein bringt oder zwischenmenschliche Beziehungen verbessert. All das können nur wir. Und zwar in der Gegenwart. Sie ist es, die wir aktiv beeinflussen können. Nimm dir also jeden Moment, der sich dir bietet, um im Hier und Jetzt zu erkunden, was für dich und dein Leben wichtig ist. Nimm die Abzweigung zum möglicherweise steinigen, doch ebenso abenteuerlichen Weg durchs Leben. Damit bist du jedem der Sprinter, der im Wettlauf des Lebens einem nicht definierten Ziel hinterherrennt, meilenweit voraus. Denn wie Goethe einst sagte, reist man ja bekanntlich nicht, um anzukommen, sondern um zu reisen. Da irgendwann der Zeitpunkt kommt, an dem wir sterben und nicht mehr dazu in der Lage sein werden, Dinge zu verändern, macht es auch keinen Sinn, unsere Wünsche und Ziele kontinuierlich vor uns herzuschieben. Dasselbe gilt auch für die Fertigstellung dieses Buches.

* * *

Wie ich bereits im Vorwort angekündigt habe, war die Reise, auf die ich mich im Rahmen meines Reflexionsprozesses begeben habe, eine Reise ins Ungewisse. Als ich in mein metaphorisches Boot stieg, um die Meere des Planeten zu erkunden, wusste ich nicht, was mich auf der anstehenden Reise erwarten würde. Ich wusste lediglich, dass ich mich auf die Suche nach dem Sinn des Lebens begeben wollte. Ob ich diesen heute gefunden habe? Zumindest nicht in dem Sinne, dass ich mich dazu bereit fühlen würde, eine universell gültige Antwort auf die Frage nach dem Sinn des Lebens zu formulieren. Doch dafür gewann ich eine Reihe an Erkenntnissen, die mir heute als Grundlage dienen, um die wichtigsten Fragen des Lebens zu beantworten. Der Großteil dieser Erkenntnisse dreht sich um Lügen. Lügen, denen ich zu meinem eigenen Leidwesen lange Zeit Glauben geschenkt habe. Als ich damit begann, über diese Lügen zu schreiben, diente der Schreibprozess eigentlich nur dem Verarbeiten meiner eigenen Gedanken. Diese drehten sich wie ein Wirbelsturm um mich herum, der nur dann kurz aussetzte, wenn ich einen Stift in die Hand nahm und damit begann, meine neu gewonnenen Erkenntnisse zu Papier zu bringen. Je mehr ich aufschrieb, desto stärker wurde meine Überzeugung, dass es nichts anderes als Verschwendung sein würde, all diese Gedanken für mich zu behalten. Ich konnte innerhalb meines Umfeldes sehen, dass meine neu gewonnenen Erkenntnisse auch den Menschen in meinem Umfeld halfen. Warum sollte ich also nicht auch anderen Menschen die Möglichkeit geben, sich diese zunutze zu machen? Mein Entschluss festigte sich, als ich beim Schreiben des zweiten Kapitels merkte, was für eine therapeutische Wirkung es auf mich hatte, mich und meinen Charakter ausführlich zu erkunden. Obwohl ich mich noch immer auf meinem metaphorischen Boot befand, fühlte es sich an, als würde ich mich urplötzlich auf einem Fundament meiner selbst befinden, das mir ein unglaubliches Ausmaß an Sicherheit gab. Im weiteren Verlauf meiner metaphorischen Reise zu mir selbst setzten sich die einzelnen Bruchstücke an Erkenntnis zu einem immer kohärenteren Gesamtbild zusammen. Insbesondere die Erkenntnis, wie wichtig mein wahres *Ich* und dessen Wille waren, zog sich wie ein roter Faden durch die einzelnen Häfen, die ich auf meiner inneren Bootstour ansteuerte. Den Höhepunkt erreichte mein Reflexionsprozess dann im Rahmen meiner ersten Reise in die südkoreanische Hauptstadt Seoul. Dort verbrachte ich sechs unvergleichbare Wochen in einem der schönsten Resorts der Stadt, wo mir der Sonnenaufgang jeden Morgen einen unbeschreiblichen Ausblick über die Metropole ermöglichte. Doch trotz all des Luxus, der mir in der vielleicht schönsten Stadt der Welt zuteilwurde, merkte ich schon bald, wie sehr ich es vermisste, die Menschen um mich zu haben, die ich liebte. Ich wollte mit ihnen lachen und mit ihnen weinen. Denn das war mehr wert als jede einsame Nacht am vielleicht schönsten Ort der Welt. Meine Reise nach Seoul hat mir somit in gewisser Weise die Augen geöffnet. Ich hatte endlich verstanden, dass es Dinge gab, die deutlich wichtiger waren als der eigene Fortschritt im Wettlauf des Lebens. Kein Wunder, dass ich mich wenig später dazu entschied, gänzlich aus diesem auszubrechen. Dazu musste ich im letzten Teil meines Reflexionsprozesses vor allem mich und mein eigenes Handeln hinterfragen. Das war der vermutlich schmerzhafteste Teil meiner Reise. Schließlich lehrte er mich, dass ich mein ganzes Leben lang in einem Wettlauf mitgerannt war, den es in dieser Form eigentlich gar nicht gab. Angetrieben von meinem unbändigen Wunsch, endlich frei zu sein, hatte ich mich in eine berufliche Laufbahn gestürzt – mit der Hoffnung, dass diese Karriere und das Geld, das sie mit sich brachte, mir endlich zu jener Freiheit verhelfen würden, die ich mir immer gewünscht hatte. Doch das passierte nicht. Selbst heute, im Jahr 2024, fällt es mir mit all meinen gewonnenen Erkenntnissen noch schwer, mir und meinen Bedürfnissen reinen Gewissens nachzugehen, anstatt das zu tun, was mir im Rahmen des Wettlaufs des Lebens antrainiert wurde. Das zu erlernen ist ein Prozess, dem ich mich noch immer gerne und fortlaufend stelle.

* * *

Wenn ich ehrlich auf meine Zeit als Teilnehmer des Wettlaufs des Lebens zurückblicke, muss ich mir eingestehen, dass ich dabei nie um meine Freiheit rannte. Ich rannte, um mit dem Leistungsspiegel unseres Wirtschaftssystems mitzuhalten. Über solch einen Leistungsspiegel verfügt jedes wirtschaftsstarke Land. Er legt fest, an welcher Erwartungshaltung sich die einzelnen Teile des Wirtschaftssystems, also wir Menschen, orientieren müssen. Auf diese Weise wird die Bevölkerung in mehrere Schichten unterteilt. Im einen Extrem gibt es diejenigen, die den Leistungsspiegel durch ihre extremen Erfolge Jahr für Jahr ein Stück nach oben setzen. Demgegenüber stehen diejenigen, die es nicht schaffen, mit der gesellschaftlichen Erwartungshaltung mitzuhalten und somit mit jedem vergangenen Jahr ein wenig schneller rennen müssen, um nicht hinten runterzufallen. Der Rest der Bevölkerung befindet sich zwischen diesen beiden Extremen. Ich selbst bin eine sehr lange Zeit davon ausgegangen, dass ich eines Tages die so sehr ersehnte Freiheit verspüren würde, wenn es mir nur gelänge, mich im Wettlauf des Lebens kontinuierlich über dem gesellschaftlich festgelegten Leistungsspiegel zu positionieren. Die Erkenntnis, dass das nicht der Fall war, traf mich hart. Allerdings half sie mir auch sehr dabei, unser aus vielen verschiedenen Lebenslügen bestehendes System zu durchschauen. Denn all die Lebenslügen, die ich in diesem Buch behandelt habe, sind in einem bestimmten Phänomen verwurzelt: der Zeit. Sie ist der Ursprung aller Lebenslügen und hauptverantwortlich dafür, dass viele Menschen ihnen noch immer Glauben schenken. Das beginnt schon bei der ersten Lebenslüge, dem **Menschen**. Dieser kann seinem Lebenssinn gar nicht auf die Spur kommen, da er in einer sich selbst fremden, hinderlichen und verwirrenden Umwelt zur Welt kommt und aufwächst. Hauptverantwortlich dafür: die Zeit. Durch ihre Materialisierung ist sie unser allgegenwärtiger Zeigefinger, der uns stets dazu bringt, uns zu fragen, wie wir am *effektivsten* mit ihr umgehen. Auf diese Weise bereitet sie uns quasi unbewusst auf den Wettlauf des Lebens vor, in den sie uns auf lange Sicht hineinziehen wird. Ähnlich verhält es sich mit der Lebenslüge des **Multitaskings**. Auch dieses ist ein an die Zeit gebundenes Tool, das uns für die Teilnahme am Wettlauf des Lebens konditioniert. Der daraus resultierende Zeitdruck nimmt uns jegliches Gespür für einzelne Aktivitäten und Momente. Als Resultat dessen leben wir ein oberflächliches Leben, in dessen Rahmen wir darauf verzichten, den Ursachen für die uns umgebenden Gegebenheiten auf den Grund zu gehen. Stattdessen schenken wir der Lebenslüge Wahrheit, dass wir dem **vertrauen** müssen, was uns von anderen mit auf den Weg gegeben wird. Seinen Höhepunkt findet der Einfluss der Zeit auf unser Leben letztlich in unserer Wahrnehmung unserer eigenen Identität. Aufgrund des Zeitsystems, in dem wir leben, sind leider viel zu viele Menschen davon überzeugt, dass sie **so sind, wie sie sind,** weil das System, in dem sie leben, sie dazu zwingt, die Person zu sein, als die sie sich selbst wahrnehmen. Zeit ist ja bekanntlich Geld, richtig? In einem direkten Zusammenhang hierzu steht auch die Lebenslüge, nach der bestimmte Dinge **so sind, wie sie sind** und nicht verändert werden können. Auch diese Lebenslüge basiert einzig und allein auf unserer Betrachtung der Zeit. Denn die Gründe dafür, dass wir bestimmte Veränderungen nicht in der Gegenwart realisieren, liegen immer in der Zukunft. Und genau darum macht man sich im Wettlauf des Lebens Gedanken: die

Zukunft. Wer am Wettlauf des Lebens teilnimmt, reflektiert sein Verhalten nur vor dem Hintergrund, welche Auswirkungen es auf zukünftige Chancen und Verpflichtungen hat. Wenn wir uns dann aber auf unseren Lebensabend hinbewegen, schauen wir plötzlich zurück in die Vergangenheit und bereuen die Dinge, die wir nicht gemacht haben. Paradox, oder? Und das Schlimmste daran: Das Konstrukt der zeitlich definierten Lügen wird bereits in unserer Kindheit aufgebaut. Und zwar mit der Lebenslüge, dass **ein Kind ein Kind und ein Erwachsener ein Erwachsener ist**. Als Kinder werden wir zunächst lediglich mit einem räumlichen Empfinden geboren. Während wir ein Leben ohne den Raum, der uns umgibt und Grundlage unserer Intelligenz ist, für unmöglich halten, wissen wir noch gar nicht, was Zeit überhaupt bedeutet. In dem Moment, in dem Erwachsene einem Kind das Gefühl vermitteln, Zeit und Raum könnten gleichbedeutend koexistieren, schaffen wir für das entsprechende Kind eine verkehrte Version der Realität. Das Kind ist nun in der Hölle des künstlich erschaffenen Drucks angekommen und richtet sein Leben nun nach inhaltsleeren Zeitangaben aus. Es misst Vergangenheit und Zukunft nun einen derart großen Wert bei, dass die Gegenwart immer unwichtiger wird. Der eigene Wille wird immer weiter ausradiert und der Fokus immer mehr auf die Dinge gerückt, die sich in Vergangenheit und Zukunft abspielen – ein Teufelskreis, aus dem du nur entkommst, wenn es dir gelingt, das innere Kind in dir zum Leben zu erwecken.

* * *

Rückblickend verlief mein Leben in sehr vielen Bereichen nicht so, wie es meine Mutter, meine ehemaligen Lehrer oder gar der deutsche Staat für mich vorgesehen hatten. Spätestens mit dem Abschluss der Realschule begann meine Welt sich zu drehen. Ich eckte mit meiner Persönlichkeit so sehr zu Hause an, dass ich schon bald gänzlich die Orientierung verlor. Um irgendwie den Frieden zu wahren, sah ich mich dazu gezwungen, eine Maske aufzuziehen und meine wahren Gefühle vor meinem familiären Umfeld zu verstecken. Und das, obwohl man mir von klein auf anhand der christlichen Tugenden eingetrichtert hatte, dass es ausdrücklich verboten war, zu lügen. Da ich in dieser Form keinen Sinn mehr in der Welt sah, suchte ich den für mich letzten Ausweg. Ich packte im wahrsten Sinne des Wortes meine sieben Sachen und verließ den sicheren Hafen, ohne noch einmal zurückzublicken. Ich steuerte auf einem kleinen Boot hinaus und ließ all das, woran ich glaubte, zurück. Dazu gehörte auch die Last, die ich all die Jahre mit meinem Körper aushielt. Die tadelnde, zurechtweisende Stimme meiner Mutter, die ich oft mit der imaginären Stimme Gottes gleichsetzte, war endlich verschwunden. Alles, was blieb, war *Ich.* Zu meiner Freude wehte der Wind an jenem Tag besonders stark und trug mich schneller als erwartet raus aufs offene Meer. Ehe ich mich versah, war ich auf dem abenteuerlichen Weg der Entdeckung angekommen. Da nichts von dem, was ich bisher zu wissen geglaubt hatte, auf eigenen Erfahrungen beruhte, scheute ich keine Entdeckung, die mir neues Wissen über das Leben ermöglichen würde. Es war, als hätte ich all das, was ich jemals mit meiner Vergangenheit und meiner Zukunft in Verbindung gebracht hatte, über Bord geworfen, um meine Geschichte endlich im Hier und Jetzt zu schreiben und zu erleben. Kein *du musst dies, du musst das, du musst jenes.* Damit war es nun vorbei. Ich wusste, dass ich mich nun endgültig von den Menschen um mich herum unterschied. Alle Menschen in meinem Umfeld hatten stets einen klaren Plan für ihr Leben gehabt, an den sie sich strikt gehalten hatten. Im Vergleich zu meinem neuen Leben wirkte ihr Leben für Außenstehende strukturiert, planbar und dadurch sicher. Ich wusste dementsprechend auch, dass all die Menschen um mich herum nun fest davon überzeugt waren, dass es nur eine Frage der Zeit war, bis ich mit meinem Weg scheitern würde. Viele, darunter auch meine Geschwister und meine Mutter, machten aus dieser Überzeugung kein Geheimnis und konfrontierten mich permanent mit ihren düsteren Prophezeiungen über meine Zukunft. Zunächst reagierte ich darauf mit Gefühlen, die ich so noch nicht von mir gekannt hatte. Ich dachte daran, wie ich eines Tages in ihre Gesichter sehen würde, wenn ich ein erfolgreiches und glückliches Leben geführt hatte, und verspürte zum ersten Mal so etwas wie Schadenfreude und Arroganz. Daraus entstand der Anspruch an mich selbst, meinen eingeschlagenen Weg niemals zu bereuen und den Menschen um mich herum – und vor allem mir selbst – zu beweisen, dass es der richtige war. Heute bereue ich zwar nach wie vor nichts von alledem, was ich in meinem Leben getan habe, doch diese Überzeugung basiert inzwischen nicht mehr auf dem Wunsch, es irgendwem zu beweisen. Ihr Fundament ist vielmehr eine Reihe an gemachten Erfahrungen und ein tiefgehendes Verständnis meiner selbst. Damit will ich natürlich nicht behaupten, im Laufe meines bisherigen Lebens keine Fehler gemacht zu haben. Natürlich tat ich das. Nicht umsonst nannte ich meinen Lebensweg zwischenzeitlich sogar den *Weg des Fehlers*. Allerdings bin ich der Meinung, dass ich genau diese Fehler machen *musste,* um zu dem Menschen werden zu können, der ich heute bin. Dementsprechend würde ich sogar so weit gehen, zu sagen, dass ich jeden meiner Fehler nicht nur NICHT bereue, sondern darüber hinaus jeden Meiner Fehler noch einmal machen würde, wenn ich aus irgendeinem Grund in der Position wäre, rückwirkend etwas an meinem Leben verändern zu können.

* * *

Das Boot, das die letzten zwölf Monate lang mein Zuhause war, treibt heute ohne Segel übers Meer. Einzig das sanfte Schaukeln der Wellen bestimmt noch den Rhythmus des Moments, den ich gerade erlebe. In der Ferne ist Möwengesang zu hören, die untergehende Sonne verwandelt das Meer in ein Ölgemälde und ich schließe beruhigt die Augen, um den aufregenden Tag hinter mir zu lassen. Doch das ist nur eine Momentaufnahme. Schon morgen werde ich wieder die Segel setzen und ein weiteres Abenteuer beginnen, das mich dem Ufer, nach dem ich suche, möglicherweise näher bringen wird. Denn so liegt es in meiner, oder vielmehr unserer, Natur. Niemals und schon gar nicht in diesem Zeitalter kann es dazu kommen, dass wir damit aufhören, nach Antworten auf die vielen Fragen der Philosophie zu suchen. Wir Menschen verfügen nämlich über ein Verlangen, das all die anderen Wissenschaften – so wichtig sie auch sein mögen – nicht stillen können. Ich meine jene uns eingepflanzte Begierde, die uns dazu antreibt, zu erfahren, was der Sinn unseres Daseins ist. Wir wollen so vieles wissen, was über rein wissenschaftliche Erkenntnisse hinausgeht. Wir wollen wissen, worin der Unterschied zwischen dem Sittlichen und dem Unsittlichen besteht, wollen wissen, ob wir jemals dazu in der Lage sein werden, an der Ewigkeit teilzuhaben. Dieses Wissen bezeichne ich als philosophisches Wissen. Es ist die Art von Wissen, die unseren nach Höherem strebenden Geist eine Art von Erfüllung verspüren lässt, die ihm keine Art unseres mess- und beweisbaren Wissens ermöglichen könnte. Es ist die alles entscheidende Art des Wissens und allen anderen Arten des Wissens überlegen. Denn auch jemand, der jedes wissenschaftliche Wissen, über das wir als Menschheit heute verfügen, in Perfektion begreift, wird sich eingestehen müssen, dass er dem vermeintlich ungelehrten Volk keinen Schritt voraus ist, sofern es ihm nicht gelungen ist, seine Gedankenwelt einer philosophischen Kernsanierung zu unterziehen. Damit meine ich, dass jeder Mensch danach streben sollte, eigene Denkmuster und Verhaltensweisen mithilfe von philosophischer Unterweisung zu untersuchen, zu hinterfragen und möglicherweise zu berichtigen. Solange es uns nicht gelingt, uns auf diese Weise philosophische Bildung anzueignen, werden wir zwangsweise in einer der zwei Sackgassen landen, die das Leben für uns bereithält. Wir werden entweder nach Art der Tiere in den Tag hineinleben oder in unserer geistigen Unbedarftheit empfänglich für übernatürliche Hirngespinste und finsteren Aberglauben jeglicher Art sein. Ich möchte dementsprechend jeden Leser und jede Leserin dazu animieren, sich bewusst philosophische Bildung anzueignen – auch, wenn das möglicherweise bedeutet, auf einen Teil der uns zur Verfügung stehenden wissenschaftlichen Bildung zu verzichten. Wenn du eines Tages auf dem Sterbebett liegst, wirst du es nicht bereuen, nicht alle Schmetterlingsarten, alle Kriege der Menschheit, alle Sternenbilder oder alle mathematischen Verfahren kennengelernt zu haben. Sehr wohl bereuen wirst du es jedoch, dich nicht ausreichend mit dir selbst, deinem Leben und der Welt um dich herum beschäftigt zu haben. Und das ist es, was wir mithilfe der Philosophie tun können. Deshalb bezeichne ich diese auch als unsere Führerin im Leben, unser Licht in der Finsternis und unser Trost im Unglück. Folge ihr, damit du nicht als träumender, sondern als wacher und wachsender Mensch durchs Leben gehst.

Inspirationen

Inspirationen

Inspirationen

Inspirationen

Inspirationen

Inspirationen